Dichtung und Leben, Leben und Werk – dem Geständnis des alten Goethe, in seinen Texten sei mehr Leben niedergelegt, als man ihnen ansehe, geht Christa Bürger in diesem Buch nach. Sie folgt dem wunderbaren Geflecht von literarischen und realen Figuren, die sich ineinander spiegeln. Ihre Textdurchquerungen lassen Goethes WerkLeben als einen Prozeß der Wandlungen erscheinen: von Friederike Brion in Friedericke, von Charlotte Buff in Werthers Lotte, von Helena in die Erscheinung *der Frau*. Am Ende wird erkennbar, was dieses Leben und dieses Werk antreibt: Goethes Eros.

Christa Bürger war von 1973 bis 1998 Professorin am Institut für Deutsche Sprache und Literatur der Johann Wolfgang Goethe-Universität Frankfurt am Main. Zuletzt erschien von ihr im Suhrkamp Verlag: *Mein Weg durch die Literaturwissenschaft 1968-1998* (edition suhrkamp 2312).

insel taschenbuch 3325
Christa Bürger
Goethes Eros

Peter Paul Rubens (1577-1640): Cupido, um 1628/1630

CHRISTA BÜRGER
GOETHES EROS

Insel Verlag

Umschlagabbildung:
Raphael, Die drei Grazien, 1504-05.
© Musée Condé, Chantilly,
France/Giraudon/The Bridgeman Library

insel taschenbuch 3325
Originalausgabe
Erste Auflage 2009
© Insel Verlag Frankfurt am Main und Leipzig 2009
Alle Rechte vorbehalten, insbesondere das
der Übersetzung, des öffentlichen Vortrags sowie der Übertragung
durch Rundfunk und Fernsehen, auch einzelner Teile.
Kein Teil des Werkes darf in irgendeiner Form
(durch Fotografie, Mikrofilm oder andere Verfahren)
ohne schriftliche Genehmigung des Verlages reproduziert
oder unter Verwendung elektronischer Systeme
verarbeitet, vervielfältigt oder verbreitet werden.
Umschlag nach Entwürfen von Willy Fleckhaus
Vertrieb durch den Suhrkamp Taschenbuch Verlag
Satz: Hümmer GmbH, Waldbüttelbrunn
Druck: Druckhaus Nomos, Sinzheim
Printed in Germany
ISBN 978-3-458-35025-5

1 2 3 4 5 6 – 14 13 12 11 10 09

Inhalt

Vorbemerkung 9

Cornelia 11
Die weiße Dame 11
Die Kinder 13
Er und sie 27
Die Schwester 35

Knabenmärchen 48

Gretchen, Käthchen – Friedricke 69
Gretchen 69
Käthchen 77
Friederike 84
Sesenheim 90

Weggehen und Wiederkommen 126
Lotte 126
Werther 140
Wilhelm Meister 156
Mariage-Spiel 162
Wiederkommen 176

Hersilie, Ottilie 191
Erscheinen – Verschwinden 191
Das Haus des Vaters 194
Dichtung und Wahrheit 200
Das Geheimnis des Kästchens 207
Entsagung 215

Die Gestalt: Helena 220

Bettines Liebe 255
Io 255
Mignon 261
Sonette 271
Pückler 278
Teplitz 281

Er kam und blieb: Eckermann 291
Er kam 291
… und blieb 304
… und träumte 318

Verwirklichung und Entwirklichung 331

Danksagung 343
Anmerkungen 344
Siglenverzeichnis 361

VORBEMERKUNG

Es mag mit meinem eigenen Älterwerden zu tun haben, daß ich mich so bereitwillig einließ auf das Geständnis des alten Goethe, in allen seinen Texten sei mehr Leben niedergelegt, als man ihnen ansehe. Daß ich, begleitet von dem Gefühl, ich wäre jetzt endlich einem immer schon Gesuchten auf der Spur, schreibend in Erfahrung zu bringen suchte, ob es möglich ist, Literatur in Leben zurückzuschreiben. Daß ich, um die üblichen Grenzziehungen unbekümmert, Briefe, Romane und Gedichte, historische Gestalten und literarische Figuren behandelte, als gehörten sie zu derselben Ordnung der Dinge. Was ich dabei im Sinn hatte, war eine Lektüre, die Dichtung und Leben ineinanderspiegelt. Und ist nicht Werthers Lotte *für uns* mindestens ebenso real wie ihr Vorbild, die Amtmannstochter Charlotte Buff, die Verlobte des Gesandtschaftssekretärs Johann Christian Kestner?

Je freier ich mich bei meinen Textdurchquerungen in den Bruchstücken einer großen Konfession bewegte, um so greifbarer wurde das Gesetz, das sich darin manifestiert: die Metamorphose und als deren Anlaß und Antriebskraft die Liebe. Goethes riesiges WerkLeben erschien mir als ein unermeßlicher Prozeß der Verwandlungen, von Leben in Form und von Form in Leben – von Friederike Brion in Friedricke, von Helena in die Erscheinung *der Frau*.

Goethes Eros ist freilich nicht der alles besiegende Liebesgott, sondern ein Dämon, unbeschuht, unbehaust, nicht göttlich, nicht menschlich, ein Sohn der Armut, geboren aus Mangel, wie wir ihn aus der Rede des Sokrates in Platons *Symposion* kennen. Es ist ein Eros, der ruhe- und rastlos die Welt durchstreift, getrieben von dem Begehren nach dem Schönen, ein Eros des zeugenden Wortes, das aus dem gestaltlosen Raum der Mütter Gestalten ins Leben zu ziehen vermag.

CORNELIA

Die weiße Dame

Im Sommer 1774 unterbricht Lavater seine Reise durch Deutschland in Karlsruhe, »ganz begierig Schlossers Frau und Goethens Schwester zu sehen«. Er sieht: »eine lange, blasse, weißgekleidete, himmlisch erhabene Dame«.[1] Ob er auf die Erscheinung der Schlosserin vorbereitet war, läßt sein Tagebuch nicht erkennen. Hat er in der jungverheirateten und schwangeren Frau, die dem Freund des Bruders im Haus des Ehemannes entgegentrat, in der eigensinnigen Kraftlosigkeit dieser Erscheinung, den heimlichen Willen des Verschwindens geahnt? Als Bettine Brentano sich von Elisabeth Goethe die Kindheit ihres Sohnes erzählen läßt, ist Cornelia seit vielen Jahren tot, doch erscheint sie uns wie eine Schwester von Bettines *Günderrode* in ihrem Ordenskleid, eine Scheingestalt wie jene, ein Geist, »der eben in die Luft zerfließen« will.[2] Diesen fließenden Gestalten, der weißgekleideten Schwangeren und der Ordensfrau im schwarzen Schleppkleid, haftet etwas Unwirkliches an, daher können sie im Spiegel ihr eigenes Bild nicht erkennen. »Und da schleiche ich denn ziemlich langsam durch die Welt, mit einem Körper der nirgend hin als ins Grab taugt«, schreibt Cornelia 1776 in einem der wenigen von ihr erhaltenen Briefe.[3] In der »himmlisch erhabenen Dame«, die ein dämonischer Zufall zur Ehefrau bestimmt hatte, sieht der Mann Lavater das verklärte Bild einer Heiligen: eine Erscheinung, über alle Wirklichkeit hinaus.

Die Leserin, während sie durch die ersten Bücher von

Dichtung und Wahrheit hindurch der »Entwicklung eines bedeutend gewordenen Kindes« folgt,[4] sieht sich auf einmal wieder im Gartensaal des Goethehauses stehen, seltsam berührt von einem der Monatsbilder des mit Johann Caspar Goethe befreundeten Malers Seekatz: Vor dem Hintergrund einer italienischen Ideallandschaft blickt ihr das Geschwisterpaar entgegen: ein zierliches Mädchen im Rokokokostüm, dem ein Knabe, in kniender Haltung, eine Blume reicht. In den Zügen des galanten kleinen Schäfers erkennt sie diejenigen *Goethes*, in dem weiblichen Kind aber die der Schwester nicht.

Ich werde nicht wissen, wie Cornelia Goethe ausgesehen hat. Die frühe Zeichnung Johann Wolfgangs, in der ich nach der Wirklichkeit eines jungen Mädchens suche, verrät mehr über den Bruder als über sie. Das erschreckende Mißverhältnis zwischen der entstellenden Haartracht »en forme de pyramide« und der zu klein geratenen Büste erklärt sich wohl nur zum Teil aus künstlerischer Unbeholfenheit; dem grämlich verkniffenen Mund widerspricht ein weit geöffnetes Auge, das im Blick des andern sich selbst zu begegnen scheint, unerschrocken einem Urteil standhaltend. Diese Dissonanz der seelischen Kräfte – in sich selbst hat Goethe sie aussöhnen können, aber aus den Zügen des strengen Mädchengesichts seiner Schwester liest er sie ab, ohne Schonung. In einem Brief an Kestner, dem sie die Übersendung ihrer Silhouette ankündigt, schreibt Cornelia Goethe: »Mein Gesicht wird ehestens auf eine oder die andere Art erscheinen, sagen Sie aber Lottchen dass sie sich nicht an der Stirne scandalisiren soll«.[5]

Wie ich da stand, an einem angenehm warmen Sommertag im Gartensaal des Goethehauses, das ich seltsamerweise während der vielen Jahre meiner Lehrtätigkeit an der Johann Wolfgang Goethe-Universität kein einziges Mal betreten hatte, wußte ich plötzlich, daß ich die in der großartigen Kindheit von *Dichtung und Wahrheit* verschlossene Geschichte Cornelias erzählen mußte.

Die Kinder

Johann Wolfgang Goethe, »am 28. August 1749, Mittags mit dem Glockenschlage zwölf« unter einer glücklichen Konstellation der Sterne in Frankfurt am Main zur Welt gekommen (14, 15), bildet sich in seiner Kindheit nicht als Einer, sondern gleichsam verdoppelt. Das Subjekt der ersten Bücher von *Dichtung und Wahrheit* ist ein *Wir*, ein »innig und liebevoll« verbundenes Geschwisterpaar: wir, wir Kinder, »ich und meine Schwester«. Als gegen Ende des Ersten Buches der Erzähler mit einer merkwürdigen Beiläufigkeit erwähnt, daß auf den Bildern, die seine Erinnerungsgabe in ihm hervorgerufen hat, etwas fehlt: der Dritte, der um drei Jahre jüngere Bruder Hermann Jacob, der immerhin ein Alter von sieben Jahren erreicht hat, will es der Leserin nicht mehr gelingen, dieses suggestive *Wir* neu zu besetzen. Der *Zauberapparat*, den der alte Magier sich gebaut hat, um die »entschwundenen Geister« seiner frühesten Lebensgeschichte in den Kinderszenen von *Dichtung und Wahrheit* zu beschwören, modelt die erinnerte Welt nach der Einstellung seines kunstreichen Erfinders. Goethe *will* von seiner Schwester erzählen, von einer alten, schwer erinnerbaren und kaum erzählbaren Wahrheit.

Johann Wolfgang und Cornelia, allein übriggeblieben, wissen, daß sie zum Leben bestimmt sind. Sie haben, anders als ihre nachgeborenen Geschwister, die Kinderkrankheiten, wie sie »unerwartet in die schönste Jahrszeit des Frühlebens« fallen, überlebt, der Knabe sogar die Pocken (14,

43). Verbunden und verbündet sind die Kinder durch ein in Worte nicht zu fassendes Gefühl eines geheimnisvollen Auserwähltseins; in die Tagträume des Knaben schleichen sich »wundersame Betrachtungen« ein: Vielleicht ist er gar nicht der Enkel eines zu Reichtum gekommenen Schneidermeisters Friedrich Georg Goethe, sondern der natürliche Sohn eines vornehmen Herrn. Er gefällt sich in diesen genealogischen Spekulationen, ohne danach zu fragen, ob sie »ihm sonst auf irgend eine Weise zur Ehre oder zur Schmach gereichen« können (14, 80).

In dem altertümlichen Vaterhaus an der einstmals vor den Toren der Stadt gelegenen Straße, die sie »den Hirschgraben nennen hören«, besetzen die Kinder Räume. Das große Wohnzimmer der Großmutter machen sie zum Spielplatz während der Freistunden, die das väterliche Bildungsprogramm ihnen läßt. Durch das Geräms, den vergitterten Vorbau im unteren weitläufigen Hausflur, beobachten die Kinder das Leben auf der Straße, die in der guten Jahreszeit ein südliches Aussehen erhält.

Später, nach dem Tod der Großmutter, als sie, während des vom Vater nach eigenen Plänen und unter eigener Leitung durchgeführten Umbaus des alten Hauses, für kurze Zeit eine öffentliche Schule besuchen, bekommen sie erste Eindrücke von den menschlichen Verhältnissen, und sie ermessen den Preis einer privilegierten Kindheit. »Denn indem man die bisher zu Hause abgesondert, reinlich, edel, obgleich streng gehaltenen Kinder unter eine rohe Masse von jungen Geschöpfen hinunterstieß; so hatten sie vom Gemeinen, Schlechten, ja Niederträchtigen ganz unerwartet alles zu leiden, weil sie aller Waffen und aller Fähigkeit ermangelten, sich dagegen zu schützen« (14, 22). In dieser Zeit entdecken sie ihre Vaterstadt: den schönen Fluß, den Spaziergang über die Mainbrücke nach Sachsenhausen,

»die alte Gewerbstadt« und das Marktgewühl um den Dom. Eine ihrer »liebsten Promenaden« ist es, »inwendig auf dem Gange der Stadtmauer herzuspazieren [...]. Von dem Putz- und Schaugarten des Reichen zu den Obstgärten des für seinen Nutzen besorgten Bürgers, von da zu Fabriken, Bleichplätzen und ähnlichen Anstalten, ja bis zum Gottesacker selbst – denn eine kleine Welt lag innerhalb des Bezirks der Stadt – ging man an dem mannigfaltigsten, wunderlichsten, mit jedem Schritt sich verändernden Schauspiel vorbei, an dem unsre kindische Neugier sich nicht genug ergetzen konnte« (14, 24). Sie mischen sich »in das Gedränge vor den burgemeisterlichen Audienzen« im Römer und suchen die Rangordnung des Patriziats zu begreifen. Sie betrachten die Portraits im Kaisersaal; sie hören von der Goldenen Bulle und der peinlichen Halsgerichtsordnung und lassen sich manches Märchenhafte und »Historischinteressante« erzählen (14, 25 f.).

Die Kinder werden Zeugen von »verschiedenen Exekutionen«, als sie acht und neun Jahre alt sind. Johann Wolfgang beschäftigen am meisten die Bücherverbrennungen. »Es hatte wirklich etwas Fürchterliches, eine Strafe an einem leblosen Wesen ausgeübt zu sehen« (14, 166). Aber was hat die kleine Schwester beim Anblick der Hinrichtung der Kindsmörderin gefühlt und gedacht? Sehr jung vielleicht und hübsch, ein lebendiges weibliches Wesen?

Der Geheimrat Goethe, dem »Serenissimus clementissime regens gnädigst befohlen daß auch [er seine] Gesinnungen über die Bestrafung des Kindermords zu den Ackten geben solle«, erklärt fünfundzwanzig Jahre später, »daß auch nach [seiner] Meinung räthlicher seyn mögte die Todtesstrafe beyzubehalten« (26, 208). Die Bücherzensur hebt Karl August in demselben Jahr auf.

Die Kinder wissen »endlich durch die oberen Behörden«

auch zum Konklave, der Wahlkapelle im Dom, sich Zutritt zu verschaffen und verlangen immer wieder die Geschichten der Kaiserkrönungen zu hören, von denen sie selbst einige Jahre später eine erleben werden (14, 25 ff.). Vorerst müssen sie sich mit dem Pfeifergericht zufriedengeben, das alljährlich mit Aufzügen und Zeremonien in mittelalterlichen Kostümen zur Erinnerung an die Erteilung der Zollfreiheit durch den Kaiser gefeiert wird. Sie lassen sich die symbolische Bedeutung der Gesten und Gaben erklären: den kunstreich gedrechselten mit Pfeffer gefüllten Pokal, die Handschuhe, »wundersam geschlitzt, mit Seide besteppt und bequastet«, die dem Großvater Johann Wolfgang Textor, dem Stadtschultheiß, überreicht werden »als Zeichen einer gestatteten und angenommenen Vergünstigung«. Die Kinder verfolgen jede einzelne Phase dieser seltsamen, die »Gebräuche und Gesinnungen unserer Altvordern« so »handgreiflich« vergegenwärtigenden Feierlichkeiten mit neugieriger Aufmerksamkeit, »weil es [ihnen] nicht wenig schmeichelte, [ihren] Großvater an einer so ehrenvollen Stelle zu sehen« (14, 30 ff.).

Wenn im Frühjahr die Kühe und Schafe auf die »Gemeinweiden« vor den Toren der Stadt getrieben werden, erwarten die Kinder »lustreichere Feste« als im Bezirk des Römerbergs. Von ihren Mägden begleitet, stehen sie neben »armen verbleichten Waisenkindern«, die man einmal »aus ihren Mauern ins Freie gelassen« hat, unter den Linden auf dem *Hof zu den guten Leuten* und sehen den ländlichen Vergnügungen der Hirten und ihrer Mädchen zu (14, 32 f.).

Doch sind dergleichen Unterbrechungen ihres vom Vater streng geregelten Lehrplans selten. Das Haus war in ziemlich kurzer Zeit fertig geworden, »durchaus hell und heiter, die Treppe frei, die Vorsäle lustig«. Man bringt die umfangreiche Büchersammlung des Vaters in Ordnung, mit den schönen holländischen Ausgaben der lateinischen Schriftsteller, den italienischen Klassikern und Wörterbüchern aus verschiedenen Sprachen und Reallexiken, »daß man sich also nach Belieben Rats erholen konnte, so wie [manches andere] was zum Nutzen und Vergnügen gereicht« (14, 33 f.). Die Kinder verbringen viele Stunden des Tages in der Studierstube, wo sie vom Vater und wechselnden Lehrmeistern unterrichtet werden. Sie lernen Grammatik und Geographie, Französisch, Italienisch und Englisch, der Knabe zusätzlich Latein. Sie haben einen Klavier- und einen Zeichenlehrer, sie lernen tanzen, reiten und (Johann Wolfgang) fechten. Sie sitzen vor der großen Folio-Bibel mit den Kupfern von Merian; sie lesen Chroniken und Historien und setzen sich die Weltgeschichte aus Mythen, Fabeln und Märchen zusammen. Als Johann Wolfgang an Ovids *Metamorphosen* gerät, die er eifrig studiert, macht er eine neue Erfahrung: er vermag nicht nur beinahe unbegrenzte Massen von Bildern und Begebenheiten zu speichern, sondern sie auch als Quelle eigener Hervorbringungen zu nutzen. »Ich konnte niemals lange Weile haben, indem ich mich immerfort beschäftigte, diesen Erwerb zu verarbeiten, zu wiederholen, wieder hervorzubringen« (14, 41 f.). Alle derartigen Versuche und Exzerpte, jeden von seinem Sohn beschriebenen Zettel hebt Johann Caspar Goethe sorgfältig auf; von Aufzeichnungen der Tochter hat sich nicht die geringste Spur erhalten. Die Leserin fragt sich, ob Cornelia irgendwann angefangen hat zu begreifen, daß *die Kinder*, diese unzertrennliche, verbündete und verschworene Zweieinheit, allmählich zum Geschwisterpaar wurden, ein Sohn und eine Tochter, ausgestattet mit dem Recht der Begierde der eine, der sich in die Welt verwickeln und verwirklichen will, an das Gesetz der Familie geknüpft die andere. Und doch ist der Bruder der Schwester das einzige

Wesen, in dem sie sich anerkennend anerkannt fühlen kann in begierdeloser Beziehung.[6] Immer noch können sie, ohne daß ihre anfängliche einige und innige Zweiheit zerfiele, einer sein und eine andere, gemäß der Ordnung der Geschlechter, die, während sie heranwachsen, um sie herum und in ihnen sich durchsetzt; nur sehr allmählich wird die Spaltung, die aus *den Kindern* Bruder und Schwester macht, spürbar geworden sein. Kurz vor ihrem Tod schenkt die Großmutter ihnen »zu eigner Übung und dramatischer Belebung« ein Puppentheater (14, 20). »Das ursprüngliche Hauptdrama, worauf die Puppengesellschaft eigentlich eingerichtet war«, auswendig zu lernen und zu wiederholen, wird den Kindern schnell langweilig, und sie wagen sich an eigene immer aufwendigere Improvisationen und Stücke, verändern die Garderoben und Dekorationen, wodurch sie aber nach und nach den alten Bestand zerstören (14, 56 f.). Den Kindern? Der Autor von *Dichtung und Wahrheit*, denkt die Leserin, verteilt die Rollen genau; Cornelia wird also am Improvisieren neuer Stücke beteiligt gewesen sein. Aber wenn bei dieser kindlichen Unterhaltung der Knabe die Dialektik von Zerstören und Erfinden entdeckt, so die Schwester vielleicht nur die ungeheure Macht des Negativen.

Die Kinder lesen: alte Volksbücher und moderne Romane, französische, englische. Sie lesen dieselben Geschichten, aber tun sie es noch auf dieselbe Weise? Mit der Bibel, den Volksbüchern, den Romanen – mit jeder Lektüre verdichtet sich in dem Knaben die Gewißheit, daß ihm bestimmt ist, zu werden, wie einmal Einer gewesen ist: ein Held, ein Erfinder, ein Herrscher. In Robinson Crusoe begegnet er einem verwandten Geist, der mit den aus dem Schiffbruch geretteten elementaren Resten europäischer Zivilisation rastlos, mitten in einer unberechenbaren Wildnis, eine Oase der Ordnung sich erschafft. Noch, vielleicht, vermag Cornelia sich mit den Phantasien des Bruders zu identifizieren; noch, vielleicht, merkt sie nicht, daß seine Vor-Bilder ihr eigenes, noch unbestimmtes überschreiben. Mit dem jungen Télémaque des Abbé Fénelon begeben sich die Kinder auf die Suche nach dem verschollenen Vater und wiederholen mit ihm die Irrfahrten des Odysseus. Sie lauschen den Belehrungen des weisen Mentor über die Maximen einer guten Herrschaft und bewundern die Tugendhaftigkeit des Prinzen, der den Verführungskünsten reizender Nymphen und mächtiger Göttinnen widersteht und nach vielen gefährlichen Abenteuern die Heimat und den Vater wiederfindet. Télémaque, nach dem erfolgreichen Abschluß seiner Lehr- und Wanderjahre, wird für seine keusche und standhafte Liebe belohnt; er wird seinem Vater auf den Thron nachfolgen und seinen Untertanen ein vorbildlicher Fürst sein. Cornelia, sollten die reizenden Nymphen durch ihre Tagträume gespukt sein, wird sich vor ihren Spiegel gestellt und den prüfenden, mitleidigen Blick des Bruders hinter sich gespürt haben.

Die Geschichten erzählen vom Aufbruch und von den Abenteuern der Söhne, auch wenn nicht jeder, wie der Sohn des Odysseus, die Geschichte des Vaters buchstäblich wiederholt. Johann Caspar Goethe, mit der Bearbeitung seiner italienischen Reise beschäftigt, seinem großen Aufbruch, der ihn freilich an kein Ziel gebracht hat, bereitet den Bildungsweg Johann Wolfgangs schon vor; er soll das Bild verwirklichen, das der Vater von sich selbst entworfen hatte. Den Geschichten und dem Leben der Väter und Söhne ist eine klar erkennbare Richtung vorgeschrieben, nach vorn, in eine Zukunft voller Verheißungen. Was aber erfährt Cornelia von Müttern, Töchtern und Schwestern? Vielleicht wird sie, bei der gemeinsamen Lektüre, ins Nachsinnen geraten sein bei bestimmten Stellen, die dem Bruder nichts sagten. Warum, mag sie sich gefragt haben, warum halten die Erzähler die Handlung an, wenn sie die weiblichen Figuren einführen? Was bedeuten diese eigenartigen Stockungen, dieses Verweilen im Innern des Hauses? »Ce qui me touche en elle, c'est son silence, sa modestie, sa retraite, son travail assidu, son industrie pour les ouvrages de laine et de broderie«, so leitet Télémaque das Geständnis seiner Liebe ein, und der erfahrene Mentor lobt seine Wahl: »Antiope est douce, simple et sage.«[7] Hat Cornelia schon verstanden, daß dies die Bestimmung des weiblichen Daseins ist, sanft, einfach und gesittet zu sein, sich auf Handarbeiten zu verstehen? Daß sie nicht schön ist, jedenfalls nicht nach den herrschenden Vorstellungen von weiblicher Schönheit, wird Johann Wolfgangs Schwester früh zu spüren bekommen haben, »und dies Gefühl ward immer peinlicher, je mehr sie in die Jahre trat, wo beide Geschlechter eine unschuldige Freude empfinden, sich wechselseitig angenehm zu werden« (14, 252).

Die Kinder lesen dieselben Bücher, aber in dem Knaben, wenn er vom Gartenzimmer aus über die Stadtmauern und Wälle weit in die Landschaft hinaussieht, regt sich schon früh ein nicht trauriges, eher ahnungsvolles Gefühl von Einsamkeit und einer noch ganz unbestimmten Sehnsucht, und er läßt sich das »Märchen [seines] künftigen Jugendganges« vom Vater nur allzu gern wiederholen (14, 40).

Vor den »didaktischen und pädagogischen Bedrängnissen«, denen sie durch den »Erziehungs- und Unterrichts-Kalender« des Vaters ausgesetzt sind, flüchten die Kinder zu den Großeltern. Sie sehen den Stadtschultheiß »mit behaglicher Geschäftigkeit eigenhändig die feinere Obst- und Blumenzucht besorgend«. Sie respektieren die verbotenen Früchte an den Pfirsichbäumen und halten sich an

Johannis- und Stachelbeeren schadlos (14, 45). Sie bleiben artig auf den »mit Rebgeländer« eingefaßten Gängen im Küchen- und im Blumengarten – wie der kleine Wilhelm Meister mit seiner Herzensdame, der Amtmannstochter; diese freilich »war schön, blond, sanftmütig« (10, 546).

Die Kinder genießen die Auflösung des väterlichen Erziehungssystems während der französischen Besetzung Frankfurts mit der Einquartierung des Königsleutnants Thoranc in dem kaum vollendeten Haus, dessen meist verschlossene Staatszimmer nun dem fremden Offizier überlassen werden müssen. Zum ersten Mal wird den Kindern die sonderbare Lebensform des Vaters bewußt, seine Untätigkeit, das Dasein eines wohlhabenden, nur seinen zufälligen Liebhabereien nachgehenden Privatmannes, im Kontrast zu der weltbürgerlichen Souveränität des immer tätigen Grafen, der sich überdies als ein kenntnisreicher Kunstfreund erweist. Die Schildwachen vor der jetzt Tag und Nacht unverschlossenen Haustür kümmern sich um die Kinder nicht, die sich im Haus und auf der Straße freier bewegen und ihre Neugierde an den militärischen und anderen öffentlichen Angelegenheiten, die der Graf zu schlichten hat, befriedigen. Der Knabe erhält vom Großvater ein Freibillett und besucht fast täglich das französische Theater (14, 101 ff.). Er macht »den ganzen Kursus der französischen Bühne durch« und bastelt mit Motiven aus den *Metamorphosen* und einem mythologischen Lexikon ein eigenes Stück zusammen (14, 119). Er geht bei den Malern, die Thoranc beschäftigt – man hat in seinem Giebelzimmer in der Mansarde ein Atelier eingerichtet – ein und aus und erforscht den Inhalt eines hinter dem Ofen verborgenen Kästchens, wobei er vom Grafen ertappt, verhört und bestraft wird. Aber er hat genug gesehen, um zu begreifen, daß das in jenem Kästchen enthaltene Gemälde von der Art ist, »die man den Augen nicht auszustellen pflegt« (14, 101). So entstehen allmählich Zonen der Erfahrung und des Wissens, von denen die Schwester ausgeschlossen ist, unmerklich löst *Ich* sich aus der innigen Verbindung des *Wir*, das männliche Subjekt.

Die Kinder lernen das Glaubensbekenntnis, aber sie haben zu dem höchsten Wesen nicht dasselbe Verhältnis. Cornelia blickt nicht nach oben, sie sieht im Bruder eine Selbständigkeit, die ihren Grund in sich selbst hat, so genügt ihr die unmittelbare Gewißheit des moralischen Gefühls.[8] In den *Paralipomena* zu *Dichtung und Wahrheit* sucht Goethe nach einer Formel für die »wundersame Natur« seiner Schwester: »Man hätte von ihr sagen können, sie sei ohne Glaube Liebe und Hoffnung« (14, 950). Er hat diese Charakteristik im veröffentlichten Text nicht verwendet, er hätte damit der Schwester auch abgesprochen, was Lavater als den »ersten innersten Grundstoff« des weiblichen Wesens bestimmt: »selig durch Kindergebähren und Kindererziehen zum Glauben, zur Hoffnung, zur Liebe«. Der Satz ist unterstrichen in den *Allgemeinen Betrachtungen* über *Frauenspersonen*, ein Merksatz.[9]

Das Gefühl für das Religiöse ist in dem Geschwisterpaar im Gegensinn zur Geschlechterordnung verteilt. Johann Wolfgang sucht nach etwas jenseits des kirchlichen Protestantismus, den ihm der Religionsunterricht nur als »eine Art von trockener Moral« überliefert; er wägt die Meinungen und Gesinnungen, von denen er sprechen hört, gegeneinander ab und kommt auf den Gedanken, sich Gott, »dem Schöpfer und Erhalter Himmels und der Erden«, auf seine Weise, nämlich unmittelbar zu nähern. Sein kindlicher Versuch, »ihm auf gut alttestamentliche Weise« einen Altar zu errichten, scheitert zwar an seinem technischen Ungeschick, aber er bleibt bei der Vorstellung, daß er mit ihm »in ein genaueres Verhältnis treten könne« (14, 50).

Durch das »außerordentliche Weltereignis« des Erdbebens von Lissabon – Johann Wolfgang ist zu diesem Zeitpunkt sechs Jahre alt – wird dieses Verhältnis freilich auf einmal und nachhaltig gestört. Der weise und gnädige, väterliche Gott zeigt plötzlich ein ganz anderes, ein zorniges Gesicht. Von dem Zweifel an der Gerechtigkeit Gottes erholt sich »das junge Gemüt« lange Zeit nicht (14, 36 f.), aber es weiß seine »revolutionairen Aufregungen«[10] produktiv zu wenden: Er selbst muß sein Verhältnis zu dem höchsten Wesen gestalten! Er wendet sich dem Alten Testament zu, und da ihm zum gründlichen Studium die Kenntnis des Hebräischen fehlt, bewilligt ihm der Vater Privatunterricht bei dem alten Rektor des Gymnasiums. Beim Lesen, Übersetzen, Wiederholen und Auswendiglernen macht er sich den Inhalt der Bücher Mosis derart zu eigen, daß er am Ende dazu gelangt, die Urgeschichte der Menschheit aus seiner Einbildungskraft noch einmal hervorgehen zu lassen. »Vom Tigris zum Euphrat, vom Euphrat zum Nil« sieht er einen von »den Göttern geliebten« »Mann mit Herden und Gütern hin und wider ziehen und sie in kurzer Zeit aufs reichlichste vermehren«. In der Bibliothek des alten Gelehrten, der ihn an den langen Sommertagen lesen läßt, so lange das Licht es erlaubt, findet er den Begriff einer »geoffenbarten Religion« heraus: den Glauben an eine besondere Vorsehung, »die das göttliche Wesen gewissen begünstigten Menschen, Familien, Stämmen und Völkern zusagt«. Vor den vielen ungeordneten Bildern, die sich in seinem Kopf angesammelt haben, flüchtet er immer wieder »nach jenen morgenländischen Gegenden«. »Ich versenkte mich in die ersten Bücher Mosis, und fand mich dort unter den ausgebreiteten Hirtenstämmen zugleich in der größten Einsamkeit und in der größten Gesellschaft.« Er faßt den Plan zu einer Bearbeitung der Geschichte Josephs, der den tagträumerischen Charakter seiner Genesisdurchquerungen verrät. Joseph scheint dem Knaben eine Gestalt, an der er sich »mit Hoffnungen und Einbildungen gar artig schmeicheln« kann: Joseph, das Kind der »leidenschaftlichen ehelichen Liebe« und – der Auserwählte der Götter (14, 138 ff.). »Höchst anmutig ist diese natürliche Erzählung, nur erscheint sie zu kurz, und man fühlt sich berufen, sie ins Einzelne auszumalen« (14, 156). Worin besteht für den Zwölfjährigen der Zauber dieser biblischen Erzählung, daß er sich wünscht, sie selbst bearbeiten zu können? Joseph, die Kette der Urväter beschließend, wirkt auf den jugendlichen Leser in der dämmernden Bibliothek des Rektors durch sein gleichsam angeborenes Gefühl des Auserwähltseins. »[Er] prophezeit sich selbst die Vorzüge, die ihn über seine Familie erheben sollten« (14, 155). Johann Wolfgang hat vor sich ein Vorbild, eine Gestalt, berufen und zur Nachfolge berufend. Die Geschichte Josephs bearbeiten heißt auf den Ursprung des Erzählens zurückgehen, den Bildungsgang des Menschengeschlechts nachbilden in der Darstellung einer individuellen Biographie – die der kleine Tagträumer freilich noch vor sich hat. Erst nachträglich, vom Erzähler selbst darauf hingewiesen, wie »umständlich« der Vortrag der »so oft wiederholten und ausgelegten Geschichten« ist, beginnt die Leserin, dem Selbstbild eines Knaben nachzusinnen, der sich in eine so ausschließlich patriarchale Tradition einschreibt. Das Vierte Buch von *Dichtung und Wahrheit* beendet die Erzählung der Geschichte einer bedeutenden Kindheit mit der dankbaren Nennung der Namen einer Reihe von Männern, »welche einen bedeutenden Einfluß« auf den jungen Johann Wolfgang ausgeübt haben (14, 173), indem sie alle, jeder auf seine Weise, an ihm ihr »moralisches Ebenbild herzustellen trachteten«, während ihm schon »ein wünschenswertes Glück« »am reizendsten in der Gestalt des Lorbeerkranzes erschien« (14, 179 f.).

Hat Johann Wolfgang seine erzväterlichen Tagträumereien vor der Schwester geheimgehalten? Oder sie mit seinen umständlichen Nacherzählungen geplagt? Daß sie zur Sphäre der Religion keinen Zugang gehabt und wohl auch keinen gesucht hat, gehört zu dem Erinnerungsbild, das Goethe sich von Cornelia gemacht und uns überliefert hat. Verständlich wäre es. Was hätten ihr die »Familienauftritte« der Erzvätergeschichten bedeuten sollen? Der kleine Bibelleser, der Abrahams »wundersamsten Wanderungen« durch einen »aus der ganzen zu bewohnenden Erde« ausgesonderten »kleinen, höchst anmutigen Raum« folgt (14, 143), wundert sich nicht darüber, daß die Frauen in dieser »natürlichen Religion« nur durch »die Verheißung eines unermeßlichen Volkes« bestimmt sind, also als Gebärerinnen (14, 153). Und so sieht er auch keinen Widerspruch zwischen Cornelias mit dem Bruder gemeinsam erworbener Bildung und ihren durch die gesellschaftlichen Verhältnisse vorgegebenen eingeschränkten Lebenshoffnungen. Er nimmt die täglichen und mit wachsendem Bewußtsein immer stärker empfundenen Zurücksetzungen und Demütigungen der Schwester durch den Vater nicht wahr. Und es ist ihm selbstverständlich, daß er von einem gewissen Alter an seine »Streifpartien« durch die Stadt und die umgebende Landschaft ohne sie macht (14, 249), daß nur er die französischen Liebesromane, die sie beide gelesen haben, in der Wirklichkeit wiederholt. Hatte der Knabe durch einen Blick auf ein verborgenes Bild das Geheimnis des Lebens gesehen, in dem verschlossenen und verbotenen Kästchen beim Grafen Thoranc, so ist der junge Mann Goethe im Besitz eines Hausschlüssels (14, 216) und verwickelt sich in ein Liebesabenteuer, dessen innere Dramatik sich aus der

Lektüre von Prévosts *Manon* speist. Wenn diese erste Liebesneigung bei ihm »durchaus eine geistige Wendung« genommen haben mag (14, 188), so verwandelt sie sich nachträglich, durch den unglücklichen Ausgang des erlebten Romans, die Ausweisung seiner »Schönen« aus der Stadt, in eine »unbändige Leidenschaft«. Der junge Liebhaber überläßt sich einem Zustand von wechselweiser Raserei und Ermattung, aus dem Cornelia ihn mit »allerlei gutem Trost« aufzurichten sucht (14, 234 f.). – Wir sehen einen von Selbstvorwürfen verfolgten Orest, den die Erscheinung der Schwester von seinem Wahnsinn heilt. »O laß den reinen Hauch der Liebe dir / Die Glut des Busens leise wehend kühlen« (*Iphigenie auf Tauris*, V. 1157 f.).

Diese Episode bildet den Schluß des Ersten Teils von *Dichtung und Wahrheit* und der Kindergeschichte. Die Geschwister sind nun ein junger Mann, der sich auf das Studium in einer fernen Stadt vorbereitet, und ein halbwüchsiges Mädchen, das sich verlassen und verraten vorkommt in dem Maße, wie ihr bewußt wird, daß trotz der zwillingsähnlichen Gemeinschaft in »Spiel und Lernen, Wachstum und Bildung« das Schicksal den Geschwistern ein sehr ungleiches Los geworfen hat (14, 250). Der Erzähler vergleicht die Gemütsverfassung seines früheren Ich mit der »heimlichen Freude eines Gefangenen, wenn er seine Ketten abgelöst und die Kerkergitter bald durchgefeilt hat«, diejenige Cornelias läßt sich erschließen aus der Notlüge, womit der Bruder ihre Verzweiflung zu beschwichtigen sucht: er verspricht ihr, sie nachzuholen, damit sie sich an seinen Erfolgen erfreuen und an seinem »Wohlbehagen Teil nehmen könnte« (14, 265 f.). Gerade diese Täuschung aber läßt die Ungleichheit der Bestimmungen von Bruder und Schwester, von Mädchen und Mann, erkennen: Erwerb und Teilnahme, Selbstverwirklichung und Selbstverzicht.

Cornelia Goethe – das ist die Ausnahme, in der das Allgemeine, die Ordnung der Geschlechter, sich als die Katastrophe zeigt. Ihre Tragödie besteht darin, daß sie das Zur-Frau-Werden nur als Vertreibung aus jener Zweieinheit erleben kann, ohne gegen eine Instanz, durch die sie verfügt wäre, rebellieren zu können.

Er und sie

Schon während ich schrieb, habe ich gespürt, daß die Gestalt von Goethes Schwester, deren freudloses Dasein ich mir vorzustellen versuchte, mich allmählich mit einer Wirklichkeit zu bedrängen begann, die meinen Sätzen bisweilen jenen Nachklang von *hate* und *anger* gegeben haben mag, den ich doch gerade vermeiden will. Virginia Woolf hat es leichter gehabt, sage ich mir zum Trost, wenn sie die Biographie einer fiktiven Schwester Shakespeares imaginiert: »very young, oddly like Shakespeare the poet in her face, with the same grey eyes and rounded brows«.[11] Goethe *besaß* eine Schwester, und nichts trifft auf sie zu von dem, was Virginia Woolf als historisches Schicksal beschreibt. Cornelia Goethe ist nicht wahnsinnig geworden und hat auch nicht Hand an sich gelegt, sie hat ihr Leben nicht geendet in einer einsamen Hütte am Dorfrand, halb Hexe, halb Zauberin, verspottet und gefürchtet. Aber vorhersehbar war das Schicksal dieser Tochter der Aufklärung auch.

Von der Natur vielleicht nicht schlechter ausgestattet als der Bruder, muß sie erfahren, daß sie anders wahrgenommen wird, daß die Blicke, die sich auf das Geschwisterpaar richten, das nun nicht mehr »die Kinder« heißt, einen jungen Mann sehen, der als ein Einzelner aus der kleinen Welt des väterlichen Hauses aufbricht, um seinen Lebensplan zu verwirklichen, und ein junges Mädchen, das dem Begriff des schönen Geschlechts nicht entspricht. Johann Wolfgang ist in jedem Augenblick so ganz er selbst, daß er proteushaft in die verschiedensten Rollen schlüpfen kann; in der jungen Cornelia ist das alte Gefühl des Auserwähltseins noch nicht erloschen, aber es enthält kein Zukunftsversprechen mehr. Sie ist wie ihre Freundinnen nichts als ein Mädchen, das darauf wartet, bestimmt zu werden – durch einen Mann.

Von der Korrespondenz Goethes und seiner Schwester sind nur die etwa fünfzehn über zwei Jahre verteilten Briefe Johann Wolfgangs aus Leipzig erhalten, von Cornelia keine Zeile. In einem seiner Autodafés hat Goethe ihre Briefe verbrannt. Ich habe wieder die kleine Portraitzeichnung vor mir und spüre, daß etwas in mir sich dagegen sträubt nachzuempfinden, wie die Briefe des Bruders auf dieses anmutslose junge Mädchen gewirkt haben müssen. Sie mag den Tonfall des *eternal pedagogue* (den Virginia Woolf sich beim Schreiben über die Schulter blicken fühlt) vielleicht gar nicht so anmaßend gefunden haben wie die Leserin. An die ungleiche Verteilung der Rollen war sie ja gewöhnt, und sie kannte Johann Wolfgangs pädagogisches Naturell. Der Leipziger Student, der kleinen Schwester schreibend, gefällt sich in der Rousseau nachgeahmten Rolle des *promeneur solitaire* und gießt Spott und Tadel aus über die Putzsucht und Koketterie der »filles saxonnes«.[12] Er geht in einem langen fiktiven Dialog die gängigen Motive gelehrter Frauenschelte durch und scheint dabei die Adressatin seiner Episteln völlig aus dem Sinn verloren zu haben.[13] Er identifiziert sich mit der Rolle eines Mädchenerziehers, der seinen Schülerinnen den Hang zur Lesesucht austreiben und sie statt dessen zu einer »zur Besserung [des] Verstandes und [des] Willens« führenden Lektüre bringen will,[14] um bei dem Komödienmotiv vom verliebten Präzeptor zu enden.[15] Falls Cornelia solche Briefe nicht nur als Stilübungen eines angehenden Schriftstellers gelesen hat – denn sie konnte ja mit dieser Polemik nicht gemeint sein, hatte Johann Caspar Goethe doch auf ihre Bildung ebensoviel Sorgfalt verwandt wie auf die des Bruders –, dann mußte sie darin einen versteckten Sinn suchen, der sie als Person in Frage stellte: der Bruder will sie nicht als selbständige geistige Existenz anerkennen. Dann wieder, in einer anderen Laune, will er sie zu seiner Musterschülerin machen: sie soll nur die Bücher lesen, die er ihr angibt, und sie so lesen, wie er es ihr vorschreibt, sie soll nichts als Briefe schreiben und allenfalls »die Sprachen immer fort treiben [...] die du als einen besonderen Vorzug besitzest«. Aber weil sie ein Mädchen ist oder: nichts als ein Mädchen, soll sie die Haushaltung und die Kochkunst studieren und sich »zum Zeitvertreibe« auf dem Klavier üben (wo sie der Vater ohnehin mehrere Stunden des Tages festhält); sie soll sich im Tanzen perfektionieren, die gängigen Kartenspiele lernen und sich geschmackvoll anziehen. Den Nutzen dieser Vorschrift verrät er der Schwester auch; er garantiert dafür seinen Kopf: »du sollst in einem kleinen Jahre, das vernünftigste, artigste, angenehmste, liebenswürdigste Mädgen, nicht nur in Franckfurt, sondern im ganzen Reiche seyn«. Das »herrliche Versprechen« seiner Anweisungen hebt sich nicht nur durch die ironische Übertreibung selbst auf;[16] die Schwester weiß ja und Johann Wolfgang weiß es auch, daß sie das vorgeschriebene Ziel nicht erreichen kann: nie wird sie ein liebenswürdiges Mädchen sein ...

Und Cornelia tritt vor den Spiegel, wo sie vielleicht Tag für Tag ihre Vernichtung betreibt, und sieht, sie sieht mit den Augen des Bruders: daß sie nicht artig, nicht angenehm, nicht liebenswürdig und inzwischen auch nicht einmal mehr vernünftig ist.

»Cependant mon miroir ne me trompe pas; s'il me dit que j'enlaidis a vue d'œil [...] et je donnerois tout au monde pour etre belle.«[17] »Je fais grand cas des charmes exterieures [...] je les tiens pour absolument necessaires au bonheur de la vie, et [je crois] pour cela que je ne serai jamais heureuse.« Sie hat die Vorschrift, die sie vernichtet, so ganz sich zu eigen gemacht, daß sie sich kein anderes Ziel und keine andere Lebensform vorstellen kann als die Ehe. »Epouserai-je un mari que je n'aime pas? Cette pensée me fait horreur, et cependant ce sera le seul parti qui me reste, car ou trouver un homme aimable qui pensàt a moi.«

Cornelia, als sie noch nicht »die Schlosserin« war, hat für die Jugendfreundin Katharina Fabricius ein Tagebuch geschrieben. Die Aufzeichnungen der Achtzehnjährigen, von geradezu schockierender Offenheit, geben Einblick in eine Leidensgeschichte, die noch fast zehn Jahre währen sollte. Es ist das Zeugnis einer Gewalt, die nicht beim Namen genannt werden kann, der Väter und Brüder über ihre Töchter und Schwestern. Es erzählt von der panischen Angst eines jungen Mädchens, sich in Gesellschaft zu zeigen, ihrem Horror vor dem eigenen Anblick, wenn sie von »einem Ausschlag im Gesicht heimgesucht wurde«, den viele Jahre nach Cornelias Tod Goethe »der Einwirkung von etwas Dämonischem zuschreiben möchte« (39, 477). Cornelia Goethe geht allerdings in ihrer Wut gegen sich selbst sehr weit: sie erfindet eine Figur, den *Miséricordieux*, der sie aus Mitleid mit seiner Liebe verfolgt. Die Manie der Mystifikationen teilt sie mit dem Bruder, aber ihre sind rein destruktiv.

So erscheint es verständlich, daß das Motiv der Entsagung sich als Leitmotiv durch das gesamte, fast zwei Jahre lang geführte Tagebuch hindurchzieht, aber es ist, im Ge-

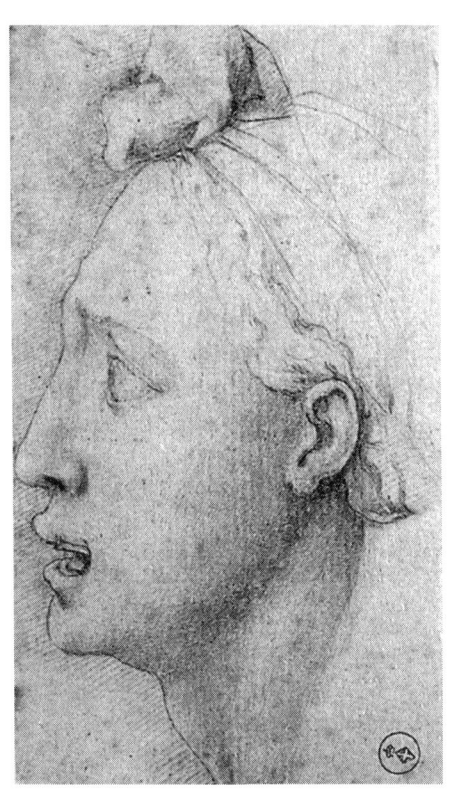

Rosso Fiorentino (1494-1540):
Weiblicher Kopf im Profil

gensatz zum Bruder, eine nur negative, eine selbstauferlegte Indifferenz bis zur Gefühllosigkeit, der jede Hoffnung fehlt.

»C'est aujourd'hui le jour de ma naissance, ou j'ai dixhuit ans accomplis. Ce tems e[s]t ecoulé comme un songe; et l'avenir passera de meme; avec cette difference qu'ils me restent plus de maux a eprouver, que je n'en ai senti.«[18]

Haben die Briefe Johann Wolfgangs den Beginn von Cornelias Krankheit zum Tode befördert? Hätte das Schreiben, die Literatur, für sie die Rettung bedeutet? Ich werde es nie wissen; ich sehe nur eine einzige traurige Verneinung. Ich höre nur die Stimme des Bruders: »Juste ciel que tu es devenue savante!«[19] Auch die Lebensenergien waren wohl ungleich verteilt unter die Geschwister, die jetzt ein junger Mann mit hochfliegenden literarischen Plänen und ein heiratsfähiges Mädchen ohne Grazie waren. Wieviel Selbstgewißheit hätte dazugehört, entschlossen, gegen die so entschieden geäußerte Mißbilligung des Bruders, den Titel einer *savante* auf sich zu nehmen und Romane zu schreiben – wie Mme Riccoboni!

»Je suis exedé de ta lettre, de tes ecrits, de ta maniere de penser. Je n'y vois plus la petite fille, la Corneille, ma sœur, mon ecoliere, j'y vois un esprit mur, une Riccoboni, une etrangere, un Auteur.«[20]

Das war es: Cornelia maßt sich an, was »dem Geschlecht« nicht gebührt, die Verfügung über das Wort. Seine schulmeisterlichen Briefe an die Schwester sind Goethe oft und zu Recht vorgehalten worden. Ihre Wirkung war aber vielleicht noch zerstörerischer als diejenige der ähnlich gestimmten Kleists an seine Verlobte, Wilhelmine von Zenge, weil sie, mag auch der Schreibende sich dessen nicht bewußt gewesen sein, etwas verschütteten.

Es muß von Cornelia Goethe Texte gegeben haben! In

einem späteren Brief ist die Rede von Ausarbeitungen (genau so nennt Goethe seine frühen literarischen Versuche in Anlehnung an Ovid oder das *Alte Testament*), von kleinen Stücken und von einer Geschichte, die Johann Wolfgang als »nackte Erzählung ohne Empfindung« verwirft.[21] Höchst spannend wäre es gewesen, hätten wir von Cornelia Goethe Briefromane in der Art von Marie-Jeanne Riccobonis *Lettres de mistriss Fanni Butlerd* (1757), einem sehr geistreichen Liebesroman, der sich liest wie ein feministischer Traktat über den *discours amoureux*.[22] Oder wie eine subtile Kritik der Romane Richardsons, deren Lektüre Johann Wolfgang der Schwester noch gerade erlaubt. Freilich, Johann Caspar Goethes Tochter hätte sich doch wohl eher, wie Ann Radcliffe in den *Mysteries of Udolpho*, mit den *fair sufferers* identifiziert, den unglücklichen Geschöpfen Richardsons, die vor ihrem geliebten Verfolger fliehen, um endlich doch zur Strecke gebracht zu werden, weil kein gnädiger Vater sie verwandelt der lebendigen Natur zurückgibt, so daß der Jäger Apoll statt der flüchtigen Daphne den Stamm eines Baumes umschlingt.

Um Cornelia von ihren literarischen Abwegen zurückzuholen, empfiehlt ihr der spätere Autor des *Werther*, Briefe zu schreiben, wie sein Leipziger Lehrer, Gellert, sie will: ohne »tant de reflections«,[23] »plus naife, plus vive«, nichts als Briefe eben, die ganz natürlich daherkommen sollen. »Mercke diß; schreibe nur, wie du reden würdest, und so wirst du einen guten Brief schreiben«. Im »gemeinen Leben« soll sie bleiben, nicht »Reflecktionen [machen], die niemand als ein einsehender erfahrener Mann machen konnte«[24]. Von der Art vielleicht, wie sie die Ottilie der *Wahlverwandtschaften* in ihr Tagebuch schreibt.

Cornelia tut, was in der Ordnung ist; sie schreibt Briefe, an denen der Leserin nichts natürlich scheint als ein immer wieder hervorbrechender Zorn, eine Wut auf alle und auf alles, vor allem auf sich selbst. Aber es gelingt ihr nicht, ihr Leiden und ihre Wut objektiv zu machen – im Schreiben, wie Mme Riccoboni.

Unüberhörbar ist in Cornelias Aufzeichnungen, in wechselnder Lautstärke, aber nie ganz überspielt, ein bisweilen schriller Ton des Ressentiments – gegenüber den Schönen und Begehrten, die, wie die kokette Lisette, jede ihre Ballnacht haben, wo der Prinz sie als die Schönste entdeckt, während sie vor ihrem eigenen, allzu auffällig geschminkten Gesicht erschrickt und sich aus der Verzweiflung in den Hohn rettet.

»Je regarde dans mon miroir, et j'ai pitié d'un affreux etalage couleur de feu, que je me suis mis sur la tête sans le savoir. Je suis tres belle, je crois dans cette parure – Oui oui ça va tres bien a mon teint. – Si j'avois seulement envie de rire, je pourrois – mais ou je m'egare; je suis aujourdhui de bonne humeur.«[25]

Von Anfang an muß Cornelias Melancholie unheilbar gewesen sein! Wo die Asymmetrie der Geschlechterordnung als Natur erscheint, kann der Schmerz um den Verlust nicht durch Trauerarbeit überwunden werden. So bleibt auch das Leitmotiv des Tagebuchs von Goethes Schwester, Entsagung, eigentümlich schwach; es liegt ihm kein freier Wille zugrunde, auf etwas um eines anderen willen zu verzichten: wenn sie auf Liebe nicht hoffen kann, sich selbst, sich anders zu bestimmen. Sie weiß, im ganzen großen Reich des Geistes und der Phantasie, keinen Ort, den der Bruder nicht schon besetzt hätte. So gelingt es ihr nicht, den Bann ihres wütenden Begehrtseinwollens zu durchbrechen und sich als *savante*, als *un Auteur* wirklich zu machen. Sie muß immer wieder vor ihren Spiegel treten und ihr Gesicht anstarren, bis es daraus verschwindet und sie einer »ziemlich langsam durch die Welt schleichenden« Scheingestalt nachblickt, die »nirgend hin als ins Grab taugt«.

Die Schwester

Unter den vielen schwankenden Gestalten, die der Erzähler von *Dichtung und Wahrheit* beschwört, bleibt Cornelia Goethe die schemenhafteste.[26] Zweimal versucht er, »den Schatten jenes seligen Geistes« festzuhalten, aber es gelingt ihm nicht, ihn für den Augenblick der Erzählung ins Leben zurückzurufen. Der früh dahingegangene Schatten der Schwester, der sich dem alt gewordenen Bruder nähert, bleibt stumm. Ungern gesteht der Erzähler seines eigenen Lebens, daß bei ihm nur »der Begriff eines dichterischen Ganzen« entsteht, nur der Gedanke einer Form (es wäre die der Richardsonschen Romane), nur allgemeine Bestimmungen, aber keine lebendige Vorstellung des »geliebten, unbegreiflichen Wesens«, dessen Wert er sich zu vergegenwärtigen sucht. Immer wieder behilft er sich mit der Formel vom »merkwürdigen« Wesen der Schwester, noch zuletzt in einem Gespräch mit Eckermann (39, 477). »Sie war ein eignes Wesen, von dem schwer zu sprechen ist«, heißt es in dem zweiten Versuch einer Beschreibung in einem der letzten Bücher von *Dichtung und Wahrheit*, an jener »merkwürdigen Stelle«, wo der Ich-Erzähler in den Gestus des Chronisten hinüberwechselt. »Wir wollen suchen das Mitteilbare zusammenzufassen«, so leitet er das Portrait der Schwester ein (14, 788 ff.), er beschränkt sich in der Tat auf eine Beschreibung ihres Äußeren und ein paar Charakterzüge und appelliert dann an einen »einsichtigen Leser, welcher fähig ist zwischen diese Zeilen hineinzulesen was nicht geschrieben steht, aber angedeutet ist«. Aber – und die einsichtige

Leserin durchfährt es wie ein Schock – in einer seltsamen Verschiebung seines Gegenstandes wendet sich der Erzähler damit seiner eigenen Geschichte zu.

Sie soll »eine Ahnung der ernsten Gefühle« gewinnen, mit denen er damals Emmendingen verlassen hatte. Emmendingen, das war ein kleines Städtchen zwischen Vogesen und Schwarzwald im Markgräfler Land, das Johann Georg Schlosser als Oberamtmann und einer der höchsten Beamten des Markgrafen von Baden verwaltete. Damals, das war der Frühsommer 1775, und Goethe war in Begleitung von Lenz gekommen. Diese Lücke in seiner Erinnerung, auf die er selbst hindeutet, ist verräterisch. In dem anderen Besucher jedenfalls, Lenz, der in einem autobiographischen Text »die moralische Bekehrung eines Poeten«, seine eigene, auf die Begegnung mit Goethes Schwester zurückführt, haben die wenigen Tage in Emmendingen Epoche gemacht. Lenz verehrt, noch über ihren Tod hinaus, in Cornelia seinen »heiligen Schutzgeist«, der ihn aus seinen erotischen Verstrickungen rettet.[27]

Davon zeugt ein wenige Wochen nach Cornelia Schlossers frühem Tod im Sommer 1777 geschriebener Brief von Lenz an ein befreundetes Ehepaar:

»Mein Schutzgeist ist dahin, die Gottheit die mich führte / Am Rande jeglicher Gefahr / Und wenn mein Herz erstorben war / Die Gottheit die es wieder rührte / Ihr zart Gefühl das jeden Mißlaut spürte / Litt auch kein Wort, auch keinen Blick / Der nicht der Wahrheit Stempel führte.«[28]

Und Goethe? Er geht, wie er schon einmal gegangen ist und wie er immer wieder gehen wird, er geht und läßt eine zurück in ihren »Zuständen«, die ihm, eigener Erfahrung eingedenk, »auf das Ernsteste eine Trennung von Lilli [empfiehlt]«. »Ich ging mit dem rätselhaften Gefühl im Herzen, woran die Leidenschaft sich fortnährt; denn Amor das Kind hält sich noch hartnäckig fest am Kleide der Hoffnung, eben als sie schon, starken Schrittes sich zu entfernen den Anlauf nimmt.« Die Leserin, während sie dem schönen, an eine berühmte Stelle aus den *Wahlverwandtschaften* erinnernden Satz nachsinnt, folgt dem Wink des Autors nicht, mag immer sein Besuch in Emmendingen der Beziehung Goethes zu Lili Schönemann jene Wendung gegeben haben, auf die sie notwendig doch zulief: Entsagung. Sie sucht ja »zwischen die Zeilen hineinzulesen was nicht geschrieben steht«: Cornelias Gefühlsschicksal. Der flüchtige Besucher verläßt Emmendingen mit seinen eigenen Gefühlen. Cornelia hat die Hoffnung nie gekannt. Ihre Nichtgläubigkeit muß auch ihren Freunden unheimlich gewesen sein.[29]

»Was nicht geschrieben steht«: ist es die Geschichte einer Häßlichen, der keine gute Fee zu Hilfe gekommen ist, die sich ein kurzes langes Leben lang vergeblich danach verzehrt, begehrt zu werden? Der alte Goethe, der sich selbst »beneidenswürdig« nennt, »daß mir noch in meinem hohen Alter vergönnt ist, die Geschichte meiner Jugend zu schreiben« (39, 476), jedenfalls läßt er in jeder seiner Annäherungen an die Gestalt seiner Schwester deren Unglück aus ihrem Mangel an Schönheit hervorgehen. Der »magische Spiegel«, mit dessen Hilfe er den Schatten Cornelias heranzurufen versucht, zeigt ihm kein Bild, das Begehren erwecken könnte, zeigt ihm nicht, wie derjenige seines *alter ego* Faust die Züge Gretchens oder Helenas, sondern ein durch ein »dämonisches Mißgeschick« und die Mode der Epoche entstelltes Gesicht, ein mit sich und in sich selbst uneiniges Geschöpf.

Der liebende Bruder – der Erinnernde stellt sich als einen solchen dar, indem er gesteht, daß nur »die heilige Scheu der Verwandtschaft« die Geschwister auseinandergehalten habe und daß er auf seinen Schwager, Schlosser, eifersüchtig gewesen sei – der liebende Bruder scheint kein Gefühl dafür zu haben, daß es auch seine Beschreibung sein könnte, die die Schwester entstellt, so wie in jenen Jahren, »wo beide Geschlechter eine unschuldige Freude empfinden, sich wechselseitig angenehm zu werden«, Cornelias Spiegel ihr das Bild gezeigt haben muß, das Johann Wolfgang sah: seine eigene hohe Stirn mit den »starken schwarzen Augenbrauen«, seine eigenen Augen, deren Ausdruck »nur geben zu wollen [schien], nicht des Empfangens zu bedürfen«.

Die Beschreibungen des alten Mannes umkreisen die Erscheinung dieses »indefinibeln Wesens«; der Text, der dabei herauskommt, ist das Produkt einer von dem Erinnernden nicht gewußten oder nicht bedachten Arbeit der Vernichtung. Cornelias Augen sind tief, aber nicht schön; sie hatten einen »Glanz ohne Gleichen; und doch war dieser Ausdruck eigentlich nicht zärtlich«. Sie hat »die weiblichste, reingewölbteste Stirn«, aber die Mode der Zeit entblößt sie, »so daß sie manchmal wirklich häßlich aussehen konnte«.

Lavater, der Freund, entdeckt im Unterscheidungsvermögen des physiognomischen Sinns die Möglichkeit, im »begegnenden Blick« einer »innerlich starken und festen weiblichen Seele«, »ohne irgend einen Zusatz von dem, was die Welt Schönheit nennt«, eine Schönheit wahrzunehmen, die »ganz Liebe und Liebenswürdigkeit« ist – die Schönheit des Engels.[30] Goethe hat keinen Cornelia-Roman geschrieben und für die »wundersame Tiefe« ihrer merkwürdigen Individualität keine Sprache gefunden; das mag die fast unbarmherzige, analytische Genauigkeit seines Portraits erklären.

»Niemanden kann seine eigne Gestalt zuwider sein, der Häßlichste wie der Schönste hat das Recht sich seiner Gegenwart zu freuen; und da das Wohlwollen verschönt, und sich Jedermann mit Wohlwollen im Spiegel besieht, so kann man behaupten, daß Jeder sich auch mit Wohlgefallen erblicken müsse, selbst wenn er sich dagegen sträuben wollte. Meine Schwester hatte jedoch eine so entschiedene Anlage zum Verstand, daß sie hier unmöglich blind und albern sein konnte; sie wußte vielleicht mehr als billig, daß sie hinter ihren Gespielinnen an äußerer Schönheit sehr weit zurückstehe, ohne zu ihrem Troste zu fühlen, daß sie ihnen an inneren Vorzügen unendlich überlegen sei.«

In der Leserin sträubt sich etwas, sich ein Geschöpf vorzustellen, das sich seiner Gegenwart nicht zu erfreuen vermag, ein weibliches Geschöpf, dem Anmut versagt ist und das mit seinem Ernst Anstoß erregt. »Wenn ihr Äußeres einigermaßen abstoßend war, so wirkte das Innere, das hindurchblickte, mehr ablehnend als anziehend: denn die Gegenwart einer jeden Würde weist den anderen auf sich selbst zurück. Sie fühlte es lebhaft, sie verbarg mir's nicht, und ihre Neigung wendete sich desto kräftiger zu mir.« Der alte Selbstbeschreiber, der doch »erste Lieb' und Freundschaft« beschwören will – »es wiederholt die Klage / Des Lebens labyrinthisch irren Lauf / Und nennt die Guten, die, um schöne Stunden / Vom Glück getäuscht, vor mir hinweggeschwunden« (7/1, 11) –, er fühlt wohl nicht, daß er, statt sich die Schwester erinnernd zu wiederholen, ein Urteil fällt. Er läßt der Schwester keinen Fluchtweg aus dem Bann ihres Spiegels, der er selber ist: Sie ist »weder bedeutend noch schön«. Ihre »herrlichen Eigenschaften« helfen ihr nichts, weder ihre »vorzügliche Geistesbildung, schönen Kenntnisse, so wie Talente, einige Sprachen, eine gewandte Feder«; der alte Goethe drängt das alles in einen hypothetischen Satz zusammen, ein Anakoluth übrigens – und ein Urteil: Alles war so angelegt, »daß, wäre sie von außen begünstigt worden, sie unter den gesuchtesten Frauen ihrer Zeit würde gegolten haben«. Das ist ein Schluß-Satz von Kleistischer Härte, abstoßend. Zwischen diese Zeilen soll nichts hineingelesen werden. Dieses Urteil, das einer trostlos Dahingeschiedenen noch nachträglich eine andere Zukunft abspricht, bleibt ohne Kommentar. Der Erinnernde hat das Portrait seiner Schwester abgeschlossen; aber er scheint etwas vergessen zu haben. Er fängt noch einmal an, er muß etwas ergänzen. »Zu allem diesen«, fährt er auf einmal fort, im Gestus des Wissenden, aber in subjektloser Rede, »zu allem diesen ist noch ein Wunderbares zu offenbaren: in ihrem Wesen lag nicht die mindeste Sinnlichkeit«.

Die Leserin, irritiert durch diesen Gestus, der das Intimste im Modus des Unpersönlichen mitteilen will, hängt mit ihren Gedanken an jenem Urteil fest. Sie fragt sich und fragt den alten Mann, der seine Lebensgeschichte erzählt: Warum ist Cornelia Goethe von außen nicht begünstigt worden? Eine, die doch offenbar nicht nur über eine »gewandte Feder« verfügte, sondern deren »wahrhaft schmerzlich mächtige Briefe« den Bräutigam Lilis (14, 830) in einen Entsagenden verwandeln, deren Texte schon den Leipziger Studenten an die Romane Mme Riccobonis erinnert hatten? – Mit einem Mal wird mir schmerzlich bewußt, daß Goethe von seiner Schwester nicht sprechen kann. Die Störung in seiner Erinnerung verrät sich in einer sonderbaren Wendung: Er habe »einen Seitenweg einzuschlagen« gehabt, um nach Emmendingen zu gehen. »Ich achtete diesen Schritt, meine Schwester zu sehen, für eine wahrhafte Prüfung, ich wußte, sie lebte nicht glücklich, ohne daß man es ihr, ihrem Gatten oder den Zuständen hätte schuld geben können. Sie war ein eigenes Wesen, von dem schwer zu sprechen ist.« Den Erinnernden scheint etwas nach

Wiederholung zu drängen, dem er keinen Raum gewähren kann. Er umkreist eine namenlos bleibende Verschuldung. Mit einem Mal füllt sich für mich auch eine Leerstelle mit Bedeutung, die mir in den Briefen an Charlotte von Stein aufgefallen war, der Frau, der er doch, soweit ihm das überhaupt möglich ist, alles sagt, noch seine geheimsten Gedanken. Die mit dem jungen Herzog unternommene Schweizer Reise führt über Emmendingen: »Hier bin ich nun nah am Grabe meiner Schwester.«[31] Hat er Cornelias Grab besucht? Hat er davorgestanden? Seine Aussage ist zweideutig, mag sein, daß er seiner Scheu, der Sphäre des Todes nahe zu kommen, nachgegeben hat. Der Schreibende hüllt sich in Schweigen; die Ferngeliebte wird es ganz wörtlich genommen haben, sie *kannte jeden Zug in seinem Wesen*.

Weder der Reisende noch der alte Mann, der »durch die Kraft der Poesie« die Geschichte seiner Jugend wiederholt«, sind den Seitenweg bis zum Ende gegangen. Goethe haucht dem Schatten Cornelias nicht das Leben der Erzählung ein; er faßt das Mitteilbare zusammen und schweigt über das Nicht-Mitteilbare.

Während ich noch einmal seine Beschreibungsversuche durchgehe, zeigt sich Zug um Zug das Bild dieser Häßlichen, dieses »sonderbarste Gemisch von Strenge und Weichheit« (14, 368), deren »ernstes, starres, gewissermaßen liebloses Wesen« sich aber aufschließt im Kreis von gebildeten Frauen, wie die Schwestern Jacobis und seine Frau es waren (14, 677). Die Leserin versteht, daß eine solche Erscheinung nicht beschreibbar gewesen sein kann, weil sie sich der herrschenden Ordnung der Geschlechter nicht einfügen ließ. Und ich glaube jetzt auch die vergeblichen Annäherungsversuche Goethes zu verstehen: die gründende Bedeutung des Jugendbildes seiner Schwester für den jungen Mann, der fortgegangen war, um sich in die Welt hineinzubilden. Er braucht das Phantom einer nicht-begehrenden Frau, ohne Sinnlichkeit, aber auch ohne Ausdruckswillen. Die an der jungen Cornelia sich zeigende Androgynität mußte bedrohlich sein für das Selbstbild des heranwachsenden Bruders, indem sie die Ordnung der Geschlechter in Verwirrung brachte. Ihm ging es doch gerade um Unterscheidung. So muß noch der alte Mann im Bild der Schwester jene störenden Züge überschreiben, auch wenn dabei ein mit sich selbst zerfallenes weibliches Geschöpf herauskommt.

»Wäre sie von außen begünstigt worden ...« – ja, wäre sie ein Mann gewesen, ihre Gesichtszüge wären dann nicht als häßlich erschienen, sondern als charaktervoll. Aber er rühmt sich doch, mit der Schwester gemein gehabt zu haben, daß »nichts Eigentümliches, wodurch irgend ein bedeutendes Naturell ausgezeichnet war, sich [vor ihnen] zu verbergen« hatte. Und er wußte von der allerdings heiklen Existenz jener geschlechtsunentschiedenen Zwitterwesen; Amazonen nannte man sie, nannte er sie selbst, Frauen, deren Würde wirklich den andern auf sich selbst zurückweisen konnte. In seinem Umkreis gab es keine, die in ihrem Betragen dieses »Natürlichwürdige« gehabt hätte, dieses Makarienhafte, das »über weibliche Seelen durchaus eine unwiderstehliche Gewalt [übte]«, »junge Gemüter liebevoll [anzog] und durch den Geist innerer Vorzüge [beherrschte]«, keine – als die einzige Cornelia. Als er die Schwester zur Ehe überredete, in seiner Wertherzeit, ahnte er wohl nicht, was ihr damit angetan wurde. Inzwischen hatte er Friederike Ungers *Bekenntnisse einer schönen Seele, von ihr selbst erzählt*, eine leise Entgegnung auf das entsprechende Kapitel seiner *Lehrjahre*, besprochen, mit einer gewissen spröden Anerkennung, die Geschichte einer Amazone also. Die Ich-Erzählerin dieser Konfessionen führt mit ihrer aus

Parmigianino (1503-1540): Proserpino und Ascalaphos

einer unglücklichen Ehe geflüchteten Freundin ein selbstbestimmtes Leben, das Natur und Kultur in einen selbstverständlichen Einklang bringt: ein neues Utopia, dessen Schein auch der Tod der Freundin nicht verdunkelt. Denn es ist deren früheres Leben, in der Ordnung der Geschlechter, das seinen Schatten in die Gemeinschaft der Frauen hinübergeworfen, das sie krank gemacht hatte, schwindsüchtig wie Rousseaus Julie, seine *nouvelle Héloïse*, wie so viele andere ... – Cornelia Schlosser hat ihre kleine Tochter Julie genannt.

Ich erinnere mich an einen glühend heißen Sommernachmittag in der Basler Galerie Stampa, wo wir einmal, vor Jahren, lange gesessen haben, Hitze und Müdigkeit vergessend im Anschauen der Chlorosis-Serie von Marlene Dumas, vor den schönen und schrecklichen Portraits dahinschwindender Frauen.

Der alte Mann, in sein Selbstgespräch versunken, als hörte ihm kein Eckermann zu, kannte den Ursprung dieser Sehnsucht zu verschwinden, all der wirklichen schönen Seelen, die ihm begegnet waren. »Der Frauen Schicksal ist beklagenswert« – das war ein Erfahrungssatz, obwohl vielleicht Charlotte von Stein oder die Herzogin Luise kein Wort der Klage über ihr Schicksal vor ihm haben laut werden lassen. »Sie war ein merkwürdiges Wesen«, sagt er noch einmal. »Der Gedanke, sich einem Manne hinzugeben, war ihr widerwärtig, und man mag denken, daß aus dieser Eigenheit in der Ehe manche unangenehme Stunde hervorging. Frauen, die eine gleiche Abneigung haben, oder ihre Männer nicht lieben, werden empfinden, was dies sagen will. Ich konnte daher meine Schwester auch nie als verheiratet denken, vielmehr wäre sie als Äbtissin in einem Kloster eigentlich an ihrem Platz gewesen« (39, 477). Gewiß, das Kloster läßt sich denken als der Ort, wo eine Frau, in deren

Wesen »nicht die mindeste Sinnlichkeit« liegt, leben kann, wundersam genug noch für den alten Mann, der, während er seinen Tod schon herannahen fühlt, über das Schicksal einer jungen Frau, seiner Schwester, »phantasiert«. Das Kloster: Es wäre ein »höherer Zustand« gewesen, eine Ordnung vor allem, die das Ärgernis jener anderen Möglichkeit, das unordentliche Zwischen den Geschlechtern, das »Verkehrte«, aus der Welt geschafft hätte. In den Cornelia gewidmeten Portraits klingt etwas nach wie das lang zurückgehaltene Bekenntnis einer schwer in Worte zu fassenden Verfehlung: sich aus der gefährlichen Verstrickung in die Zweieinheit mit der Schwester hinter ein Bild geflüchtet zu haben, das dieser zum Verhängnis werden mußte, indem der geliebte Bruder sie zugleich »beredete«, eine Ehe einzugehen.

Von Eckermann auf die »merkwürdige Stelle« hingewiesen, wo er »über den Zustand seiner Schwester redet«, lenkt Goethe das Gespräch von deren Schicksal auf die Rezeption seiner Autobiographie: »Dieses Kapitel, sagte er, wird von gebildeten Frauen mit Interesse gelesen werden, denn es werden viele sein, die meiner Schwester darin gleichen, daß sie, bei vorzüglichen geistigen und sittlichen Eigenschaften nicht zugleich das Glück eines schönen Körpers empfinden« (39, 477). Die Leserin schiebt das Buch beiseite. Cornelia – ein Exempel für die häßliche Frau! Gebildete Frauen, häßlich wie sie, sollen darin den Trost finden, daß es ihresgleichen gibt. Am Teetisch Johanna Schopenhauers, wo er sich gelegentlich eingefunden hat, mochte sein Auge auf die eine oder andere gebildete Frau gefallen sein, die »das Glück eines schönen Körpers« nicht empfinden konnte. Die Gastgeberin selbst freilich, mag sie nun sich als schön oder häßlich empfunden oder dafür gegolten haben, hat ihren Trost nicht in der Rezeption von Werken der

Kunst gesucht, obwohl sie, wie ich zugeben muß, die gebildete Gesellichkeit, deren Zentrum sie einige Jahre hindurch gewesen ist, wohl als Modell einer Lebensform verstanden hat, sie hat sich, immer wieder, ihre Wunschautobiographie zusammenphantasiert, die Geschichte der schönen Frau, die um der Liebe willen der Liebe entsagt. Der berühmte Gast hat ihre *Gabriele* rezensiert, anerkennend, wiewohl nicht ohne eine Spur von Ironie.

Vom Tagebuch seiner Schwester wußte Goethe nichts. Hätte er, frage ich mich, gesetzt, Katharina Fabricius hätte es ihm nach Cornelias Tod zugänglich gemacht, hätte er zwischen die Zeilen hineinzulesen gewußt, daß das darin geradezu zwanghaft zum Ausdruck kommende Verlangen, begehrt zu werden, nicht so sehr in der Sehnsucht nach erotischer Erfahrung gründete, sondern vielleicht nur der blinde Nachvollzug einer Vorschrift war: der *Italienischen Reise* des Vaters, an langen Abenden im Familienkreis vorgelesen, und der Jugendbriefe und frühen Gedichte des Bruders. Nein, sie ist von außen nicht begünstigt worden. Sie hat »mit Geist und Gemüt« teilgenommen an der künstlerischen Verwirklichung des Bruders (14, 620). Ob sie selbst andere Tagträume als jenes wütende Begehrt-werden-Wollen gehabt hat? Ihr Tagebuch hält keine fest. Und in den Erinnerungen Goethes findet sich kein Hinweis, daß Cornelia etwas anderes als Briefe hätte verfassen können oder wollen. Aber an Charlotte von Stein schreibt er einen mehrdeutigen Satz, der das Schuldbekenntnis von *Dichtung und Wahrheit* vorwegnimmt: »O hätte meine Schwester einen Bruder irgend wie ich an dir eine Schwester habe« – das war ein Jahr vor dem Tod Cornelias.[32]

Es hätte »das Reich der Liebe« sein können, das Lavater zu ahnen scheint, wenn er von einer Liebe spricht, »die nicht das ihrige sucht. Liebe, die rein ist, wie die Liebe der

Engel, die sich im Himmel umarmen.«[33] – Hätte es ein gemeinsames, freiwilliges und freies Herausgehen aus den »seltsamen Zuständen« einer allzu engen geschwisterlichen Bindung gegeben, es hätte vielleicht auch Cornelia jene »alte Wahrheit ewig gleich im Innern« gespürt: daß Schönheit nichts anderes ist als geliebt worden sein. »Sag was will das Schicksal uns bereiten? / Sag wie band es uns so rein genau? / Ach du warst in abgelebten Zeiten / Meine Schwester oder meine Frau.« Aber Goethes 1776 an Charlotte von Stein gerichtete Verse haben die Schwester wohl nicht mehr erreicht.

KNABENMÄRCHEN

> Niemals glaubte ich daß etwas zu erreichen wäre immer dacht ich ich hätt es schon. Man hätte mir eine Krone aufsetzen können und ich hätte gedacht das verstehe sich von selbst (14, 932).

Das dämonische Wesen, das sich in dem widerspruchs- und geheimnisvollen Verhältnis Goethes zu Bettina von Arnim zu manifestieren scheint, dem Zufall gleichend, dann aber auch wieder der Vorsehung, wohltätig zuweilen, meistens aber schadenfroh, sondernd oder verbindend – es zog die Zeit zusammen und dehnte den Raum aus zum Ereignis einer einzigartigen Kindheit.

»Die Himmel dehnen sich so weit vor mir, alle Berge, die ich je mit stillem Blick maß, heben sich so unermeßlich, die Ebnen, die noch eben mit dem glühen Rand der aufgehenden Sonne begrenzt waren, sie haben keine Grenzen mehr. In die Ewigkeit hinein. – Will denn sein Leben so viel Raum haben?

Von seiner Kindheit...«[34]

Daß Goethe, als er seine früheste Lebensgeschichte in *Dichtung und Wahrheit* zu erinnern versucht, auf die Beihilfe der jungen Bettine Brentano angewiesen ist, kommt mir jetzt wie eine bedeutungsvolle Fügung vor. Bettines Liebe, die in der Kindheit Goethes ihre eigene, verschüttete, und die nicht verwirklichte Liebesgeschichte ihrer Mutter Maximiliane sucht, ihre Weisheit, sie sich nicht unmittelbar anzueignen, sondern vermittelt über die Begegnung mit Goethes Mutter, scheint mir den tragenden Grund der Darstellung einer freien Kindheit zu bilden, deren Glanz für uns zum Vorschein eines Werks wird. Denn sie ordnet die zufälligen Begebenheiten, die Elisabeth Goethe ihr erzählt, nach einem geheimen Motto, dem Mignon-Vers »O laß mich scheinen, bis ich werde«, und rührt damit nur eben an das Rätsel der individuellen Entwicklung.

»Bey meiner Mutter Lebzeiten hätt' ich das Werck unternehmen sollen, damals hätte ich selbst noch jenen Kinderscenen näher gestanden und wäre durch die hohe Kraft ihrer Erinnerungsgabe völlig dahin versetzt worden. Nun aber mußte ich diese entschwundenen Geister in mir selbst hervorrufen und manche Erinnerungsmittel gleich einem nothwendigen Zauberapparat mühsam und kunstreich zusammenschaffen« (17, 239).

Er habe lange, vielleicht zu lange gezaudert, sich der »Entwicklung eines bedeutend gewordenen Kindes« zuzuwenden, schreibt Goethe in seinen *Tag- und Jahresheften*. Er hätte hinzufügen können, daß es eine gab, für die jenes Kind das lebendige Zentrum einer aus Erinnerungen und Gesprächen gewirkten Freundschaft einer sehr jugendlichen mit einer sehr alten Frau war, einer als Vergegenwärtigung im alten Wortsinn erfahrenen Freundschaft. Elisabeth Goethe, wie Bettina von Arnim sie in ihrem Königsbuch vergegenwärtigt, erinnert ein Kind, das ohne Leitseil daherläuft auf freien Füßen. Denn schon als junges Mädchen – und sie war ja bei der Geburt ihres Johann Wolfgang erst achtzehn Jahre alt – hat sie mit ihrem Seelenheil allerlei Versuche gemacht, um sich schließlich an den einen machtvollen Trieb zu halten: »Ich wollt heraus ans Licht, aus der Dunkelheit – und reflektierende Gedanken das war bei allem was vorfiel mein Tagwerk« (A 3, 48). Es ist das Licht eines freien Geistes, auf das sie zugeht – mit ihrem Kind. Und es ist Elisabeth Goethe, die dem Kind den bedeutungsvollen

Raum des Erzählens öffnet, einen weiblichen Raum heimlichen Wirkens und Webens, in dem aus Hören und Sagen, zwischen Mutter, Großmutter und dem kleinen Wolfgang ein gemeinsames Märchen entsteht.

»Wenn ich nun Halt machte und die Katastrophe auf den nächsten Abend verschob, so konnte ich sicher sein, daß er bis dahin alles zurecht gerückt hatte, und so ward mir denn meine Einbildungskraft, wo sie nicht mehr zureichte, häufig durch die seine ersetzt [...]. Der Großmutter [...] vertraute er nun allemal seine Ansichten, wie es mit der Erzählung wohl noch werde, und von dieser erfuhr ich, wie ich seinen Wünschen gemäß weiter im Text kommen solle, und so war ein geheimes diplomatisches Treiben zwischen uns, das keiner an den andern verriet [...] und der *Wolfgang* ohne sich je als Urheber aller merkwürdigen Ereignisse zu bekennen, sah mit glühenden Augen der Erfüllung seiner kühn angelegten Pläne entgegen, und begrüßte das Ausmalen derselben mit enthusiastischem Beifall« (A 2, 381 f.).

Als Schäfer verkleidet, »mit einer Hirtentasche, aus der eine Rolle mit goldnen Buchstaben herabhing«, hält das Kind zum Geburtstag der Mutter eine Rede auf ihren grünen Sessel, den »Sitz der schönen Mährchen« (A 2, 383 f.).

Dann aber bricht mit dem Erdbeben von Lissabon, durch eine »grauenhafte Wirklichkeit, die alles Fabelhafte überstieg« (A 2, 382), die Geschichte, die Zeit, in den Märchenraum ein. Durch das »außerordentliche Weltereignis wurde jedoch die Gemütsruhe des Knaben zum ersten Mal im Tiefsten erschüttert. [...] Gott, der Schöpfer und Erhalter Himmels und der Erden [...] hatte sich, indem er die Gerechten mit den Ungerechten gleichem Verderben preis gab, keineswegs väterlich bewiesen« (14, 36 f.). Der Siebenjährige sucht nach einer Erklärung, durch die er die gestörte Ordnung und das eigene Gefühl wiederherzustellen hofft.

Bettina von Arnim überliefert die Deutung, die der Kleine dem Vater vorträgt: »Am Ende mag alles noch viel einfacher sein, als der Prediger meint, Gott wird wohl wissen daß der unsterblichen Seele durch böses Schicksal kein Schaden geschehen kann« (A 2, 383). Von da an sei er »wieder oben auf« gewesen, habe Elisabeth Goethe erzählt. Das ist eine wunderbar genaue Aussage, der kleine Wolfgang hat sein Selbstgefühl wiedergewonnen durch eine überbietende Rede, durch einen Satz, der wie ein Urteil ergeht.

Dieses Selbstgefühl gründet sich schon in seiner frühesten Lebensgeschichte auf den Glauben an die Sterne; er weiß, daß Jupiter und Venus die Regenten und Beschützer seiner Geschicke sein werden (A 2, 380). Er läßt sich darin auch nicht durch Spott oder Tadel beirren und mag sich seinen sonderbar *gravitätischen Gang* nicht abgewöhnen (A 2, 385). Indem die Bettine die von Elisabeth Goethe angesponnenen Erinnerungsfäden aufnimmt, übernimmt sie zugleich deren reflektierende Gedanken. Das ganze Schicksal entwickle sich oft an Begebenheiten, die so unbedeutend scheinen, daß man sie nicht bemerkt, die aber im Innern arbeiten und endlich als eine Art individuelles Gesetz erkennbar werden; bei Johann Wolfgang Goethe ist dies die unheimliche Anwesenheit des Todes im Leben. Sie zeigt sich nicht nur in Bettines Erzählung von Goethes Geburt, sondern in einer ganzen Reihe kleiner Zufälle. »Einmal hatte der Vater ihn auf dem Arm und ließ ihn den Mond sehen, da fiel er plötzlich wie von etwas erschüttert zurück, und geriet so außer sich, daß ihm der Vater Luft einblasen mußte, damit er nicht ersticke«, erinnert sich Elisabeth Goethe (A 2, 379).

Das Kind, das Bettina von Arnims Goethe-Buch vergegenwärtigt, ist ein Träumer und Traumdeuter, wie sein Großvater einer gewesen ist, und dieses Traumerbe deutet sich schon früh an. Wer weiß, was er im Mondlicht gesehen hat? – Bettines Aufzeichnungen halten fest, daß er schon mit neun Wochen ängstliche Träume hat, daß Großmutter und Großvater, Mutter und Vater und die Amme um seine Wiege stehen, um zu beobachten, was in ihm vorgeht. Das Traumerbe und die Gabe des Erzählens verbinden sich mit der Familie der Mutter, aber das Knabenmärchen aus der Frühzeit des Erzählers Goethe deutet mit dem scheinbar beiläufigen Hinweis auf den Zeitpunkt der Erzählung bereits aus dem mütterlichen Raum freien Phantasierens hinaus in eine dem Gesetz der Zeit unterworfene Welt, die fast überdeutlich im Zeichen der Berufung steht.[35]

Er habe, schreibt der Autor von *Dichtung und Wahrheit*, seine Gespielen glücklich machen können, wenn er ihnen Märchen erzählte und besonders, wenn er dabei in eigener Person sprach. In seinem *Musterstück* tritt er als neuer Paris auf. Dieser kleine Märchenerzähler, stehend wohl, mit den staunenden Zuhörern vor ihm, unter ihm, drängt sich auch der Leserin auf mit seinem plastischen Redegestus, und unwillkürlich fällt ihr der Knabe Wagenlenker aus der Mummenschanz im *Faust II* ein, die Verkörperung der Poesie, wie Goethe dem rätselnden Eckermann seine Figur erklärt, an keine Zeit, keinen Ort gebunden, aber überall seinen Reichtum verschwendend, fortgerissen von seiner eigenen Phantasie, wie hier der Knabe Märchenerzähler.

»Mir träumte neulich in der Nacht vor Pfingstsonntag, als stünde ich vor einem Spiegel und beschäftigte mich mit den neuen Sommerkleidern ...«, so beginnt er sein Märchen und verrät, nicht seinen kleinen Bewunderern, aber der Leserin, daß er mit seinem noch ungerichteten Gefühl des Ausgezeichnetseins größere Schwierigkeiten hat, als sein Gestus sie glauben machen will. Er sucht für sein Ich-Gefühl nach einem Ausdruck und fängt erst einmal mit dem an, was man äußerlich sehen kann, seiner Kleidung.

»In seiner Kleidung war er nun ganz entsetzlich eigen, ich mußte ihm täglich drei Toiletten besorgen, auf einen Stuhl hing ich einen Überrock, lange Beinkleider, ordinäre Weste, stellte ein Paar Stiefel dazu, auf den zweiten einen Frack, seidne Strümpfe, die er schon angehabt hatte, Schuhe u. s. w., auf den dritten kam alles vom feinsten nebst Degen und Haarbeutel, das erste zog er im Hause an, das zweite, wenn er zu täglichen Bekannten ging, das dritte zum Gala« (A 2, 386).

Aber der Riß zwischen dem Kostüm und der Person kann offenbar sehr verunsichernd sein. Der Knabe Erzähler kommt mit seinem Rokokokostüm nicht zurecht. Aus dieser »großen Verlegenheit« befreit ihn die Erscheinung Merkurs, die in ihm keinerlei Verwunderung auslöst. Denn auf dem Theater, das der kleine Wolfgang während der französischen Besatzung fast täglich besuchte, wurden »damals einige halb mythologische, halb allegorische Stücke« gegeben, die ihn zur Nachahmung anregen. »So hatte ich bald ein solches Stückchen in meiner Phantasie zusammengestellt, wovon ich nur so viel zu sagen weiß, daß die Scene ländlich war, daß es aber doch darin weder an Königstöchtern, noch Prinzen, noch Göttern fehlte. Der Merkur besonders war mir dabei so lebhaft im Sinne, daß ich noch schwören wollte, ich hätte ihn mit Augen gesehen« (14, 119).

Der junge schöne Mann, der den Knaben Märchenerzähler aufs freundlichste begrüßt, ist das Produkt der Imitationslust eines Kindes, das sich auserwählt weiß und das »bey zeitig erwachendem Talente, nach vorhandenen poetischen und prosaischen Mustern, mancherley Eindrücke kindlich bearbeitet, meistens nachahmend« (17, 11). Die halb mythologische, halb allegorische Szene dieses Knabentraums tritt in eine untergründig blasphemische Beziehung zum Pfingstwunder. Hier wie dort handelt es sich um eine Berufung. In seiner Hand hält der Götterbote das Material zu einer Erzählung, die beginnen müßte, wo das *Knabenmärchen* endet. Er übergibt dem Knaben drei Äpfel, rot, gelb und grün, mit dem Auftrag, diese an die drei schönsten jungen Leute von der Stadt zu verteilen, damit diese »sodann, jeder nach seinem Lose, Gattinnen finden sollen, wie sie solche nur wünschen können«. In den Händen des Knaben verwandeln sich die Äpfel in schöne »Frauenzimmerchen in mäßiger Puppengröße«, aber als er sie festhalten will, entschweben sie in die Höhe und Ferne. Und sein Versuch, wenigstens das »allerliebste Mädchen«, das auf einmal auf seinen Fingerspitzen tanzt, zu ergreifen, endet mit »einem Schlag an den Kopf, so daß ich ganz betäubt niederfiel, und aus dieser Betäubung nicht eher erwachte, als bis es Zeit war mich anzuziehen und in die Kirche zu gehen.« Der im Traum eingesetzte neue Paris scheint sich um den Sinn seines Auftrags nicht zu kümmern. Erzählend erst wird er begreifen: die Äpfel sind nicht für ihn; was ihm zufällt, ist die Verfügung über die Liebes- und Lebensschicksale dreier Paare, die Gabe des Erzählens.

Erwacht, beginnt der Knabe Erzähler seinen Sonntag, wie er es gewohnt ist, mit Gottesdienst und Mittagstisch bei den Großeltern, innerlich aber noch ganz beschäftigt mit den Bildern seines Traums, besonders mit dem seiner kleinen Nymphe. »Ich ging nur langsam [...] und hielt meine Finger manchmal in die Höhe, in Hoffnung sie würde so artig sein, wieder darauf zu balancieren.« Indem er derart immer stärker dem Gang der Phantasie zum Lauf der wirklichen Begebenheiten folgt, vermischt er die wunderbaren Dinge, die ihm im Traum begegnet sind, mit seinem All-

*Francesco Francia (um 1448-1517):
Das Urteil des Paris, um 1505/1506*

tagsleben. So steht er plötzlich auf dem Weg in die Gärten an der ihm und seinen Gespielen nie ganz geheuren *schlimmen Mauer* vor einem Pförtchen, das ihm bisher nicht aufgefallen war.

Während er, wie der Vater schon ein Liebhaber und Sammler von Kunstgegenständen, die Steinmetzarbeit des Spitzbogens über der Tür und die Verzierungen der Eisenbeschläge bewundert, »tat sie sich hineinwärts auf, und es erschien ein Mann, dessen Kleidung etwas Langes, Weites und Sonderbares hatte«. Nach einigem Zögern, weil ihm bei der Sache nicht ganz wohl zu Mute ist, folgt er der Einladung, sich die Arbeiten von innen anzuschauen. Indem er sich erinnert, daß er ja seinen Degen an der Seite hat, fühlt er sich auch ganz sicher, hat er sich doch einmal schon erfolgreich damit verteidigt in einem freilich bloß spielerischen Duell. Selbst als er die Tür auffällig leise einschnappen hört, läßt er sich in der Betrachtung der kunstreichen Arbeiten, die der alte Pförtner ihm zeigt, nicht stören. Alles, was er sieht, erregt sein Interesse, und er hat ja auch »jederzeit gehört, daß ein Prinz oder Sultan in solchem Falle niemals fragen müsse, ob Gefahr vorhanden sei«.

Vor ihm eröffnet sich ein Garten, worin alles organische Leben der künstlichen Ordnung eines Gestaltungsplans unterworfen scheint, der keinen bestimmten Stilwillen erkennen läßt, aber mit den Wünschen und Träumen des kleinen Besuchers in einer geheimen und bedeutungsvollen Korrespondenz steht. Paris, Paris! und Narziß, Narziß! rufen die Vögel in den Volièren. Der neue Paris aber überhört, trotz der sprechenden Blicke des alten Pförtners, den Ruf der Vögel, als wüßte er nicht schon, daß er seinen Glauben an die Zauberkraft der eigenen Worte gegen keine Helena würde eintauschen wollen.

Der Ort, an dem der neugierige Besucher steht, befindet

sich, wie er plötzlich entdeckt, an der Peripherie eines Kreises, der einen anderen, noch größeren umschließt, von dem ihn ein aus Spießen und Partisanen künstlich gearbeitetes goldenes Gitter trennt. Um zuerst dieses Gitter zu besehen, sodann in den inneren Garten zu gelangen, unterwirft er sich den Bedingungen, die ihm der Pförtner nach und nach auferlegt. Er muß Hut und Degen zurücklassen, zuletzt sich umkleiden. Der Knabe vermag diese Bedingungen um so leichter zu erfüllen, als sie seiner innersten Natur entgegenkommen, seinem Hang, sich zu verkleiden, um derart, in freiwilliger Entäußerung, beobachten zu können, wie die Menschen leben. In seinem Märchen verwandelt er, was wie ein Initiationsritual anmutet, in ein Spiel, bei dem er selbst insgeheim Regie führt. Als der Alte seine gepuderten Haare ausgestaubt und unter ein buntes Netz gestreift hat, seine Sonntagskleider gegen ein orientalisches Kostüm ausgetauscht sind, findet er sich in seiner Vermummung vor einem großen Spiegel sehr hübsch.

»Man muß gestehn: / Erstlich bist du jung und schön [...] / Der Augen schwarzer Blitz, die Nacht der Locken / Erheitert von juwelnem Band! / Und welch ein zierliches Gewand / Fließt dir von Schultern zu den Socken, / Mit Purpursaum und Glitzertand!« – so beschreibt in der Mummenschanz, die Faust in der kaiserlichen Pfalz arrangiert, der Herold den Knaben Lenker (7/1, 233).

Das goldene Gitter gerät, da er sich mit seinem Führer nun nähert, in Bewegung. »Unerwartet begannen Spieße, Speere, Hellebarden, Partisanen sich zu rütteln und zu schütteln, und diese seltsame Bewegung endete damit, daß die sämtlichen Spitzen sich gegeneinander senkten, eben als wenn zwei altertümliche, mit Piken bewaffnete Heerhaufen gegen einander losgehen wollten. Die Verwirrung fürs Auge, das Geklirr für die Ohren, war kaum zu ertragen, aber unendlich überraschend der Anblick, als sie völlig niedergelassen den Kreis des Kanals bedeckten und die herrlichste Brücke bildeten, die man sich denken kann: denn nun lag das bunteste Gartenparterre vor meinem Blick.« Der in einen orientalischen Prinzen verwandelte Knabe genießt diesen faszinierenden Anblick in vollem Sonnenschein – wie der kleine Wolfgang, der es liebte, »inwendig auf dem Gange der Stadtmauer herzuspazieren« und in die Gärten und Höfe hinabzuschauen (14, 24 f.). Daß die Brücke, die zu dem wunderbaren Garten des Märchens führt, in ihrem verführerischen Goldglanz nichts weniger als sicher ist, achtet der Knabe nicht. Der Bezirk, den er betritt, ist voll ausgeleuchtet, als gäbe es kein Geheimnis in diesen sich schlängelnden Wegen aus blauem Sand. Die Blumenrabatten, in ihren unterschiedlichen Farben, hätten das Wohlgefallen Johann Caspar Goethes gefunden, des väterlichen Blumenliebhabers und -züchters.

Im Zauberapparat seiner Erinnerung scheint der Autor von *Dichtung und Wahrheit* für einen kurzen Augenblick ein Nachbild der Seherfahrungen seiner italienischen Reise zu erblicken, und er mag sich an dieser *wiederholten Spiegelung* erfreut haben, als wäre sie Wirklichkeit.

»Mein Führer, ohne mich gerade auf den nächsten Weg zu drängen, leitete mich doch unmittelbar nach jener Mitte, und wie war ich überrascht! als ich in den Kreis der hohen Bäume tretend, die Säulenhalle eines köstlichen Gartengebäudes vor mir sah, das nach den übrigen Seiten hin ähnliche Ansichten und Eingänge zu haben schien.«

»Heute besuchte ich das, eine halbe Stunde von der Stadt auf einer angenehmen Höhe liegende Prachthaus, die Rotonda genannt. Es ist ein viereckiges Gebäude, das einen runden, von oben erleuchteten Saal in sich schließt. Von allen vier Seiten steigt man auf breiten Treppen hinan und gelangt jedesmal in eine Vorhalle, die von sechs korinthischen Säulen gebildet wird« (15/1, 60).

Auch den Knaben im Märchen entzückt dieses Muster der Baukunst, noch mehr aber die »himmlische Musik, die aus dem Gebäude hervordrang«, und das reizende Schauspiel, das sich ihm im Saal darbietet: »Auf einem Teppich, gerade unter der Mitte der Kuppel, saßen drei Frauenzimmer im Dreieck.« Der Alte war in den Hintergrund getreten. Als Pförtnerin des Prachthauses begrüßt ihn das niedliche Mädchen, das im Traum auf seinen Fingerspitzen getanzt hatte. Die Gestalten seines Traums, in Lebensgröße und -wirklichkeit, scheinen auf ihren Erzähler gewartet zu haben. Jetzt müßte die angekündigte Geschichte beginnen, der Knabe den Auftrag des Götterboten ausführen. Aber der Fortgang des Märchens lenkt von diesem Auftrag ab. Und die Leserin kann verfolgen, wie sich der alte Goethe in die Entwicklungsgeschichte eines bedeutend gewordenen Kindes hineinphantasiert.

In dem scheinbar geheimnislosen Garten hinter der schlimmen Mauer im Sonnenlicht, wo alles aufs reinlichste sich voneinander abgrenzt, braucht der Knabe Erzähler keinen Führer mehr. Er kennt sich aus in der Botanik und in der Mythologie. So hat er auch bei dem reizenden Schauspiel der musizierenden Frauen, die sich so augenfällig voneinander unterscheiden wie die Blumen in ihren »Abteilungen von verschiedener Farbe«, keine Wahl zu treffen. Er ordnet die in die Farben der Äpfel in seinem Traum gekleideten Schönen, die Harfen-, die Zither- und die Lautenspielerin auch sogleich ein nach der »sinnlich-sittlichen Wirkung« von Rot, Gelb und Grün. Wenn *rot* »einen Eindruck sowohl von Ernst und Würde, als von Huld und Anmut« gibt (23/1, 255), so wird die »in ihrem Betragen majestätische« Harfenspielerin Hera sein. Und wenn *gelb* »eine heitere, muntere, sanft reizende Eigenschaft« besitzt (23/1, 249), so erkennt der Knabe in der »schlanken Blondine« mit der Zither im Arm die Göttin Athene, während die »dritte Schönheit« im grünen Gewand mit ihrem Lautenspiel »etwas Rührendes und zugleich Auffallendes« an sich hat, das ihn aus ihr nicht klug werden läßt. Nach der *Farbenlehre* Goethes findet im *Grün* das Auge »eine reale Befriedigung«, weil es »auf diesem [aus Rot und Gelb] Gemischten wie auf einem Einfachen« ruht (23/1, 256). Den neuen Paris aber läßt das Versprechen der Liebesgöttin unberührt, obwohl sie ihr Spiel, »bald zärtlich, bald wunderlich, bald offen, bald eigensinnig« an ihn zu richten scheint. »Doch mochte sie sich stellen wie sie wollte, so gewann sie mir wenig ab.« Der kleine Erzähler genießt, ans Sehen und Hören hingegeben, begierdelos die Verkörperung seines Traums. »Und wenn ich in jenen drei Damen ganz deutlich die Sylphiden meines Traums und die Farben der Äpfel erblickte, so begriff ich wohl, daß ich keine Ursache hätte sie festzuhalten.«

Er *begreift*, daß er *keine Ursache* hat, *sie festzuhalten*? Vielleicht aber die, sie zu beschreiben? Wenn die Verkleidung und der Gang über die goldene Brücke von fern an ein Initiationsritual erinnern, so entzieht sich der Knabe Erzähler der darin verborgenen Bedeutung. Sein Gefühl, auf eine ihm noch nicht faßbare Weise ausgezeichnet zu sein, mehr noch als seine Vermummung, macht ihn unangreifbar; so kann er sich frei bewegen im System der Bedürfnisse, ohne ihm unterworfen zu sein. Er braucht keinen bestimmten Stand zu wählen, um etwas zu sein. *Inkognito* kann er betrachten, hörend und sehend *genießen* und – erzählen.

Je tiefer ich in dieses Märchen hineingerate, um so deutlicher spüre ich darin den freien Geist Elisabeth Goethes, der Frau Rat aus Bettina von Arnims Goethe-Buch. Im *Knabenmärchen* des Sohnes erscheint diese Freiheit personifiziert, als Ablenkung. Das klimpernde Mandolinenspiel der kleinen Alerte, seines allerliebsten Mädchens, das die instrumentale Harmonie der drei Frauen stört, lenkt ihn ab, und er vergißt sich selbst beim Tanzen, Naschen und Staunen. Alerte, ihrerseits, lockt ihn aus dem Raum der kindlichen Ergötzungen heraus: zum Soldatenspiel auf der goldenen Brücke.

»Sie brachte darauf einige Kasten hervor, in denen ich kleines Kriegsvolk über einander geschichtet erblickte, von dem ich sogleich bekennen mußte, daß ich niemals so etwas Schönes gesehen hätte. [...] Es waren nicht etwa flache bleierne Reiter, wie die unsrigen, sondern Mann und Pferd rund und körperlich, und auf das feinste gearbeitet. [...] Sie rühmte sich, die Königin der Amazonen zum Führer ihres weiblichen Heeres zu besitzen; ich dagegen fand den Achill und eine sehr stattliche griechische Reiterei.«

Gekämpft wird mit »kleinen wohlpolierten Achatkugeln«, nach gemeinsam vereinbarten Regeln, die auf die wechselseitige Selbstbeschränkung zielen: »wobei jedoch ausdrücklich bedungen war, daß nicht stärker geworfen werde, als nötig sei die Figuren umzustürzen: denn beschädigt sollte keine werden« (14, 69). Die Namen des mythologischen Paares, Achill und Penthesilea, deuten jedoch auf ein Spiel, das jederzeit in Ernst umschlagen kann. Und schnell verkehrt sich auch das Spiel der Kinder in blinde Gewalt. Den Knaben verdrießt die größere Gewandtheit seiner Spielgefährtin, und er verletzt das Selbstbeschränkungsgebot, so daß schließlich einige der kleinen Zentaurinnen entzweigehen.

Der kleine Prinz des *Knabenmärchens* steigert sich in eine Zerstörungswut hinein, die noch dadurch aufgereizt wird, daß die zersprungenen Figürchen »sich von selbst wieder zusammenfügten, Amazone und Pferd wieder ein Ganzes, auch zugleich völlig lebendig wurden, im Galopp von der goldenen Brücke unter den Linden setzten, und in Carriere hin und wieder rennend sich endlich gegen die Mauer, ich weiß nicht wie verloren«.

Eine Ohrfeige und ein aufgenötigter Kuß beenden das Spiel. Die Lanzen und Partisanen der Brücke richten sich plötzlich wieder auf und trennen die Kinder, die sich auf beiden Seiten des Kanals wiederfinden. Das Gelächter und der Spott seiner Gegnerin, »die an der andern Seite, etwas gelinder als ich, mochte zur Erde gekommen sein«, vermehrt noch die Bosheit des Knaben, wie auch der kleine Wolfgang »überhaupt viel mehr zum Zürnen wie zum Weinen zu bringen war« (A 2, 380). Er ist im Begriff, nun auch noch sein eigenes Heer zu vernichten, voran den Achill, »als auf einmal zischende Wasser von allen Seiten her, aus Steinen und Mauern, aus Boden und Zweigen hervorsprühten, und wo ich mich hinwendete, kreuzweise auf mich lospeitschten«. Das leichte orientalische Gewand ist im Nu durchnäßt und zerschlitzt, »und ich säumte nicht, es mir ganz vom Leibe zu reißen«. »Ja, ich fand es endlich bei dem warmen Tage sehr angenehm, ein solches Strahlbad über mich ergehen zu lassen. Ganz nackt schritt ich nun gravitätisch zwischen diesen willkommnen Gewässern einher, und dachte mich lange so wohl befinden zu können. Mein Zorn verkühlte sich, und ich wünschte nichts mehr als eine Versöhnung mit meiner kleinen Gegnerin.«

Alerte aber scheint plötzlich aus dem Text des Märchens verschwunden. Die Versöhnung kommt nicht zustande in diesem *Knabenmärchen*, wo kindliches Spiel und Liebeskampf in der Schwebe gehalten sind. Doch ist darin eine Konstellation wiederholt, die Goethe in der Novelle von den *Wunderlichen Nachbarskindern* schon einmal durchgespielt hatte.

Die von den Eltern füreinander bestimmten Kinder der Novelle verhalten sich »gutartig durchaus und liebenswürdig, und nur hassend, ja bösartig, indem sie sich aufeinander bezogen«, »immer aufbauend für sich allein, immer wechselweise zerstörend wo sie sich begegnen«. Dieser »sonderbare Widerspruch« nimmt schließlich die Form einer erbitterten Feindschaft an bei einem Kriegsspiel, wo »das trotzig mutige Mädchen«, das sich an die Spitze des einen Heeres gestellt hatte, im Begriff war, das andere in die Flucht zu schlagen, wäre es nicht von seinem Widersacher zuletzt entwaffnet und gefangen genommen worden (8, 471). In der Novelle stellt die wunderlich gestörte Ordnung der Geschlechter sich allmählich wieder her: der Knabe, seiner Lebensbestimmung folgend, bildet sich zum schönsten aus; das Mädchen verliert die wilde Selbständigkeit seiner Kindheit. Und so können sich die durch einen kindischen Haß Getrennten am Schluß vereinen. Der junge Mann rettet die »schöne Feindin« vor dem Ertrinken. Den beiden Abenteurern, naß und triefend, bietet ein junges Bauernpaar seine Hochzeitskleider an. »Sie sahen allerliebst aus, staunten einander an, als sie zusammentraten, und fielen sich mit unmäßiger Leidenschaft, und doch halb lächelnd über die Vermummung, gewaltsam in die Arme« (8, 477).

Die Novelle erzählt vom wunderbaren Umschlag eines sonderbaren Widerwillens, eines Willens gegen die »Natur« der Geschlechter, in Liebe, von Genesung und Wiederherstellung. Der Wendepunkt der Geschichte ist fast schon ihr Schluß. Der Jüngling und die Schöne müssen in einem einzigen Augenblick vom Tod zum Leben, aus der Verzweiflung zum Entzücken, aus der Gleichgültigkeit zur Leidenschaft finden. Es ist der Augenblick der siegreichen Ordnung der Liebe, für den Natur und Sitte zusammenwirken. Das Wasser erweist sich als freundliches Element; vor ihrem Retter braucht sich die Liebende ihrer Nacktheit nicht zu schämen, wie auch bei dem Mann »die Begierde zu retten jede andre Betrachtung« überwunden hatte. Die Geretteten, deren Verkleidung ihre Verwandlung in ein Paar sichtbar macht, erhalten die Verzeihung und den Segen der Eltern.

Die streitsüchtigen Kinder der Novelle entdecken, nach einigen Umwegen, ihre wechselseitige Zuneigung. Indem sie ein Paar werden, sind sie eins für das andere. Die Kinder des Märchens können, trotz der goldenen Brücke, nicht zueinander kommen. Der Knabe wird, buchstäblich, auf sich selbst zurückgeworfen: Narziß, der sich selbst erzählend genießt. Das Initiationsritual, als das sein Märchen gelesen werden kann, ist keines für ihn. Der Gang über die Brücke bleibt für ihn eigentümlich folgenlos. Das Schaudern vor dem Geheimnis des Geschlechts, das Faust schon beim Klang des Wortes *Mütter* erfaßt, kennt er nicht. Er vernimmt wohl aus dem Mund des alten Pförtners die Drohung des väterlichen Gesetzes, das den Eintritt in die Ordnung der Geschlechter überwacht, aber er nimmt sie nicht auf. Über die grünseidenen Stricke, die er in einer hinter ihm befindlichen Nische zufällig im Spiegel erblickt hatte, während er sich in seinem orientalischen Kostüm bewunderte, war er von dem Pförtner darüber aufgeklärt worden: sie seien bestimmt »für diejenigen, welche das Vertrauen mißbrauchten, das man ihnen hier zu schenken bereit sei«. Aber er achtet auf diese Todesdrohung sowenig wie auf die versteckere im Garten: die säulenumstandene Villa der drei Göttinnen umschließt ein Kreis von Zypressen und Pappeln, und die Pappeln gehören nicht nur, als schattenspendende Bäume, zur sommerlichen Ideallandschaft Arkadiens, sie gelten in der Tradition auch als unfruchtbar, so daß sich mit ihnen der Gedanke des Todes und der Trauer verbindet. So vermag er auch, als sein kleines Abenteuer mit einer Vertreibung aus dem Paradies zu enden droht, diesem eine andere, ihn selbst überraschende Wendung zu geben.

Als er wieder an die Mauer zurückversetzt, die kleine Alerte verschwunden und sein Zorn verbraucht ist, setzen die Wassergüsse plötzlich aus, »und ich stand nun feucht auf einem durchnäßten Boden«. In diesem Augenblick tritt, unvermutet, der Alte wieder vor ihn. »Ich hätte gewünscht, mich wo nicht verbergen, doch wenigstens verhüllen zu können. Die Beschämung, der Frostschauer, das Bestreben mich einigermaßen zu bedecken, ließen mich eine höchst erbärmliche Figur spielen.« Ohne schützendes Inkognito, ohne seine Vermummung wird dem Knaben die Unfestigkeit seiner Gestalt schmerzlich bewußt. Er kann den Vorwürfen und Drohungen des Alten, der ihn an jene grünen Schnüre erinnert, auch keinen Namen entgegenhalten. Es bleibt ihm nur, sein Mißgeschick in eine Souveränitätserklärung umzuwerten: Er nennt sich einen Liebling der Götter, »von dem es abhängt, ob jene Frauenzimmer würdige Gatten finden und ein glückliches Leben führen sollen, oder ob er sie will in ihrem Zauberkloster verschmachten und veralten lassen«. Diese anmaßende Rede verwandelt den Alten mit seinem ehrwürdigen Bart in einen unterwürfigen Diener, der ihm beim Ankleiden hilft, so daß er »bald wieder sonntäglich geputzt und frisiert« ist wie zuvor.

Diese Rückverwandlung in den, der er gewesen ist, erfolgt auf eine verdächtig harmlose Weise. Der Alte läßt ihn einfach über die Schwelle, und der Knabe in seinem Sonntagsstaat fragt sich seltsamerweise nicht, ob, was er erlebt hat, eine Prüfung war. Er muß ja einen bestimmten Augenblick seines Traums vergessen, eine Störung, eine *Alerte*, die ihn beinahe dazu gebracht hätte, das Beobachten und Erzählen mit dem Erleben zu vertauschen. Denn wer der Freiheit der Phantasie sich verschreibt, darf sich nicht in die Wirklichkeit der Liebe verwickeln lassen. Das Märchen ist an den Ausgangspunkt zurückgekehrt, der Knabe aber daraus als Autor hervorgegangen, der sich seiner Macht über die Gemüter seiner Zuhörer bewußt wird. »Dieses Märchen, von dessen Wahrheit meine Gespielen sich leidenschaftlich zu überzeugen trachteten, erhielt großen Beifall. Sie besuchten, Jeder allein, ohne es mir oder den andern zu vertrauen, den angedeuteten Ort.«

Indem der Autor von *Dichtung und Wahrheit* bei der Anmaßung eines Erzählens verweilt, das Unwahrscheinliche als wahr erscheinen zu lassen, und dem Bedürfnis, Fiktionen für wirklich zu halten, scheint er vom Gehalt seines Knabenmärchens abzulenken – wie auch der kleine Wolfgang seine Spielgefährten zum besten hat mit der übergenauen Beschreibung der Merkzeichen, die er sich eingeprägt haben will, um das »köstliche Pförtchen« in der schlimmen Mauer wiederfinden zu können.

»Über eine hohe Mauer ragten die Äste uralter Nußbäume herüber, und bedeckten zum Teil das Gesims, womit sie endigte. Die Zweige reichten bis an eine steinerne Tafel, deren verzierte Einfassung ich wohl erkennen, deren Inschrift ich aber nicht lesen konnte. Sie ruhte auf dem Kragstein einer Nische, in welcher ein künstlich gearbeiteter Brunnen, von Schale zu Schale, Wasser in ein großes Becken goß, das wie einen kleinen Teich bildete und sich in die Erde verlor. Brunnen, Inschrift, Nußbäume, alles stand senkrecht übereinander; ich wollte es malen, wie ich es gesehn habe.«

Diese Beschreibung ist um die steinerne Tafel mit ihrer nicht zu entziffernden Inschrift angeordnet wie das Märchen um den nicht zur Ausführung kommenden Auftrag. In der leeren Mitte des Texts sitzen die drei musizierenden Frauen im Dreieck auf einem Teppich, der »ein vollkommenes Blumenbeet« ist, »in drei verschiedene Farben gekleidet«, als müßten sie für das Auge des Knaben nicht die Schönheit *der Frau*, sondern den Farbenkreis darstellen. Dieser teilt ihnen, gemäß der »sinnlich-sittlichen Wirkung« ihrer Kleiderfarbe bestimmte charakterliche Eigenschaften zu, aber er trifft unter ihnen keine Wahl. Schön ist ihm die eine wie die andere und die dritte – wie die Blumen im Gartenparterre und auf dem Teppich. Das Begehren dieses neuen Paris hat nicht die Liebe der schönsten Frau zum Gegenstand, sondern seine Autorschaft. Über die Frauen will er nicht verfügen als Mann, sondern als Autor, der ihnen ihr Schicksal zuteilt. Und, den Traum wörtlich genommen, geht dahin ja auch sein Auftrag: er soll Paare zusammenstellen. Er mag die »schönen Frauenzimmerchen« in die Luft entschweben lassen; ihre Geschichte, verkleinert auf das Maß seiner Hand, behält er zurück.

Der Auftrag in jener Nacht vor Pfingstsonntag ergeht im Namen des Vaters. »Mach deine Sache gut!«, sagt der Götterbote scheidend. Und der Knabe Erzähler versteht, was das meint: Liebesgeschichten als Ehegeschichten behandeln. Die »schönsten jungen Leute von der Stadt« sollen sich Frauen aussuchen, »wie sie solche nur wünschen können«. Die Ordnung der Geschlechter mit ihrer Verteilung von Aktivität und Passivität gilt auch ihm als die selbstverständliche Voraussetzung solchen Erzählens.

Nun gibt es ein Figürchen, das sich diesem verfügenden und einfügenden Erzählen widersetzt. Über Alerte, die auf seinen Fingerspitzen tanzt und sich nicht haschen läßt, eine der Luftgestalten, die jede Ordnung durchkreuzen, hat der gravitätische und selbstgefällige Knabe keine Macht.

Die Existenz solcher Gestalten verdankt sich der Mutter, der Märchenerzählerin. Das Kind der Frau Rat freilich, denkt die Leserin, wäre wohl nicht auf den vorgezeichneten Wegen zwischen den Blumenrabatten geblieben; es hätte dem alten Pförtner Streiche gespielt von der Art, wie Bettina von Arnim sie überliefert (z. B. A 2, 385 f.). Es hätte, bald irrlichternder Kobold, bald betörender Märchenprinz, mit einer kleinen Alerte es aufnehmen können. Elisabeth Goethes Sohn konnte sich im Nu verwandeln in jenen Liebling der Götter, der an einem hellen Wintertag, den prächtigen roten Samtmantel der Mutter um die Schultern gehängt, in Schlittschuhen über den zugefrorenen Main dahinfährt, neben der reizenden Maximiliane von La Roche, der er gefallen will. »Bettine wenn Du ihn gesehen hättest!!« endet die Erzählung der Frau Rat (A 2, 387).

(Goethe hat die frühen Briefe der Mutter nicht aufbewahrt. Von seinem Studienaufenthalt in Leipzig an hat er immer wieder Autodafés veranstaltet, das wahrscheinlich gründlichste im Sommer 1797, vor einer geplanten weiteren Italienreise, als er alle an ihn gesendeten Briefe seit 1772, »aus entschiedener Abneigung gegen Publikation des stillen Gangs freundschaftlicher Mitteilung« vernichtet. Im Tagebuch verzeichnet er seine Stimmung: »Briefe verbrannt. Schöne grüne Farbe der Flamme, wenn das Papier nahe am Drahtgitter brennt.«[36] Und die ein Jahr vor seinem Tod aus Briefen Bettina von Arnims zusammengefügte Aristeia der Mutter, ihrer Pracht, ihrer Herrlichkeit, wie sie in der wunderbaren Hauschronik »einer jungen Familienfreundin« zur Erscheinung kommt, findet sich in der veröffentlichten Fassung von *Dichtung und Wahrheit* nicht.)

GRETCHEN,
KÄTHCHEN – FRIEDRICKE

Gretchen

Der umfriedete Garten des Großvaters mit seinem zinnenbewehrten Tor, den wohlgepflegten Blumenrabatten und der langen südlichen Mauer (14, 45) ist der Schauplatz des *Knabenmärchens*, durch das sich ein bedeutend gewordenes Kind in die Rolle eines neuen Paris hineinträumt. Der aber läßt die schönen Frauenzimmerchen und auch das allerliebste Mädchen, die der Traum ihm in Miniatur verheißt, aus seinen geöffneten Händen entschweben, so daß er nichts als das Nachsehen hat. Der Knabe, der seinen Gespielen diesen Traum als erlebtes Abenteuer erzählt, empfindet eigentümlicherweise keinen Schmerz bei dessen Ausgang, vielleicht weil er ahnt, daß er durch die Traumbilder antizipiert, was den Gang seines Lebens bestimmen wird: die Zusammengehörigkeit von Autorschaft und Entsagung.

Die Gretchen-Episode aus dem fünften und sechsten Buch von *Dichtung und Wahrheit* eröffnet eine Reihe von Liebesgeschichten, die jener Bestimmung folgen und die durch geheime Fäden miteinander verwoben sind. Der Knabe Erzähler verläßt das friedliche Revier des Großvaters, das er träumend durchmessen hatte, und gerät sehr schnell mit der auf ihn losdringenden, wirklichen Welt in Kollision. Einem Kreis junger Leute aus den »untern Volks-Klassen« (14, 181) stellt er seine literarischen Fähigkeiten für ihre wohl eher weniger harmlosen Unterhaltungen zur

Verfügung. Dabei geht er aber den fingierten Liebesbriefen, die er in der Rolle eines »poetischen Sekretärs« verfaßt, in die Falle. Der Name Gretchens ist durch Bettina von Arnim überliefert, die freilich selbst eine Geschichtenerzählerin gewesen ist. Elisabeth Goethe habe sich an eine Offenbacher Schankwirtstochter erinnert, »das schöne Gretchen, er hatte sie sehr gern, das war die erste von der ich weiß daß er sie lieb hatte«.[37] »Die Liebesgeschichten aus Offenbach mit einem gewissen Gretchen, die nächtlichen Spaziergänge und was dergleichen mehr hat deine Mutter nie im Zusammenhang erzählt, und Gott weiß ich hab mich auch gescheut danach zu fragen«.[38]

In *Dichtung und Wahrheit* überkreuzen sich die Fäden der Liebesgeschichte und der gleichzeitig erfolgenden Kaiserkrönung Josephs II. Wie im *Faust* verschränken sich große und kleine Welt.

»Was seh' ich? Welch ein himmlisch Bild / Zeigt sich in diesem Zauberspiegel! / O Liebe, leihe mir den schnellsten deiner Flügel, / Und führe mich in ihr Gefild!« (V. 2429 ff.).

Am Anfang dieser Geschichte steht die unerwartete Erscheinung eines Mädchens »von ungemeiner, und wenn man sie in ihrer Umgebung sah, von unglaublicher Schönheit« (14, 184). Aber der Enkel des Stadtschultheißen kann sich offenbar zwischen niederer und hoher Minne nicht recht entscheiden: zwischen der Erscheinung der Schönheit schlechthin und der Beschreibung eines hübschen Mädchens von niederem Stand, der »das Häubchen so nett auf dem kleinen Kopfe« sitzt (ebd.). Die Leserin fragt sich, ob der junge Herr, der sich in zeremoniellen Schreiben gerade – übrigens vergeblich – um seine Aufnahme in eine Arkadische Gesellschaft, etwas zwischen literarischem Zirkel und Tugendbund, bemüht, die Gedichte Walthers von der

Vogelweide kannte, die Rechtfertigung der niederen Minne, der Liebe zu einem *frowelîn*: »Herzeliebez frowelîn [...] / du bist schoene und hâst genuoc: / waz mugen si mir dâ von gesagen? / swaz si sagen, ich bin dir holt, / und nim dîn glesîn vingerlîn für einer küneginne golt.«[39]

Er umzieht sein Offenbacher Liebchen mit einem Gespinst von literarischen Vor-Bildern, so daß noch in der Erinnerung des alten Goethe das schöne Gretchen zur Erscheinung einer Ferne, wie nahe sie sein mag, wird. Wenn das »liebe Mädchen« und sein Verehrer gemeinsam in ein Buch blicken (14, 193), erinnert sich die Leserin an die Eigenart oder Unart der Ottilie aus den Wahlverwandtschaften, die, wenn er abends vorliest, näher an Eduard heranrückt, um mit ins Buch zu sehen, und an das berühmte Liebespaar Paolo und Francesca aus der *Göttlichen Komödie* Dantes.

»Wir lasen eines Tages zum Vergnügen« – erzählt auf seine Frage Francesca dem mitleidigen Dante, der die Liebenden in ihren Höllenqualen sieht – »Von Lanzelot, wie Liebe ihn umstrickte, / Allein und unbeargwohnt waren wir. / Oft hieß des Buches Inhalt uns einander / Scheu ansehn und verfärbte unsre Wangen; / Doch nur ein Punkt war's, welcher uns bewältigt. / Denn als wir, wie das langersehnte Lächeln / Von solchem Liebenden geküßt ward, lasen, / Da küßte, dem vereint ich ewig bleibe, / Am ganzen Leibe zitternd, mir den Mund« (*Inferno*, 5. Gesang, V. 127 ff.).

Und wenn der neue Abélard seiner aufmerksamen Schülerin die historische und symbolische Bedeutung der Umzüge während der Krönungsfeierlichkeiten zu erklären versucht, stellt die Leserin sich diese Belehrungen, nach dem Muster seiner Leipziger Briefe an die Schwester, ziemlich pedantisch vor. Der Autor von *Dichtung und Wahrheit* jedenfalls scheint selber noch einmal dem Pygmalion-Phantasma verfallen zu sein, das sein früheres Ich mit so vielen Künstlern der Geniezeit geteilt hat. Keine schönere Vereinigung weiß er sich zu denken, »als wenn das Mädchen lehrbegierig und der Jüngling lehrhaft ist« – wie er selbst in der Nachfolge seines Vaters. »Sie erblickt in ihm den Schöpfer ihres geistigen Daseins, und er in ihr ein Geschöpf, das nicht der Natur, dem Zufall, oder einem einseitigen Wollen, sondern einem beiderseitigen Willen seine Vollendung verdankt« (14, 206). Die Asymmetrie des Geschlechterverhältnisses, die der Text nicht verbirgt, verrät uns, die wir lesend zu Zeugen einer weiblichen Vollendung gemacht werden sollen, deren Preis: die Entwirklichung einer lebendigen Frau, die vielleicht die Tochter eines Offenbacher Schankwirts gewesen ist, zu einem Gretchen.

Bettina von Arnim interessiert sich nur für den Glanz einer genialen Jugend, den sie im Spiegel der Mutter erblickt; für den unglücklichen Ausgang der ersten Liebeserfahrung Goethes interessiert sie sich nicht. Von Anfang an aber steht diese im Zeichen von Mystifikation und Täuschung, die am Ende dem »poetischen Sekretär« ein Verhör durch einen (freilich befreundeten) Ratsherrn und seinen Freunden gerichtliche Verfolgung eintragen. Die Rede ist von »schlechter Gesellschaft«, »schlimmen Händeln«, von »nachgemachten Handschriften, falschen Testamenten, untergeschobnen Schuldscheinen und ähnlichen Dingen« (14, 230 f.). Aus den Abenteuern des »neuen Paris« war der Knabe Erzähler heil hervorgegangen: als Autor, der sich seiner Macht über die Gemüter der Zuhörer bewußt ist. Der jugendliche Liebhaber Gretchens gerät in einen Zustand psychischer und physischer Zerrüttung so bedrohlicher Art, daß man ihm das Schicksal seiner Freunde nur schonend beizubringen wagt. Als er aber erfährt, daß Gretchen sich

Antoine Watteau (1684-1721): Stehendes Mädchen, barfuß, seinen Rock hebend, um 1716/1717

aus der Stadt entfernt habe, gerät er außer sich, »denn ich konnte darin keine freiwillige Abreise, sondern nur eine schmähliche Verbannung entdecken. Mein körperlicher und geistiger Zustand verbesserte sich dadurch nicht: die Not ging nun erst recht an, und ich hatte Zeit genug mir den seltsamsten Roman von traurigen Ereignissen und einer unvermeidlich tragischen Katastrophe selbstquälerisch auszumalen« (14, 236).

Das Märchen des »neuen Paris« ist in einen tragischen Liebesroman übergegangen, in den sich der Leidende in seiner Krankenstube und auf langen Wanderungen mit einem älteren Freund – man hatte ihm eine Art Aufseher beigegeben – hineinphantasiert: die *Histoire du Chevalier Des Grieux et de Manon Lescaut*, die Geschichte des Ritters, der aus Liebe zum Falschspieler und Betrüger wird, der seine verbannte Geliebte, obwohl sie ihn mehr als einmal betrogen hatte, nach Amerika begleitet, wo sie schließlich stirbt, während er nach Frankreich zurückkehrt und einem an seinem Schicksal Anteil nehmenden Fremden die Geschichte seines Unglücks erzählt. Wie Des Grieux sich an einen Angehörigen seines Standes wendet, um ihn davon zu überzeugen, daß er trotz seiner Verirrungen ein homme d'honneur geblieben ist, so sucht insgeheim der unglückliche Liebhaber Gretchens sich in langen philosophischen Gesprächen mit seinem Aufseher von den diffusen Schuldgefühlen, die seine erste Verwicklung in die Welt in ihm hinterlassen hatte, freizusprechen.[40]

Aus den Paralipomena zu *Dichtung und Wahrheit* läßt sich schließen, daß Goethe vorgehabt hatte, die Gretchen-Episode mit einer Nach-Schrift von Prévosts Roman abzuschließen. Damit verrät er das Prinzip, nach dem er sein Leben, wenn nicht auch lebt, so erzählt: die Wiederholung. Sein früheres Ich verstrickt sich in eine Liebesgeschichte, damit an ihm »erfüllt wurde was geschrieben steht« (14, 959). Und so gründlich buchstabiert der Frankfurter Patriziersohn in seinem ersten Roman die Formeln des *amour passion* nach, daß er unmerklich von der Mystifikation in die Identifikation hinübergleitet. Denn während er für seine dubiosen Freunde fiktive Liebesbriefe schreibt, die einem in Wirklichkeit erfolglos Werbenden Erhörung verheißen, glaubt er alles so aus Gretchens Gestalt und Wesen, »ihrer Art, ihrem Sinn herausgeschrieben zu haben, daß [er sich] des Wunsches nicht enthalten konnte, es möchte wirklich so sein«. »So mystifizierte ich mich selbst« (14, 186). Oder: so macht der Liebesbrief aus einem Briefsteller einen Verliebten. Wie die Liebe Des Grieux' sich entzündet am zufälligen Blick eines Mädchens aus einer vorbeifahrenden Kutsche, so verfolgt die unerwartete Erscheinung Gretchens bei einem geselligen Mahl mit den vermeintlichen Freunden den jungen Dichter »von dem Augenblick an auf allen Wegen und Stegen: es war der erste bleibende Eindruck, den ein weibliches Wesen auf mich gemacht hatte« (14, 185). Es fehlt nicht die Begegnung in der Kirche und auch nicht das Geständnis, daß er nicht mehr Herr seiner selbst sei, sondern in jedem Augenblick bereit, sich dem Willen der Geliebten zu unterwerfen. »Nicht küssen! sagte sie: das ist so was Gemeines; aber lieben wenn's möglich ist […] ich drückte mein Gesicht auf ihre Hände und eilte fort. In meinem Leben hatte ich mich nicht in einer solchen Verwirrung befunden« (14, 188). Mit einer bürgerlichen Eheschließung ist freilich der *amour passion* nicht vereinbar.

Und so endet, bevor er noch recht begonnen, der kleine Liebesroman eines neuen Des Grieux, der sich »einigermaßen vermummt« hat, um nicht erkannt zu werden, am Abend der Illuminationen zum Abschluß der Krönungsfeierlichkeiten mit einem Abendessen, bei dem er und sein schönes Gretchen einem nach den Regeln verlobten Paar gegenübersitzen (14, 228). Am nächsten Morgen sind die betrügerischen Machenschaften der jungen Leute aufgeflogen. Von seiner Leidenschaft aber ist der Held des Romans geheilt, als man ihm Gretchens ihn betreffende Aussage mitteilt: »ich habe ihn immer als ein Kind betrachtet und meine Neigung zu ihm war wahrhaft schwesterlich« (14, 241). Zu dieser Aussage fügt sich die Verweigerung des Kusses, aber der desillusionierte Liebhaber vermag sich seine Selbsttäuschung nicht einzugestehen. Vielmehr beginnt er, nachträglich Indizien für die Falschheit Gretchens zu sammeln, um schließlich die ehemals Geliebte »für eine verschmitzte und selbstsüchtige Coquette zu halten« (ebd.), nach dem Vorbild des Chevalier, dessen Lebensbeichte Manon als Abenteuerin erscheinen läßt, die Liebe nur heuchelt. – Doch mag auch der Autor von *Dichtung und Wahrheit* nicht ganz frei sein von dieser Neigung, den Wert eines weiblichen Wesens herabzusetzen, dessen Erscheinung sein früheres Ich »beim Erwachen sinnlicher Triebe« in so »manche Irrungen und Verirrungen« gestürzt hatte (14, 251). Denn mit seiner Darstellung von Gretchens Auftritt während des Prozesses, dem herrlichen Zeugnis, das sie davongetragen habe, verfolgt der Aufseher des neuen Des Grieux therapeutische Absichten, so daß für diesen – wie für uns – ihre Gestalt, deren Inneres unter der Wirkung ihrer Schönheit verborgen bleibt, das Rätsel des Weiblichen verkörpert, *l'éternel féminin.*

Käthchen

Aber wie in der »Dämmerung und Nacht« der Krise sich die Gestalten verdüstern und vermischen, tritt für den Genesenden die Wirklichkeit wieder in ihr Recht mit dem Tag, »der alles sondert und trennt« (14, 245 f.). Für den Sechzehnjährigen ist die Zeit gekommen, da er »die Akademie besuchen sollte« (14, 263). Mit der »heimlichen Freude eines Gefangenen, wenn er seine Ketten abgelöst und die Kerkergitter bald durchgefeilt hat«, wendet er seinen Blick nach Leipzig, dessen akademische Lehrer ihm »als ein helles Licht« erscheinen (14, 265). In Leipzig, anders als in seiner Vaterstadt, erinnert nichts an alte Zeiten. Es ist eine neue, »von Handelstätigkeit, Wohlhabenheit, und Reichtum zeugende Epoche«, die sich in den ihm »ungeheuer scheinenden Gebäuden« ankündigt (14, 269). Doch angesichts der hier auf ihn losdringenden wirklichen Welt bemerkt er zu seinem »immer wachsenden Mißbehagen«, daß man, »wenn man den Ort verändert und in neue Verhältnisse tritt, immer Einstand geben muß«: Er kommt, wie der Knabe Erzähler seines Märchens, in Leipzig mit seinen Kleidern nicht zurecht. Denn er ist »vom Hause freilich etwas wunderlich equipiert auf die Akademie gelangt« (14, 273). So erregt er, vor allem bei seinen neuen Freundinnen, Anstoß und ist leicht dazu zu bringen, seine ganze Garderobe »gegen eine neumodische, dem Ort gemäße, auf einmal umzutauschen, wodurch sie aber freilich sehr zusammenschrumpfte« (14, 275). Größere Unannehmlichkeiten bereitet ihm jedoch sein oberdeutscher Dialekt und sein Hang, sich in Gleichnissen und Anspielungen auszudrükken, so daß manchmal etwas mit unterlaufen mag, »was gegen ein zartes Ohr sich anstößig erweist«. Der »junge, lebhafte Mensch«, der gerade seine Lehrjahre angetreten hat, leidet unter dem »pedantischen Regiment« des meißnerischen Hochdeutsch: »Ich fühlte mich in meinem Innersten paralysiert und wußte kaum mehr, wie ich mich über die gemeinsten Dinge zu äußern hatte« (14, 275 f.).

Er lernt indes sehr schnell; es kommt ihm, wie dem neuen Paris in seinem Märchen, ein Charakterzug entgegen, den er früh an sich beobachtet und von Anfang an kultiviert hat, seine Proteushaftigkeit. Die fast unheimlichen mimetischen Fähigkeiten des jungen Studenten, der sich in die umgebende Wirklichkeit hineinzubilden versucht, erregt die Verwunderung eines Frankfurter Jugendfreundes, der aus Leipzig berichtet: »Alle seine Sitten und sein ganzes jetziges Betragen sind himmelweit von seiner vorigen Aufführung unterschieden.«[41]

Goethe stellt diesen Studenten als einen vom Schicksal Begünstigten dar, der freilich den glücklichen Augenblick auch wahrzunehmen und festzuhalten versteht. Aus dem Zufall einer Begegnung entwickelt sich in Leipzig eine Beziehungsfigur, die für sein späteres Leben entscheidend sein wird: In Mme Böhme, der Frau eines seiner Professoren, findet er eine Lehrmeisterin, die Dame, die keine Grenzüberschreitungen zuläßt, die den fahrenden Ritter zivilisiert. Sie »wußte mich, der ich zwar gesittet war, aber doch eigentlich was man Lebensart nennt, nicht besaß, in manchen kleinen Äußerlichkeiten zurecht zu führen und zu verbessern« (14, 279). Ihr verdankt er vor allem die Ausbildung seines Geschmacksurteils.

Wir wissen über Mme Böhme fast nichts, und doch glaubt die Leserin in dieser kränklichen Frau – sie stirbt noch während Goethes Leipziger Studienaufenthalts – eine Präfiguration des Widersprechungsgeistes, den später Herder verkörpern wird, zu sehen. Aus den wenigen verstreuten Hinweisen in *Dichtung und Wahrheit* läßt sich der Umriß einer entschiedenen Vertreterin der Aufklärung gewinnen. Der Leipziger Goethe muß jene Frau als eine Verneinung seiner ganzen poetischen Existenz erfahren haben. Wenn in der Autobiographie von Mme Böhmes »negativer Weise« die Rede ist, so klingt noch bei dem alten Goethe die Enttäuschung über ihre unbarmherzige Desillusionierung eines angehenden Autors nach, so sehr er zugleich die Richtigkeit »ihrer Lehren« anerkennt. Es ist Mme Böhme, die in dem jungen Schriftsteller eine »vollkommene Sinnesänderung« bewirkt, »eine Entsagung alles dessen, was man bisher geliebt und für gut befunden hat«. Auf ihre Kritik geht das erste große Autodafé zurück, das Goethe mit seinen Schriften veranstaltet. »Nach einiger Zeit und nach manchem Kampfe warf ich jedoch eine so große Verachtung auf meine begonnenen und geendigten Arbeiten, daß ich eines Tags Poesie und Prose, Plane, Skizzen und Entwürfe sämtlich zugleich auf dem Küchenherd verbrannte« (14, 282).

Aber der Leipziger Goethe ist natürlich nicht nur der »fils obeissant« der »conseillere Böhme«, deren Portrait er für die Schwester entwirft,[42] als jene schon tot ist, sondern ein junger Herr, der, eigenem Zeugnis zufolge, von seiner »Natur immerfort aus einem Extreme ins andere [geworfen]« wird. Er beteiligt sich mit kleinen Gedichten in Liedform oder freierem Silbenmaß, die einem epikureischen Sinnen- und Lebensgenuß Ausdruck verleihen, an der in Leipzig vorherrschenden bürgerlichen Rokokokultur. Und um den für ihn neuen Ton auszuprobieren, sucht er sich wohl auch eine neue Geliebte. Zugleich aber geht sein inneres Leben unverrückt seinen Gang, so sehr man sich darüber wundern mag, daß er in einer Phase seiner Lebensgeschichte, wo er am wenigsten Goethe zu sein scheint, jene so oft zitierte Stelle über den Bekenntnischarakter seines

Schreibens einrückt, nämlich im Siebten Buch von *Dichtung und Wahrheit* im Zusammenhang der Käthchen Schönkopf-Episode (14, 309 f.), der doch gerade fehlt, was für die Mutter und Bettina von Arnim seine erste Liebe so bedeutsam gemacht hatte: der Ernst, das Wahrzeichen der Passion.

Hatte für die Gretchen-Episode ein tragischer Liebesroman als Folie dem neuen Chevalier den Glauben an die Einzigartigkeit seiner Geliebten und seiner Liebe vermittelt, so verfügt der Leipziger Student bereits über eigene Muster, um eine Geschichte anzulegen.

»Meine frühere Neigung zu Gretchen hatte ich nun auf ein Ännchen übergetragen, von der ich nicht mehr zu sagen wüßte als daß sie jung, hübsch, munter, liebevoll und so angenehm war, daß sie wohl verdiente, in dem Schrein des Herzens als eine kleine Heilige eine Zeit lang aufgestellt zu werden, um ihr jede Verehrung zu widmen, welche zu erteilen oft mehr Behagen erregt als zu empfangen« (14, 310).

Durch Schlosser bei einer Tischgesellschaft eingeführt, gefällt dem Studenten »die Tochter vom Hause, ein gar hübsches, nettes Mädchen«, zumal »Gelegenheit ward freundliche Blicke zu wechseln« (14, 294). Ein Wechsel von dem Gretchen zu einem Ännchen, wie er in seinen Briefen und Liedern Katharina Schönkopf, die Tochter vom Hause, nennt – die ironische Distanz des alten Goethe gegenüber seinem früheren Ich entwertet weniger den Unernst des lebhaften jungen Menschen, der er gewesen, als den Gegenstand von dessen Neigung, als wäre durch die Wiederholung die Erscheinung verblaßt. Aus der »unglaublichen Schönheit« Gretchens ist »ein gar hübsches, nettes Mädchen« geworden. Und so hält von Anfang an die Erzählung dieses neue Verhältnis in der Schwebe zwischen Literatur und Leben, aber wohl auch zwischen niederer und hoher Minne. Am Unterschied zwischen den Briefen des jungen Goethe und der Erinnerung des alten läßt sich der fiktive Charakter dieser Liebesgeschichte, aber auch die Verschiebung in den Motiven, nach denen diese konstruiert ist, ablesen.

Man hat in den Briefen Goethes an einen älteren Freund, Ernst Wolfgang Behrisch, Hofmeister im Dienst des Fürsten von Anhalt-Dessau, den Durchbruch zu einem unmittelbaren, leidenschaftlichen, bekenntnishaften Stil sehen wollen, die Abkehr von der spielerischen Galanterie der Rokoko-Kultur. Mit größerem Recht könnte man sie vielleicht als Suche nach einem Gefühl verstehen, das einem Schreiben-Wollenden neue Ausdrucksmöglichkeiten erschließt.

»Ich habe mir eine Feder geschnitten um mich zu erholen. Laß sehen ob wir fortkommen. Meine Geliebte! Ah sie wird's ewig seyn. Sieh Behrisch in dem Augenblicke da sie mich rasen macht fühl ich's. Gott, Gott warum muß ich sie so lieben. Noch einmal angefangen. Annette macht – nein nicht macht. Stille, stille ich will dir alles in der Ordnung erzählen.«[43]

Was der »grose Narr«, der aber auch »ein guter Junge« ist, nicht so ganz in der Ordnung allerdings, erzählt, ist eine Liebesszene, wie sie im Buche steht, von einem aus Eifersucht tollen Liebhaber, der von der Galerie herunter, mit einem Opernglas bewaffnet, die Loge der Geliebten ausspäht, hinter deren Stuhl ein Herr »in einer sehr zärtlichen Stellung« steht. »Mein Brief«, schreibt er denn auch wenig später, »hat eine hübsche Anlage zu einem Werckgen, ich habe ihn wieder durchgelesen, und erschröcke vor mir selbst.«[44]

Es ist Behrisch, dem er das Buch *Annette* schickt und dem er, wenige Monate nach den Liebesgeständnissen, meldet, daß er »einen Sieg über [sich] erhalten« habe: Er wird dem jungen Mädchen »alle Hoffnung benehmen. Das muss ich. Denn wer einem Mädgen Hoffnung macht, der verspricht. Kann sie einen rechtschaffnen Mann kriegen, kann sie ohne mich glücklich leben, wie fröhlich will ich seyn. [...] Sie soll nie die Schmerzen fühlen, mich in den Armen einer andern zu sehen, biß ich die Schmerzen gefühlt habe, sie in den Armen eines andern zu sehen«.[45] Er hat eine andere Rolle angenommen: nach der des eifersüchtig Rasenden die des großherzig Entsagenden. Hatte nicht der Knabe Erzähler die Schönen lieber verheiraten wollen, als selbst zu begehren? Aber dies ist kein Knabenmärchen mehr, denkt die Leserin und fragt sich nach dem ihm selbst wohl nicht bewußten Wunsch, der diesen jungen Mann zu seinen Bekenntnissen drängt. Geht es nicht auch hier um die Macht? Um den privilegierten Zugang zum Schmerz – vor dem er die Geliebte zu bewahren wähnt –, zum Schmerz, den er zum Schreiben braucht, der sich in Sprache verwandeln läßt?

Katharina Schönkopf wird die Frau eines andern; aus Käthchen wird Frau Dr. Kanne. Sie wird »ewig das liebenswürdige Mädgen« sein – in Goethes Liedern. Er aber, der sich in so vielen Rollen versucht hat, wird gleichwohl immer ein und derselbe sein. »Und ich, ich werde Goethe bleiben. Sie wissen was das heisst. Wenn ich meinen Nahmen nenne, nenne ich mich ganz.«[46]

Der Autor jenes Leipziger Liederbuches aber befolgt vorerst das von Gleim in seinem Versuch in scherzhaften Liedern angedeutete Programm; er nimmt »das Systema« an, »welches am meisten Gelegenheit gibt, witzig zu seyn« (I, 758).

> Da sind sie nun! Da habt ihr sie!
> Die Lieder, ohne Kunst und Müh
> Am Rand des Bachs entsprungen.
> Verliebt, und jung, und voll Gefühl
> Trieb ich der Jugend altes Spiel,
> Und hab sie so gesungen (1, 95).

Der Sänger dieser Strophen ist nicht in die Eine verliebt, aber in die »jungen schönen W-«. Er gibt sich der jüngeren Schwester gegenüber sehr überlegen, sehr frivol, wenn er auf dies Kapitel zu sprechen kommt, das »die andern kleinen Mädgen« nichts angeht. Wie der Anakreontiker Gleim liebt er die Schönen im Plural: »Die Hanchen und die Fiekchen, / Die Lieschen und die Miekchen, / Die Willigen, die Spröden, / Die Freundlichen, die Blöden, / Die Zärtlichen, die Netten, / Die Schlanken, die Brunetten«.[47] La petite Schoenkopf, schreibt Johann Wolfgang der Schwester, c'est une très bonne fille, qui a sa droiture de cœur, joint une naivete agreable. Aber er möchte genau verstanden werden: ne croiroit on pas en lisant mes vers qu'il me falut etre bien amoureux, du moins il y regne beaucoup de tendresse. Vraiment, j'aime les filles touttes ensemble.[48] Er liebt das (schöne) Geschlecht und übt sich in der *Kunst die Spröden zu fangen* (1, 54 ff.).

Über das kleine Leipziger Liederbuch – er hielt es später für verloren – hatte Goethe den Namen Annette geschrieben: einer statt aller ... Der angehende Dichter stellt sich darin als erfahrenen Lehrer der Liebe dar, der die Mädchen vor den Verführungskünsten ihrer Verehrer oder die Freunde vor den Folgen ihrer Galanterie warnt.

> Mädgen setzt euch zu mir nieder
> Niemand stört hier unsre Ruh,

> Seht es kommt der Frühling wieder
> Weckt die Blumen und die Lieder,
> Ihn zu ehren hört mir zu (1, 49).

> Nun, liebe Freunde, merkt euch dies,
> Und folget mir genau;
> Sonst straft euch Amor ganz gewiß,
> Und gibt euch eine Frau (1, 69).

Wenn wir seinen Versen glauben wollten, träfe Mephistos Charakteristik auf ihn zu, er spricht darin wirklich »wie Hans Liederlich, / Der begehrt jede liebe Blum' für sich« (*Faust*, V. 2628 f.). Der Sänger dieser frivolen Liebeslieder weiß aber selbst, daß er noch keinen neuen Ton gefunden, sondern nur »als ein Schäfer an der Pleiße« sich »in solch zarte Gegenstände kindlich genug vertieft« hat (14, 305). Und er ahnt, daß es an der Zeit ist, eine neue Rolle zu suchen.

> Verfließet, vielgeliebte Lieder,
> Zum Meere der Vergessenheit
> [...]
> Ihr war't in's Wasser eingeschrieben;
> So fließt denn auch mit ihm davon (1, 99).

Friederike

Es ist eine gleichaltrige Freundin, an die sich der junge Goethe in einem neuen Ton wendet, Friederike Oeser, die Tochter seines Leipziger Zeichenlehrers. Das Bild, das sich aus den an sie gerichteten Briefen des »gleichsam als ein Schiffbrüchiger« mit einer tuberkulösen Erkrankung in die Vaterstadt Zurückgekehrten (14, 367) entwickeln läßt, ist schwankend. Der Schreibende fühlt sich in dem neuen Ton noch nicht sicher und vermag den alten noch nicht ganz loszulassen. Er fühlt sich angezogen und auf Distanz gehalten zugleich durch das Lachen einer jungen Person, die mit sich und ihrem Leben einverstanden ist. Die mit ihrem Leben so einverstanden ist, daß sie, wie der »ergebenste Freund und Diener Goethe« etwas griesgrämig bemerkt, daß sie »sich zu Todte lachen [wollte], wie ein Mensch die Carickaturidee haben konnte, im 20sten Jahre an der Lungensucht zu sterben!«[49] Wohl und weh muß dies Lachen dem kranken Patriziersohn getan haben, dem der Tod »recht nah um's Haupt geschwebt«.

»Rôter munt, wie dû dich swachest! / lâ dîn lachen sîn. / scham dich, daz dû mich an lachest / nâch dem schaden mîn. / ist das wol getân? / owê sô verlorner stunde, / sol von minneclîchem munde / solch unminne ergân.«[50]

Daß diese junge Dame auf eine so unbefangene und selbstverständliche Weise dazusein scheint, verwirrt ihn, der die Leipziger Schönen im Plural besungen hatte. »Sie sind glücklich, sehr glücklich«, schreibt er, noch immer mit diesem leisen Unterton von Mißgunst, »und Ihre Seele hat sich sehr nach dem Glück gebildet, Sie sind zärtlich, fühlbaar, Kennerinn des Reitzes, gut für Sie, gut für Ihre Gespielen; aber nicht gut für mich; und Sie müssen doch auch gut für mich seyn, wenn Sie ein ganzrechtgutes Mädgen seyn wollen.«[51] Die Munterkeit Mademoiselle Oesers bringt ihn aus der Fassung. »Das Lachen ist der Empfindung feindseliger als die Kälte dem Mai«, lautet eine Sentenz, die zu einem den Werther vorwegnehmenden, aber noch Spuren der Leipziger Libertinage enthaltenden Konzept für einen Briefroman von 1771 gehört.

Und wenn wir nach dem literarischen Vorbild suchen, das sich hinter Goethes Briefportrait der Leipziger Freundin versteckt, so stellt sich der Name Minna von Barnhelms ein. So kann man sich diese Friederike vorstellen, die Goethe mit dem Frankfurter »Frauenzimmer« vergleicht: »Du lieber Gott! An Munterkeit ist hie / An Einsicht, und an Witz Dir keine einz'ge gleich.«[52] Zum erstenmal begegnet er einem weiblichen Wesen, das lachend auf seiner Einmaligkeit besteht. Friederike Oesers Lachen ist im wörtlichen Sinne entwaffnend; es durchschlägt den Panzer männlicher Souveränität, den der Leipziger Student sich zugelegt hatte.

»*v. Tellheim.* Sie wollen lachen, mein Fräulein. Ich beklage nur, daß ich nicht mitlachen kann. *Das Fräulein.* Warum nicht? Was haben Sie denn gegen das Lachen? Kann man denn auch nicht lachend sehr ernsthaft sein? Lieber Major, das Lachen erhält uns vernünftiger als der Verdruß« (Lessing, *Minna von Barnhelm*, IV, 6).[53]

Friederike Oeser, von der wir nichts wissen außer dem Namen ihres Vaters, Mademoiselle Oeser bestimmt selbst den Abstand, den der andere einzuhalten hat, und der – er erlebt dergleichen zum erstenmal – muß seinen ganzen Witz aufbieten, um dieses Fräulein auszuhalten.

Wie der Major von Tellheim seine Minna, dieses »süßeste, lieblichste, holdseligste, beste Geschöpf unter der Sonne; ganz Güte und Großmut, ganz Unschuld und Freude!« Hier muß der Major eine bedeutungsvolle Pause machen: »Dann und wann ein kleiner Mutwille; hier und da ein wenig Eigensinn – Desto besser! Desto besser! Minna wäre sonst ein Engel, den ich mit Schaudern verehren müßte, den ich nicht lieben könnte« (V, 9).

Erst nachträglich gelingt es dem Briefschreiber, die Sentimentalität einer Abschiedsszene ironisch aufzulösen, und vielleicht ist hier Ironie »überwundene Selbstpolemik«, wie eine der Definitionen von Friedrich Schlegel lautet.[54]

»Ich hätte gewiss geweint, wenn ich nicht gefürcht hätte, Ihre weissen Handschuhe zu verderben; eine überflüssige Vorsicht, ich sah erst am Ende, dass sie gestrickt und von Seide waren, da hätte ich immer weinen können, doch da war's zu spät. Dass ich ein Ende mache. Ich ging aus Leipzig und Ihr Geist begleitete mich, mit der ganzen Munterkeit seines Wesens.«[55]

Die Munterkeit der Sesenheimer Friederike wird er, durch die Schule der Leipzigerin gegangen, ein gutes Jahr später rein und frei genießen können, wenn er sie begrüßt »mit einem gemalten Band«: »Und dan tritt sie für den Spiegel / mit zufriedener Munterkeit...« (1, 127).

Freilich, das Lachen Friederike Oesers war das der Dame, der *frouwe* der höfischen Minne, deren Erscheinung, unverhofft und unverdient, den reimenden Poeten auf seinem Krankenlager beglückt: eine »süße Gabe«. In den *Lehrjahren* fragt sich der verwundete Wilhelm Meister, dessen Wachträume unaufhörlich um das Bild der schönen Amazone, seiner Retterin, kreisen, wobei dieses Bild längst vergessene jugendliche Träumereien wieder heraufholt, die Gestalt der »heldenmütigen Chlorinde« aus Tassos *Befreitem Jerusalem*, ob nicht, »in der Jugend wie im Schlafe, [uns] die Bilder zukünftiger Schicksale umschweben, und unserm unbefangenen Auge ahndungsvoll sichtbar werden« (9, 598). So mag im Bild Friederike Oesers dem reizbaren Kranken das Charlotte von Steins ahnungsvoll sich angekündigt haben: »Und dennoch kenn' ich niemand, der die Pein / Des Schmerzens, so behende stillt, die Ruh / Mit Einem Blick der Seele schenckt, wie Du«.[56]

Mit Mamsell Oeser, die er im Briefgedicht mit Du anredet, verbindet sich aber noch ein anderes Motiv, das erst beim Straßburger Goethe und dann beim Autor des *Werther* in seiner vollen Bedeutung erkennbar wird: das Naturlebnis. Oesers Landgut ist der Ort einer noch kaum benennbaren Erwartung.

> Da ging ich nun in Deinem Paradiese,
> In jedem Holz, in jeder Wiese,
> Am Fluss, am Bach, das hoffende Gesicht
> Vom Morgenstrahl geschminckt, und sucht' und
>   fand Dich nicht![57]

Oesers Tochter wird es auch gewesen sein, die am allmählichen Verfertigen seiner ästhetischen Anschauungen beteiligt ist: »O, meine Freundinn, das Licht ist die Wahrheit, doch die Sonne ist nicht die Wahrheit, von der doch das Licht quillt. Die Nacht ist Unwahrheit. Und was ist Schönheit? Sie ist nicht Licht und nicht Nacht. Dämmerung; eine Gebuhrt von Wahrheit und Unwahrheit. Ein Mittelding.«[58]

Der Genesende, der sich auf einen neuen Aufbruch vorbereitet, entdeckt sein Naturgefühl zuerst in der Dämmerung, auf nächtlichen Wanderungen und Ritten. Das Konzept eines Briefes an eine »liebe Freundin« (dessen Adressatin, eine »Mamsell F.«, nicht mit Bestimmtheit hat ermittelt werden können) liest sich wie ein erster, noch ziemlich vorläufiger Versuch im *Werther*-Ton: »Wie ich so rechter Hand über die grüne Tiefe hinaussah und der Fluss in der Dämmerung so graulich und still floß, und lincker Hand die schweere Finsterniss des Buchenwaldes vom Berg über mich herabhing [...]; da wurds in meinem Herzen so still wie in der Gegend.«[59]

Mit der Dämmerung verbinden sich für den jungen Goethe Augenblicke gesteigerter Natur- und Selbsterfahrung, die freilich vorerst nur eine Sehnsucht wecken, dafür eine Sprache zu finden. Dämmerung: »das ist immer eine Sym-

*Peter Paul Rubens (1577-1640):
Bildnis einer jungen Dame, um 1636/1638*

patie für meine seele wenn die Sonne lang hinunter ist und die Nacht von Morgen herauf nach Nord und Süd umsich gegriffen hat, und nur noch ein dämmernder Kreis vom abend heraufleuchtet.«[60]

»Mein Freund, wenn's denn um meine Augen dämmert, und die Welt um mich her und Himmel ganz in meiner Seele ruht, wie die Gestalt einer Geliebten; dann sehn ich mich oft und denke: ach könntest du das wieder ausdrücken, könntest du dem Papier das einhauchen, was so voll, so warm in dir lebt, daß es würde der Spiegel deiner Seele« (8, 14).

Im Zustand der Dämmerung nahen sich Gestalten, schwankend zwischen Wahrheit und Unwahrheit, zwischen eigener gelebter Erfahrung und gespeicherten Bildern, Mythen, Zitaten des kulturellen Gedächtnisses, Gestalten, die festgehalten werden wollen, um sich bedeutungsvoll miteinander zu verbinden.

Sesenheim

Der Schäfer von der Pleiße ist also auf die Erfahrung von Landschaft vorbereitet. Im Frühjahr 1770 fühlt der Zwanzigjährige seinen »jugendlichen Mut wieder hergestellt«, und weil sich überdies mit dem Vater »kein angenehmes Verhältnis anknüpfen« läßt, sehnt er sich abermals aus dem väterlichen Haus und beschleunigt seine Reise nach dem schönen Elsaß (14, 387). Noch einmal wiederholt der Autor von *Dichtung und Wahrheit* die Ekstasen seiner Ankunft in Straßburg und wie er da sein »Schicksal segnete, das [ihm] für einige Zeit einen so schönen Wohnplatz bestimmt hatte« (14, 390).

Das Gedächtnis des Erinnernden hat die Reihenfolge der

Eindrücke, denen er sich wie nach einem inneren Diktat aussetzt, festgehalten. Schon von der »neu eingerichteten bequemen Diligence« aus war ihm das Münster »eine ganze Strecke her im Auge geblieben«. Aber statt nun »vor dem Angesicht des ehrwürdigen Gebäudes« zu verweilen, begnügt er sich mit einem ersten nur dunklen Eindruck, um eilig den Turm zu ersteigen. Der Künstler, der seine Lehrjahre gerade hinter sich hat, weiß, daß er auf sicherem Grund steht. Er vermag das erstaunliche Denkmal, wenngleich er es als »ein Ungeheures« gewahrt, ruhig auf sich wirken zu lassen, in der Gewißheit, daß es ihm gelingen werde, durch die Erforschung der einzelnen Teile das Ganze als ein nach faßbaren Regeln von der Hand eines alten Meisters verwirklichtes Werk »in Gedanken und auf dem Blatte wiederherzustellen«; als einer, der »in einem leidenschaftlichen Vorausergreifen« die Möglichkeit der Versöhnung des Erhabenen mit dem Angenehmen ahnt (14, 389 f., 417 und 420 f.).

Mit der Landschaft ist es ein anderes. Da gilt es, »den schönen Augenblick einer hohen und heitern Sonne [nicht] zu versäumen« (14, 389), sondern sich ganz in ihre Gegenwart zu bringen. Von der Plattform des Münsters blickt der junge Akademiker, dem »die Philosophie mit ihren abstrusen Forderungen« verdächtig geworden war (14, 387), in die schöne Landschaft des Elsaß wie in eine Verheißung, deren Sinn er sich allererst erschließen muß, ein neuer Adam, allein, in einem neuen Paradies. Mit der Ersteigung des Turms hat der Jüngling die schlimme Mauer mit dem goldenen Gitter und dem alten Pförtner, die dem Knaben Erzähler den Eintritt in den wunderbaren Garten des *Knabenmärchens* verwehrten, unter sich gelassen. Frei geht sein Blick über »die ansehnliche Stadt«, dem Lauf des Rheins folgend, in eine »näher und ferner von teils angebauten, teils waldbewachsenen Bergen begrenzte« Gegend (14, 389 f.).

»Ein solcher frischer Anblick in ein neues Land [...] hat noch das Eigne, so angenehme als ahndungsvolle, daß das Ganze wie eine unbeschriebene Tafel vor uns liegt. Noch sind keine Leiden und Freuden, die sich auf uns beziehen, darauf verzeichnet; diese heitre, bunte, belebte Fläche ist noch stumm für uns; das Auge haftet nur an den Gegenständen in sofern sie an und für sich bedeutend sind, und noch haben weder Neigung noch Leidenschaft diese oder jene Stelle besonders herauszuheben; aber eine Ahndung dessen was kommen wird, beunruhigt schon das junge Herz, und ein unbefriedigtes Bedürfnis fordert im Stillen dasjenige, was kommen soll und mag [...], es sei nun Wohl oder Weh« (14, 390).

Ein paar Monate später kennt er ein »Plätzchen, das, ob es gleich nicht bedeutend in der Landschaft hervortrat, [ihn] doch mehr als alles Andere mit einem lieblichen Zauber an sich zog« (14, 452). Im Oktober 1770 lernt Goethe Friederike Brion, die Tochter des Pfarrers von Sesenheim, kennen, kurz nach seiner Bekanntschaft und Verbindung mit Herder. Diese letztere bezeichnet Goethe als das bedeutendste und folgenreichste Ereignis seiner Straßburger Zeit, weil Herder durch das zugleich Anziehende und Abstoßende seines Wesens, »das Übergewicht seines widersprechenden, bittern, bissigen Humors« eine fast magische Gewalt über ihn ausgeübt habe. Der junge Autor, der bereits die Pläne zum *Götz von Berlichingen* und zum *Faust* mit sich herumträgt, sieht durch die ironische Kritik des »mit allem neuen Streben und mit allen Richtungen [bekannten]« Älteren alles, was in ihm »von Selbstgefälligkeit, Bespiegelungslust, Eitelkeit, Stolz und Hochmut ruhen oder wirken mochte, einer sehr harten Prüfung ausgesetzt« (14, 441 f., 438).

Noch einmal, wie in Leipzig unter dem Einfluß von Mme Böhme, muß er fast alle seine literarischen Neigungen und Begriffe aufgeben, diesmal freilich, da er in einen Prozeß wechselseitiger Anerkennung verwickelt wird, ist er in der glücklichen Lage, sein eigenes Denken »an ein Höheres anzuknüpfen« (14, 446). Der Schreibende, sich die Abende bei Herder vergegenwärtigend, fühlt sich in Übereinstimmung mit seiner ironischen Gesinnung. So sehr er gegen die Manier Herders, auf die wiederkehrenden Kunstgriffe des Autors aufmerksam zu machen, damals rebellierte, habe er sich doch schließlich der Form ergeben.[61] Nicht das schweifende Erzählen Sternes, sondern das konstruierende von Goldsmith sei ihm zum Vorbild geworden. Trotz der Grausamkeit, womit jener ihm seine literarischen Vorurteile zerstört, habe er sich schließlich auf den Weg, den Herder gehen wollte, fortreißen lassen (14, 493).

Herder und Friederike Brion – die epochale Konstellation von männlichem Geist und weiblicher Anmut bildet die genaue Mitte von *Dichtung und Wahrheit*. Die Leserin hat sich mit den Dokumenten dieser seltsam miteinander verschränkten Geschichten vertraut gemacht, aber das Zitatgewebe der nicht zu Unrecht gelegentlich als Novelle bezeichneten Friederiken-Episode verliert dadurch nichts von jener Tiefsinnigkeit, die für sie immer etwas Unheimliches gehabt hat, weil sie nicht wußte und wohl auch jetzt nicht wissen wird, ob, was sie las, die Geschichte einer Liebe ist oder – Literatur.

Unter dem mehrdeutigen Titel *Le Vaisseau fantôme* (bei dem wir an Wagner, aber auch an Nietzsche denken können) beschreibt Roland Barthes eine Eigentümlichkeit des *discours amoureux*, der Sprache der Liebe.

»Je ne puis moi-même (sujet énamoré) construire jusqu'au bout mon histoire d'amour: je n'en suis le poète (le récitant) que pour le commencement, la fin de cette histoire, tout comme ma propre mort, appartient aux autres; à eux d'en écrire le roman, récit extérieur, mythique.« (Ich selbst [der Liebende] kann meine Liebesgeschichte nicht zu Ende erzählen; ich bin ihr Dichter [der Erzähler] nur für den Anfang, das Ende dieser Geschichte, genau wie mein eigener Tod, gehört den anderen; sie müssen den Roman darüber schreiben, als mythischen Bericht aus der Außensicht.)[62]

Im Text von *Dichtung und Wahrheit* ist das liebende Subjekt zugleich der Erzähler einer durch das Gesetz der Wiederholung dem Mythos angenäherten Liebesgeschichte, deren Ausgang er schon kennt, während er sie lebt.

Die Konstellation von Ironie und Anmut, wenn wir sie in das Verhältnis von Erzähler und literarischer Figur übersetzen, enthält ein Geständnis. Bevor er einen neuen »liebenswürdigen anziehenden Gegenstand« einführt, ein Frauenzimmer, der er »von Herzen ergeben war« – sie bleibt vorläufig namenlos – lenkt Goethe den Blick zurück auf die literarischen Zustände und kommt auf Herders analytische Lektüre von Oliver Goldsmith' Roman *The Vicar of Wakefield* zu sprechen. Herder habe bei seinem Vortrag auf jede Dramatisierung verzichtet und dadurch die Fiktionalität dieser durchweg ironischen modernen Idylle herausgearbeitet. »Ohne monoton zu sein ließ Herder alles in Einem Ton hinter einander folgen, eben als wenn nichts gegenwärtig, sondern alles nur historisch wäre.« (14, 463 f.) Indem er sich, im Gegensatz zu den meist etwas jüngeren Zuhörern seines Lesekreises für den Stoff nicht interessierte, habe er den Roman als Kunstprodukt behandelt. Noch der sehr alte Goethe erinnert sich an den großen Eindruck, den diese Romanlektüre in ihm hinterlassen habe. Als ihm »von ungefähr der Landpriester von Wakefield zu

Händen« kam, schreibt er sechzig Jahre später, Weihnachten 1829, an Zelter, mußte er »das Werklein von Anfang bis zu Ende wieder durchlesen, nicht wenig gerührt von der lebhaften Erinnerung wieviel ich dem Verfasser in den siebziger Jahren schuldig geworden«.[63]

Der Autor von *Dichtung und Wahrheit* jedenfalls hat sich dafür entschieden, die Friederiken-Episode darzustellen, als wäre sie historisch, mit der ironischen Distanz des allwissenden Erzählers. Das Pfarrhaus von Sesenheim und die Familie Brion wiederholen, mit kleinen Abweichungen (Friederike hatte in der Wirklichkeit zwei Schwestern), das Vorbild des *Vicar of Wakefield*. Aus der Handlung des Romans löst Goethe die Geschichte der so schönen wie vernünftigen jüngeren Pfarrerstochter (mit dem sprechenden Namen) Sophie heraus, die als einzige den Rang eines Mr. Burchell trotz seines Inkognitos als mittelloser Wanderer erahnt und am Ende, nachdem er sich als reicher und mächtiger Lord, ausgestattet mit der Gerichtshoheit über einen riesigen Grundbesitz, zu erkennen gegeben hat, seine Frau und damit Lady Thornhill wird.

Die Leserin, mit wachsender Faszination, folgt einem souveränen Erzähler, der zwei Geschichten miteinander verknüpft, von denen eine seiner eigenen zu gleichen scheint, der – und sie weiß nicht, ob es aus Absicht oder Willkür geschieht – manchmal seine Konstruktion sichtbar macht, dann wieder die literarische Folie verbirgt, so daß der gelebte Augenblick in seiner überwältigenden neuen Gegenwärtigkeit erscheint. Aber so wie sie, ihrerseits das »Werklein« zur Hand nehmend, von Anfang an wußte, daß es mit der liebenswürdigen Sophie nur ein gutes Ende nehmen konnte, so erschrickt sie jetzt angesichts eines Erzählens, das sie unversehens »aus dieser fingierten Welt in eine ähnliche wirkliche versetzt« (14, 468), und sie scheut sich, über den Rahmen der Erzählung hinauszudenken. Sie erinnert sich an einen Satz aus Hegels Ästhetik.

»Besonders in weiblichen Charakteren ist die Liebe am schönsten, denn ihnen ist diese Hingebung, diese Aufgebung der höchste Punkt, indem sie das ganze geistige und wirkliche Leben zu dieser Empfindung zusammenziehen und ausbreiten, in ihr allein einen Halt des Daseins finden und, streift ein Unglück darüber hin, wie ein Licht schwinden, das durch den ersten rauhen Hauch auslöscht.«[64]

Die Briefzeugnisse aus Goethes Straßburger Zeit sind nicht zahlreich, solche, die auf Friederike Brion Bezug nehmen, selten, und so fragt es sich, ob, die sich erhalten haben, zu der Sesenheimer Liebesgeschichte stimmen. »Um mich herum ist's aber nicht sehr hell, die Kleine [sc. Friederike Brion] fährt fort traurig kranck zu seyn, und das giebt dem Ganzen ein schiefes Ansehn. Nicht gerechnet conscia mens, und leider nicht recti, die mit mir herumgeht. Doch ist's immer Land.«[65]

Zu dem Bild der immer heiteren blauäugigen Pfarrerstochter mit »rosenfarbnem Frühlingswetter« um das »liebliche Gesicht«, die leicht wie ein Reh über die Seiten von *Dichtung und Wahrheit* zu fliegen scheint, will aber weder der ein wenig herablassende Ausdruck die Kleine passen, noch die ihr zugeschriebene andauernde Traurigkeit.

Die ziemlich rätselhafte Passage verweist auf einen Vers aus Vergils *Aeneis*.[66] Das unauffällige Zitat, das nur einem guten Kenner der antiken Literatur einen hinreichenden Wink gibt, wirft allerdings ein schiefes Licht auf das Verhältnis Goethes zu Friederike Brion. Bei Vergil wird erzählt, wie Aeneas mit seinem kleinen Sohn, dem alten Vater und einem Rest seines Gefolges sich aus dem brennenden, von den Griechen verwüsteten Troja hat retten können. Als ein hilfsbedürftiger Flüchtling steht er nun vor Dido, der Königin von Karthago, die ihm, ohne seinen Namen und seine Herkunft zu kennen, großzügig Aufnahme gewährt. Aeneas, dem in diesem Augenblick seine göttliche Mutter Venus »den Purpurschimmer der Jugend« verleiht – »Und Aeneas stand hellglänzend in strahlendem Lichte, / Göttlich zu schaun an Schultern und Haupt« (*Aeneis* I, 588 f.) –, gibt sich zu erkennen. Während des Gastmahles, das die Königin den Troern bereitet, erregt Amor in ihr, auf Geheiß der Venus und in der trügerischen Gestalt von Aeneas' lieblichem kleinen Sohn, ein leidenschaftliches Liebesbegehren nach dem schönen Fremden, das sie in den Selbstmord treiben wird; denn Aeneas, dem bestimmt ist, der mythische Gründer des Römischen Weltreichs zu werden, wird sie verlassen. »Mit vielfachem Gespräch verkürzte die Nacht sich die arme / Dido aldann, und trinkt in das Herz andauernde Liebe« (*Aeneis* I, 738 f.).

Auch eine anmutige Pfarrerstochter aus Sesenheim hatte langdauernde Liebe getrunken. Wenn sie sich nun in der »Seele des alten Liebhabers« nochmals abspiegelte (17, 371), so wird Goethe sich zugleich an das leider nicht ganz reine Gewissen seines früheren Ich erinnern; denn wie den Aeneas Vergils, rief auch ihn schon ein anderes Land, während er sich zu erkennen gab, und zu verweilen war ihm nicht beschieden.

Als der junge Goethe im Frühjahr 1770 nach Straßburg aufbricht, hat er bereits einen Namen; er weiß, was es heißt, Goethe zu heißen.[67] Daß Herder seinen Namen durch witzige Wortspielereien ins Lächerliche zieht, beleidigt ihn, dem der Eigenname »ein vollkommen passendes Kleid ja wie die Haut selbst ihm über und über angewachsen« ist. Der abstruse Spaß, den Herder sich mit seinem Namen macht – »Der von Göttern du stammst, von Goten oder vom Kote, / Goethe« (14, 444) – verletzt vielleicht den so

Angeredeten deshalb so sehr, weil er etwas verrät, was weder ihm selbst noch auch dem spottenden älteren Freund ganz bewußt ist: seine luziferischen Anwandlungen. Goethe liebt das Inkognito, die Entselbstung. Wenn der Name, der den Zustand der Konzentration auf das Selbst zum Ausdruck bringt, sich nicht einfach ablegen läßt wie ein schlecht sitzender Mantel, dann muß man, buchstäblich, aus der Haut schlüpfen, wie Proteus, der immer ein anderer ist als der, den man vor sich zu haben glaubt.

Vor seinem Aufbruch nach Straßburg war der als Schiffbrüchiger krank aus Leipzig in das väterliche Haus zurückgekehrte Student durch eine Phase religiöser Spekulationen gegangen. Unter dem Eindruck von Arnolds *Kirchen- und Ketzergeschichte* unternimmt er es, sich seine eigene Religion auszudenken. »Und so erbaute ich mir eine Welt, die seltsam genug aussah« (14, 382). Mit der behaglichen Nacherzählung dieser theologischen Phantasien schließt das Achte Buch von *Dichtung und Wahrheit*. Die neuplatonischen, hermetischen, mystischen, kabbalistischen Elemente, aus denen sich das wunderliche Glaubensbekenntnis zusammensetzt, mögen heterogen genug sein, doch scheint ihm ein Motiv zugrunde zu liegen, das es auf eine merkwürdige Weise mit der Friederiken-Episode verbindet. In der seltsamen Theologie des jungen Goethe wird Erlösung als ewig notwendig gedacht, weil durch die ganze Geschichte des Werdens und Seins Konzentration und Expansion, Abfall und Rückkehr miteinander abwechseln müssen. »Nichts ist in diesem Sinne natürlicher, als daß die Gottheit selbst die Gestalt des Menschen annimmt [...] und daß sie die Schicksale desselben auf kurze Zeit teilt, um durch diese Verähnlichung das Erfreuliche zu erhöhen und das Schmerzliche zu mildern« (14, 385).

Am Beginn der Friederiken-Episode kommt der Erzähler

auf diesen Gedanken zurück, indem er ihn freilich zugleich enttheologisiert. Die aus dem Inkognito von Göttern und Fürsten entspringenden Abenteuer hätten »immer etwas höchst Angenehmes«, insofern diese in ihrer Verkleidung »im Fall sind, das Unerfreuliche entweder leicht zu nehmen, oder ihm ausweichen zu können« (14, 468 f.). – In das Sesenheimer Pfarrhaus läßt der bereits namhafte Dichter und angehende Doctor iuris sich als mittellosen Kandidaten der Theologie einführen. Es gelingt ihm dann nur auf eine höchst abenteuerliche Weise, die »verwünschte Garderobe« wieder loszuwerden, sich nach dieser Entäußerung wiederherzustellen in seiner wirklichen Gestalt: als Goethe. Er borgt sich von dem hübschen jungen Wirtssohn aus dem Nachbardorf die Sonntagskleider, die ihm schon viel besser stehen als die abgeschabten seiner ersten Verkleidung und zugleich ihm Gelegenheit geben zu weiteren, zusätzliche Verwirrungen stiftenden Mystifikationen.

Die Novelle, die sich aus der zufälligen Laune eines ohne bestimmte Absicht gewählten Inkognitos entwickelt, verrät jene ironische Gesinnung, mit der der junge Dichter auf seinen Streifzügen durch die Gegend sich in Überstimmung fühlt, einer Gesinnung, »die sich über die Gegenstände, über Glück und Unglück, Gutes und Böses, Tod und Leben erhebt, und so zum Besitz einer wahrhaft poetischen Welt gelangt« (14, 467 f.). So ist es dem neuen Mr. Burchell »sehr angenehm, stillschweigend der Schilderung zuzuhören, die [Friedricke] von der kleinen Welt machte, in der sie sich bewegte. [...] Und da ich nur ihre Stimme vernahm, ihre Gesichtsbildung aber so wie die übrige Welt in Dämmerung schwebte, so war es mir, als ob ich in ihr Herz sähe, das ich höchst rein finden mußte, da es sich in so unbefangener Geschwätzigkeit vor mir eröffnete« (14, 474). In der Dämmerung enthüllt sich dem verkleideten Zuhörer »das Bild eines holden Wesens« (14, 461) und der Umriß einer Liebesgeschichte – zwischen Wahrheit und Unwahrheit, Literatur und Leben. Die Dämmerung, denkt die Leserin, ist das Medium eines Erzählers, der keine Zeile schreibt, die er nicht selbst erlebt hätte, aber auch nichts so, wie er es erlebt hat (vgl. dazu 39, 303 und 385).

Mit auffälliger Ausführlichkeit verweilt der Erzähler der Novelle bei der Ähnlichkeit der Familie Brion mit der des Doktor Primrose und läßt diese von dem ihn begleitenden Freund ausdrücklich beglaubigen. Bei der Rückverwandlung eines »zwar fleißigen und geschickten aber armen Studiosen der Theologie« in einen jungen Herrn namens Goethe (14, 476), der die Mitglieder der Sesenheimer Pfarrersfamilie eins nach dem andern anführt (und noch im Vorbeigehen in einer burlesken Szene einer naiven Magd einen nicht ganz harmlosen Streich spielt), bezeugen diese ihre unerschütterliche Menschenfreundlichkeit. Der alte Goethe freilich hält hier doch einen Kommentar für nötig, der einem moralischen Vorwurf zuvorkommt. Er verzeiht seinem früheren Selbst, was »mancher für einen unverzeihlichen Hochmut auslegen« könnte, denn, so argumentiert er mit dem Scharfsinn des Kantianers (der er gar nicht ist), es sei »hier die Rede nicht von Gesinnungen und Handlungen, in wiefern sie lobens- oder tadelnswürdig, sondern wiefern sie sich offenbaren und ereignen können« (14, 469). Der Leserin aber hat sich mit einem Mal die luziferische Proteushaftigkeit dieses tollen Gasts enthüllt. Und der junge Autor, der die Kluft zwischen der gutgläubigen kleinen Welt der Geliebten und seiner eigenen auf jede künftige Erweiterung offenen Welt so weit aufreißt, wird ihr ein wenig unheimlich, dieser rastlos Tätige, an dem sich immer wieder erfüllen muß, was geschrieben steht. Denn noch während er von einer kleinen Anhöhe in der Nähe des Pfarrhauses aus, Friedrickens Ruh geheißen, entzückt in die Landschaft blickt, vor sich Dorf und Kirchturm, waldige Rheininseln, die Vogesen und zuletzt noch das Münster, lauter »himmelhelle Gemälde durch buschige Rahmen eingefaßt, so daß man nichts Erfreulicheres und Angenehmeres sehen konnte«, weiß er schon, ohne sich noch davon Rechenschaft geben zu können, daß die Gestalten, die er in diese Gemälde einzeichnen wird, bestimmt sind zu »Willkommen und Abschied«. Und er ahnt, daß diesmal Entsagung Schuld bedeuten wird.

»Es fiel mir nicht ein, daß ich gekommen sein könnte, diese Ruhe zu stören: denn eine aufkeimende Leidenschaft hat das Schöne, daß, wie sie sich ihres Ursprungs unbewußt ist, sie auch keinen Gedanken ihres Endes haben, und wie sie sich froh und heiter fühlt, nicht ahnden kann, daß sie auch Unheil stiften dürfte« (14, 480 f.).

Die Vorausdeutung eines Unheils freilich zieht über die Seiten von *Dichtung und Wahrheit*, die den Verlauf dieser Leidenschaft erzählen, eine dunkle Spur. Die Leserin, die ihr durch die Friederiken-Episode hindurch folgt, hat begriffen, daß sie das Ich, das *sujet énamoré*, dieser sich ereignenden Geschichte dämonisch nennen muß, gemäß der berühmten Definitionsversuche im letzten Buch seiner Konfession. Dieses widersprüchliche Wesen, weder göttlich noch menschlich, dem Zufall gleichend und der Vorsehung, »schien mit den notwendigen Elementen unsres Daseins willkürlich zu schalten, es zog die Zeit zusammen und dehnte den Raum aus« (14, 840). Sie sieht den Erzähler und Liebenden ein immer dichteres Netz von mythologischen Vorausdeutungen und Anspielungen um die Geliebte ziehen, ein selig-unseliger Midas, dem alles, was ihm begegnet, sich in Literatur verwandelt.

Am Beginn von Goethes Straßburger Studienzeit steht

eine merkwürdige Staatsbegebenheit: Die fünfzehnjährige Marie-Antoinette nimmt ihren Weg nach Paris über Straßburg, wo sie, auf einer Rheininsel, den Abgesandten Ludwigs XVI. übergeben werden soll. In dem für die Feierlichkeiten vorbereiteten Gebäude hat man nach Kartons von Raffael gewirkte Gobelins aufhängen lassen, zu denen sich der neuangekommene Jurastudent wiederholt Eintritt verschafft, weil er, noch in der kunstgewerblichen Vergröberung, einen Abgrund von Kunst bewundern kann. Es eröffnet sich ihm eine neue Epoche seiner Kenntnisse. Der Enthusiasmus dieser ersten Begegnung mit der Kunst der Italiener enthält ein Versprechen auf die Zukunft: »Nach Italien Langer! Nach Italien!«[68]

Die Gobelins im prunkvollen Hauptsaal des Gebäudes, nach Gemälden neuerer Franzosen, lenken ihn auf den Anlaß der Feierlichkeiten zurück. Den Schüler des Klassizisten Oeser, überzeugt, daß »Bilder auf Sinn und Gemüt wirken, daß sie Eindrücke machen, daß sie Ahndungen erregen«, empört die Wahl der dargestellten Gegenstände: »die Geschichte von Jason, Medea und Creusa, und also ein Beispiel der unglücklichsten Heirat [...], als hätte man dieser schönen und, wie man hört, lebenslustigen Dame das abscheulichste Gespenst bis an die Grenze entgegengeschickt«. Jason, Medea, Kreusa – ihre Geschichte übertrifft bei weitem die von Aeneas und Dido, zumal sich der faszinierte Blick des mythenbewanderten Betrachters auf das blutige Ende der Argonautensage richtet: die Rache Medeas, die mit einem vergifteten Hochzeitskleid ihre Nebenbuhlerin in einen gräßlichen Tod schickt und ihre eigenen Kinder tötet, weil es auch die von Jason sind (14, 396 f.). Von der Ursache dieser furchtbaren Rache, der Treulosigkeit Jasons, gibt es kein Bild. – Aber die gräßlichen Szenen der Gobelins werden von der Wirklichkeit noch überholt, als während der

Peter Paul Rubens (1577-1640):
Die Flucht der Medea, um 1600/1608
(Nach einer antiken Plastik, vermutlich vom Sarkophag
der Medea im Palazzo Ducale in Mantua)

Hochzeitsfeierlichkeiten in Paris durch das festliche Feuerwerk eine enge Straße in Brand gerät und Hunderten von Menschen das Leben kostet (14, 398) – eine Vorausdeutung vielleicht zugleich auf das blutige Ende der Königin.

Der Erzähler von *Dichtung und Wahrheit* spinnt den Faden des mythischen Schicksals weiter. In der Episode mit den beiden Töchtern eines Tanzmeisters tauchen die Sagenmotive wieder auf. Zunächst kaum wiederzuerkennen, verbinden sie sich mit der biblischen Geschichte von Joseph und Potiphars Frau. Da in Straßburg der Walzer in Mode gekommen war, so daß man »an Sonn- und Werkeltagen keinem Lustort [vorbeischlenderte], ohne daselbst einen fröhlichen Haufen zum Tanze versammelt, und zwar meistens im Kreise drehend zu finden«, nimmt der Neuangekommene Unterricht bei einem französischen Tanzmeister, dessen Töchter, »beide hübsch und noch unter zwanzig Jahren« sich in dieser Kunst auch sehr gewandt zeigen. In die jüngere verliebt er sich ein wenig, sie hat aber bereits einen Liebhaber, »die ältere, die so hübsch, vielleicht noch hübscher war als die zweite, mir aber nicht so gut wie diese zusagte« (14, 425 f.), liebt ihn aber in vollem Ernst und glaubt sich um der Schwester willen verschmäht. Es kommt zu einer Eifersuchtsszene, die dem Erzähler noch in der Erinnerung peinlich ist. Lucinde – wie auch die Gegenspielerin der Ottilie in den *Wahlverwandtschaften* heißt – überhäuft die Schwester mit Vorwürfen und wendet sich mit einer pathetischen Geste dem jungen Fremden zu.

»Ich weiß, daß ich Sie verloren habe; ich mache keine weitern Ansprüche auf Sie. Aber Du sollst ihn auch nicht haben, Schwester! Sie faßte mich bei diesen Worten ganz eigentlich beim Kopf, indem sie mir mit beiden Händen in die Locken fuhr, mein Gesicht an das ihre drückte und mich zu wiederholten Malen auf den Mund küßte. Nun, rief sie aus, fürchte meine Verwünschung. Unglück über Unglück für immer und immer auf diejenige, die zum erstenmal nach mir diese Lippen küßt! [...] Ich flog die Treppe hinunter mit dem festen Vorsatze, das Haus nie wieder zu betreten« (14, 432).

Goethes Notizen zum Elften Buch mit der »Erzählung zu Sesenheim« sind äußerst karg, ein paar Stichworte nur, betreffend Orte und Beschäftigungen, bedeutungsvoll sich heraushebend das mittlere: »Entzauberung der Lippen« (14, 909). Der Erzähler macht daraus den geheimen Wendepunkt der Friederiken-Novelle. Er erinnert sich an einen nächtlichen Ritt, eine »windige und schauerliche Nacht«, den Mond, der sein »leidenschaftliches Unternehmen« beleuchtete, ganz wie in einem seiner Friederiken-Lieder (14, 494), an einen der festlich-geselligen Tage im Pfarrhaus zu Sesenheim. Aber während er dort mit der Geliebten den Plan für die gemeinsamen Vergnügungen entwirft, fällt ihm Lucindes Fluch ein. »Seitdem jenes leidenschaftliche Mädchen meine Lippen verwünscht und geheiligt, (denn jede Weihe enthält ja beides,) hatte ich mich, abergläubisch genug, in Acht genommen, irgend ein Mädchen zu küssen.« Der Lieblichkeit Friederikes vermag er nicht zu widerstehen, als die Pfänderspiele an die Reihe kommen, »bei deren Einforderung die Küsse keinen unbedeutenden Lösewert haben« (14, 496). In der Nacht jedoch, die auf den ersten Kuß, »die herzlichste Umarmung und die treulichste Versicherung, daß wir uns von Grund aus liebten«, folgt, überfällt ihn die Sorge – jenes Gespenst, das Faust in seiner Sterbestunde heimsucht.

»Ich sehe Lucinden, wie sie [...] mit funkelnden Augen jene Verwünschung ausspricht [...]. Ich sehe Friederiken gegen ihr überstehn, erstarrt von dem Anblick, bleich und die Folgen jener Verwünschung fühlend, von der sie nichts weiß. Die zarte Gesundheit Friedrikens schien den gedrohten Unfall zu beschleunigen, und nun kam mir ihre Liebe zu mir recht unselig vor; ich wünschte über alle Berge zu sein. [...] Und so war jene Verwünschung, anstatt daß ich sie hätte los werden sollen, von meinen Lippen in mein eignes Herz zurückgeschlagen« (14, 503).

Die Morgensonne, die mit dem Traum die Sorge vertreibt, stellt ihn wieder her. Die Entzauberung der Lippen scheint gelungen, der Aberglaube vollends besiegt durch den Kuß, den die Geliebte ihm beim Abschied öffentlich gibt. In die Stadt zurückgekehrt allerdings, fühlt er, daß der »Wahn, indem er floh, eine wahre Betrachtung über [seinen] Zustand zurückließ [...]. Meine Leidenschaft wuchs, je mehr ich den Wert des trefflichen Mädchens kennen lernte, und die Zeit rückte heran, da ich so viel Liebes und Gutes, vielleicht auf immer, verlieren sollte« (14, 505). Verlieren sollte? Verlassen wollte? Sie wäre ja die erste nicht... Und doch, wer hätte diesem liebenden Proteus seine Liebe nicht glauben sollen?

Von Anfang an scheint das Dämonische, »das sich nur in Widersprüchen manifestiert«, bei dieser Liebe im Spiel; der Erzähler seinerseits läßt uns merken, daß in diesen Widersprüchen »das Liebenswürdige untergeht« (14, 841). Schon bei seinem ersten Besuch, noch immer verkleidet, jetzt in den Festtagskleidern eines jungen Bauernsohns, erzählt er den Pfarrerstöchtern und dem Freund, der ihn in Sesenheim eingeführt hatte, das Märchen von der *neuen Melusine*, rückt es aber seltsamerweise an dieser Stelle nicht ein (gedruckt erscheint es dann erst in den *Wanderjahren*) mit einer Begründung, die sich wie eine weitere Vorausdeutung ausnimmt: Er habe »nicht der ländlichen Wirklichkeit und Einfalt, die uns hier gefällig umgibt, durch wunderliche Spiele der Phantasie schaden« wollen (14, 485). Wenn die

Leserin in den Varianten zu den *Wanderjahren* die Bemerkung Goethes findet, er werde das Märchen »in seiner ersten unschuldigen Freyheit nicht überliefern« (10, 851), gerät sie ins Nachsinnen. Die Erzählung ist ihr immer eher wie ein Anti-Märchen vorgekommen, worin das Dämonische »als eine der moralischen Weltordnung wo nicht entgegengesetzte, doch sie durchkreuzende Macht« (14, 841) ihr Wesen treibt.

Die neue Melusine – in der ersten Person erzählt wie *Der neue Paris* und also wie dieser ein Kunstmärchen – hat zum Helden eine Art Desperado, der, nur mit Frechheit und Leichtsinn ausgestattet, sich durch die Welt bringt. Er hält sein Glück für gemacht, als er einer schönen und sichtlich auf großem Fuß lebenden Frau begegnet, der er sogleich seine Dienste anbietet, bereit, jede ihrer Bedingungen zu erfüllen. Er erhält einen Geldbeutel, der nie leer zu werden scheint, und seine Aufgabe besteht nur darin, auf ein Kästchen zu achten, das sie ihm mit einem Reisewagen übergibt. Seine Geliebte verschwindet auf geheimnisvolle Weise von Zeit zu Zeit und taucht dann unvermutet wieder auf. Natürlich ist dieser fahrende Ritter den ihm auferlegten Prüfungen nicht gewachsen und zwingt so die neue Melusine, sich zu erkennen zu geben. In die Geschichte ihrer Herkunft, die sie ihm nun erzählt, spielen in spiegelbildlicher Verkehrung Motive der theologischen Spekulationen aus dem Achten Buch hinein. Wir hören vom Ursprung und Werden des Zwergengeschlechts, das, indem es »seit Erschaffung der Welt immer abnehmen und kleiner werden« muß, von Zeit zu Zeit eine Prinzessin aus dem königlichen Hause aussendet, um sich mit einem »ehrsamen Ritter zu vermählen, damit das Zwergengeschlecht wieder angefrischt, und vom gänzlichen Verfall gerettet sei« (10, 648). In dem Anti-Märchen ist es der Mensch, der sich entselbsten muß, um den

Prozeß des Werdens und Vergehens einer unter ihm stehenden Ordnung des Seins in Gang zu halten, aber am Schluß zu seiner früheren Gestalt zurückkehrt.

Die Erzählung kreist, wie die vom alten Goethe unterdrückten Verse zur Walpurgisnacht im *Faust*, um die Verbindung, genauer: den Tausch von Sexualität und Geld. »Euch giebt es zwey Dinge / So herrlich und groß / Das glänzende Gold / und der weibliche Schoos«, heißt es in der Ansprache des Satans (7/1, 553). Der abenteuernde Held des Märchens erblickt, zufällig, durch eine Ritze in dem ihm anvertrauten geheimnisvollen Kästchen, das verkleinerte Bild einer intimen Familienszene, die schwangere Zwergenprinzessin vor einem Kaminfeuer. Es gelingt ihm, den schweren goldenen Ring an seinem Finger durchzufeilen und zu fliehen: aus einer Heirat, die ihn zum Zwerg gemacht hätte...

Mit einer Reflexion über die Wirkung des Märchens, die sich auffällig in die Länge dehnt, schließt das Zehnte Buch. Sie enthält die oft zitierte Unterscheidung der elterlichen Gaben: vom Vater »eine gewisse lehrhafte Redseligkeit«, von der Mutter die Fähigkeit, »im Erzählen zu erfinden«. So habe denn auch das Märchen seine Zuhörerinnen, die Pfarrerstöchter, durch die unterschiedlichsten Seelenzustände gezogen, Neugierde, Verwirrung, Mitleid und Furcht, Rührung, Befriedigung, kurz, es habe »der Einbildungskraft Stoff zu neuen Bildern und dem Verstande zu fernerm Nachdenken hinterlassen« (14, 486). Wenn sie das also gehört hat aus dem Mund des Geliebten: wie wenig dem fahrenden Ritter des Märchens der Vorschlag Melusines gefiel, mit ihr so klein zu werden, wie er sie in dem Kästchen gesehen hatte, »wie schrecklich [ihm] auf einmal zu Mute ward, als [er] von Heirat reden hörte«. »Ich hatte ein Ideal von mir selbst und erschien mir manchmal im Traum wie ein

Riese. Genug, die Frau, der Ring, die Zwergenfigur, so viele andere Bande machten mich ganz und gar unglücklich, daß ich auf meine Befreiung im Ernst zu denken begann« (10, 653 und 655). Wenn sie das gehört hat: welchem Bild wird sie mehr geglaubt haben, dem abenteuernden Anti-Helden, der aus dem goldenen Märchenglück flieht, oder dem verkleideten Lord, der die kluge Sophie zu seiner Lady macht?

Und noch ein Bild gibt es, das sie nicht sehen konnte, das aber die Leserin der Novelle sogleich zum Nachdenken veranlaßt. Mit dem lieben Mädchen, bei der er wegen seiner Maskerade Abbitte getan und Verzeihung erhalten hatte, sitzt der Gast, in den Kleidern des hübschen Wirtssohns, auf der Bank von *Friedrickens Ruhe*. Die ältere Schwester, mit dem Freund hinzukommend, bleibt, als sie das Paar erblickt, wie versteinert; der Erzähler kommentiert die Reaktion der getäuschten Olivie (die ältere Schwester Friederikes heißt in *Dichtung und Wahrheit* nach ihrem Vorbild im *Vicar of Wakefield*) mit einer Genauigkeit, die dem geringfügigen Anlaß kaum angemessen erscheint.

»Wenn wir auf einmal aus einem ruhigen Dache eine Flamme gewaltsam ausbrechen sähen, oder einem Ungeheuer begegneten, dessen Mißgestalt zugleich empörend und fürchterlich wäre, so würden wir von keinem so grimmigen Entsetzen befallen werden als dasjenige ist, das uns ergreift, wenn wir etwas unerwartet mit Augen sehen, das wir moralisch unmöglich glaubten. – Was heißt das? [...] Du mit Georgen! Hand in Hand! Wie begreif' ich das?« (14, 482).

Was wäre das moralisch Unmögliche an der Verbindung der Tochter des Pfarrers von Sesenheim mit dem Sohn des wohlhabenden Gastwirts von Drusenheim? Olivie muß etwas anderes sehen, etwas schockierend Abweichendes: ein

Bild der niederen Minne, aber mit verkehrter Rangordnung, nicht die sorglose und flüchtige Liebesbegegnung des Ritters mit dem willfährigen Landmädchen, *unter der linden / an der heide, / dâ unser zweier bette was,*[69] sondern die in der Tat unmögliche Herablassung der Dame zu einem Bauern.

Die unvermutete Heftigkeit dieses Erzählerkommentars hat mich auch jetzt, beim Wiederlesen, wieder verstört – wie da von einem Satz zum andern die Stimmung wechselt, von der Idylle in die Katastrophe. Was soll ich sehen? Eine Vorausdeutung auf die »völlige Inkongruenz« der Verbindung des als Dichter bereits anerkannten Patriziersohnes mit der Frankfurter Bankierstochter Lili Schönemann (14, 767)? Oder will der Erzähler mich zur Komplizin seiner ironischen Gesinnung machen, die ihn, noch in den Augenblicken reinster Freude am Dasein Friederikes, das Pfarrhaus von Sesenheim nie anders als in die Wirklichkeit getretene Wakefieldsche Familie wahrnehmen läßt? Auf einmal verstehe ich, daß ich eine Novelle lese, eine sich ereignete Liebesgeschichte, der von allem Anfang an der Schein des Unwirklichen anhaftet.

Ich weiß ja, daß der Ich-Erzähler der Friederiken-Novelle seinen liebenswürdigen Gegenstand in demselben Spiegel erblickt hat, in dem Faust das Bild Gretchens erschienen ist. Und doch überwältigt die Leserin noch immer und immer wieder der Schein des Lebendigen, der von dem »himmlisch Bild« ausgeht (*Faust*, V. 2429), und sie vergißt, daß der Liebende zugleich der Autor ist, der seine Geschichte vom Ende her erzählt. Sie vergißt das mythologische Gespinst, das er um sein Frauenbild gezogen hat und sieht: Friedricke.

»In diesem Augenblick trat sie wirklich in die Türe; und da ging fürwahr an diesem ländlichen Himmel ein allerliebster Stern auf. Beide Töchter trugen sich noch deutsch, wie man es zu nennen pflegte, und diese fast verdrängte Nationaltracht kleidete Friedricken besonders gut. Ein kurzes weißes rundes Röckchen mit einer Falbel, nicht länger als daß die nettsten Füßchen bis an die Knöchel sichtbar blieben; ein knappes weißes Mieder und eine schwarze Taffetschürze – so stand sie auf der Grenze zwischen Bäuerin und Städterin. Schlank und leicht, als wenn sie nichts an sich zu tragen hätte, schritt sie, und beinahe schien für die gewaltigen blonden Zöpfe des niedlichen Köpfchens der Hals zu zart. Aus heiteren blauen Augen blickte sie sehr deutlich umher, und das artige Stumpfnäschen forschte so frei in die Luft, als wenn es in der Welt keine Sorge geben könnte; der Strohhut hing ihr am Arm, und so hatte ich das Vergnügen, sie beim ersten Blick auf einmal in ihrer ganzen Anmut und Lieblichkeit zu sehn und zu erkennen« (14, 471).

Der erste Blick des angeblichen Kandidaten der Theologie wandert von unten nach oben, von den nettsten Füßchen zu den blauen Augen Friederikes, und will doch die Eintretende »auf einmal in ihrer ganzen Anmut und Lieblichkeit« erkannt haben. Die netten Füßchen, das niedliche Köpfchen, das artige Stumpfnäschen – diese verkleinernden Attribute erinnern an die Gretchen und Käthchen, die auswechselbaren Verkörperungen des schönen Geschlechts. Aber hier ist eine, die sich unterscheidet: *sehr deutlich* blickt sie umher, den Blick des andern suchend und erwiderernd. *Wie blickt dein Auge! / Wie liebst du mich!* Das Lachen Mademoiselle Oesers ist in dieser neuen Friederike zu einer freien Heiterkeit besänftigt, die den Schauenden nicht verwirrt. Aber ihre Erscheinung, »diu sô wunneclîchen taget«,[70] ist, wenngleich auf eine andere Weise, bestürzend, weil sie auf einmal da ist: Schönheit in Bewegung, also Anmut, zwischen draußen und drinnen, zwischen Natur und

Haus, auf der Schwelle, zwischen Bäuerin und Städterin. Der Schauende weiß bei diesem ersten Blick, der junge Dichter, der sein lächerliches Inkognito verwünscht, daß damit eine neue Epoche für ihn beginnt; daß dieses weibliche Geschöpf, das »am allerzierlichsten war, wenn sie [...] über Rain und Matten leichten Laufes hineilte« (14, 498), eine neue Atalanta, »die so schnell über den Sand hinflog, daß sie keinen Eindruck der Füße zurückließ«,[71] die zu den Wiesen und Feldern und Hügeln der schönen Landschaft, wie sie ihm ahnungsvoll und noch unbeschrieben von der Plattform des Straßburger Münsters erschienen war, gehörte und zugleich den Mittelpunkt eines lebensfrohen und geselligen Land- und Familienkreises bildete, von der im Haushalt tätigen älteren Schwester sich unterscheidend wie Maria von Martha – daß mit Friederike erst sich ihm die Ordnung der Liebe erschließen würde. »O Lieb'! o Liebe! / So golden-schön, / Wie Morgenwolken / auf jenen Höhn!« (1, 288)

Schon hatte ja Herder »den Vorhang zerrissen, der mir die Armut der deutschen Literatur bedeckte; [...] ja was ich von mir selbst hoffen und wähnen konnte, hatte er mir dermaßen verkümmert, daß ich an meinen eignen Fähigkeiten zu verzweifeln anfing«. Freilich, dieser unbarmherzige Ironiker hatte ihn auch fortgerissen »auf den herrlichen breiten Weg, den er selbst zu durchwandern bereit war« (14, 493). Und nun kam zu dieser intellektuellen und künstlerischen, zu dieser vielfachen Verwirrung eine angehende Leidenschaft, und in Friederikes »Umgebungen trat unversehens die Lust zu dichten, die ich lange nicht gefühlt hatte, wieder hervor« (14, 509). In diesem einzigen – Friederikes einzigem – Frühling und Sommer der »Liebenden an den schönen Ufern des Rheins«, die sie, »unbeobachtet, wie es überhaupt dort und damals Sitte war«, durchstreifen, die

Gastfreiheit der zahlreichen Verwandt- und Freundschaft genießend, entstehen jene Lieder des jungen Goethe, die *Minnesangs Frühling* zu wiederholen scheinen. Goethes *Mailied*: »Wie herrlich leuchtet / Mir die Natur! / Wie glänzt die Sonne! / Wie lacht die Flur!« (1, 287 f.), Ausrufung, Anrufung von der ersten bis zur letzten Zeile, mit seinen berühmten Wortschöpfungen, den Morgenwolken, Morgenblumen, Himmelsduft und Blütendampf, klingt mir wie ein sehr spätes Echo von Walthers Lied:

> Sô die bluomen ûz dem grase dringent,
> same si lachen gegen der spilden sunnen,
> in einem meien an dem morgen fruo,
> und die kleinen vogellîn wol singent
> in ir besten wîse die si kunnen,
> waz wünne mac sich dâ gelîchen zuo?[72]

Die wenigen Seiten von *Dichtung und Wahrheit*, die an den einzigen längeren Aufenthalt des Liebenden in Sesenheim erinnern, »nur der Gegenwart [hingegeben], um diese Klarheit des reinen Himmels, diesen Glanz der reichen Erde, diese lauen Abende, diese warmen Nächte an der Seite der Geliebten oder in ihrer Nähe zu genießen« (14, 508), durchzieht das Leitmotiv der Freude, wie wir es aus *Minnesangs Frühling* kennen:

> In sô hôhe swebender wunne
> sô gestuont mîn herze an fröiden nie,
> ich var alse ich fliegen kunne
> mit gedanken iemer umbe sie.[73]

Zu diesen strahlenden Friederiken-Liedern freilich bilden die Volksballaden aus dem Elsaß, die Goethe in dieser Zeit auf seinen Streifzügen zu Fuß und zu Pferd »aus den Kehlen der ältsten Müttergens aufgehascht« und für Herder gesammelt hat,[74] einen befremdenden Kontrast, mit ihren weit zurück- und hinunterreichenden barbarischen Verschlingungen von Mordlust und Liebe. Sehr alte Töne scheinen es, den dunkelsten Momenten der niederen Minne abgelauscht, diese Balladen von *Braun Annel*, vom *verkleideten Grafen* oder vom *Herrn und der Magd*.

> Es war einmal ein edler Herr
> Der hatt eine Magd gar schöne
> Die spielten beyde ein halbes Jahr
> Das Maidel ging gros schwanger (1, 109).

Aber der zukünftige Autor des *Faust* und des *Götz von Berlichingen* ahnt den Abschied schon im freudigen Genuß »der Tags- und Jahreszeiten in diesem herrlichen Lande«. Es ist ihm nicht vergönnt, sich nur der Gegenwart hinzugeben. »Alles ruft uns zu daß wir entsagen sollen« – von dieser Einsicht, die ihn wenige Jahre später mit der »Friedensluft« der Werke Spinozas anweht (14, 729), ist er gleichwohl noch weit entfernt, während er, der bereits schon wieder an den Abschluß seiner Promotion denkt, dem Entstehen und Vergehen des Regenbogens nachblickt, mit dem der Sesenheimer Sommer zu Ende geht. »Der doppelte Regenbogen, zweifarbige Säume eines dunkelgrauen, beinahe schwarzen himmlischen Bandstreifens war herrlicher, farbiger, entschiedener, aber auch flüchtiger als ich sie irgend beobachtet« (14, 509).

Von Straßburg aus, wohin er zurückgekehrt ist, unterhält er noch den »kleinen Liebeshandel« mit neuen Gaben. »Mit einem gemalten Band« schickt er Friederike ein kleines Lied, das einen poetischen Gedanken Klopstocks aufnimmt: *Im Frühlingsschatten fand ich sie; / Da band ich sie mit Rosenbändern* ... Klopstocks Liebenden verwandelt sich der Traum in die Wirklichkeit ihres Eins- und Beieinanderseins; Goethes Lied weist die Wirklichkeit an den Wunsch zurück:

> Mädgen das wie ich Empfindet
> Reig mir deine Liebe Hand
> Und das Band daß uns verbindet
> sey kein schwages Rossen Band
> (1, 127).[75]

Als Rahel Varnhagen, die das Gedicht sehr gut kannte, nach der Lektüre von *Dichtung und Wahrheit* noch einmal in einer Gedichtsammlung blättert, »manches Lied mit großem neuem Anteil« lesend, bis sie »an das kam: *Mit einem gemalten Bande*«:

»Wie mit verstarrendem Eis auf dem Herzen blieb ich sitzen! Einen kalten Todesschreck in den Gliedern. Die Gedanken gehemmt. Und als sie wiederkamen, konnt' ich ganz des Mädchens Herz empfinden. Es, er *mußte* sie vergiften. *Dem* hätte sie nicht glauben sollen? Die *Natur* war dazu eingerichtet. Und wie muß er gewesen sein, er Goethe, hübsch wie er war! Ich fühlte dieser Worte ewiges Umklammern um ihr Herz; ich fühlte, daß sie sich lebendig nicht wieder losreißen; und wie des Mädchens Herz *selbst* klappte meins krampfhaft zu, wurde ganz klein, in den Rippen; dabei dacht' ich an *solchen* Plan, an solch' Opfer des Schicksals; und *laut* schrie ich, ich mußte, das Herz wäre mir sonst tot geblieben. Und zum erstenmal war Goethe feindlich für mich da. Solche Worte muß man nicht schreiben; er nicht. Er kannte ihre Süße, ihre Bedeutung; hatte selbst schon geblutet. Gewalt antun ist *nicht* so arg.«[76]

Die Leserin erinnert sich an Rahels Goethekult, wie sie

das Gefühl ihrer Einzigartigkeit auf die Begegnung mit dem Weisheits- und Lebenslehrer Goethe gründet, auf die Vorstellung, mit dessen exemplarischem, Leben und Werk zur Einheit bringenden Dasein insgeheim verbunden zu sein.[77] Aber jetzt überfällt sie beim Wiederlesen eines, wie es scheint, nur so hingeschriebenen Liedes eine »Herzschwäche«. Und sie wechselt die Seite; sie ist diese im Leid so Erfahrene und zugleich eine andere, das Mädchen, das ihm geglaubt hat und ein Opfer des Schicksals geworden ist, vergiftet, getötet durch Worte, die ihr immer die Liebe selbst gleichsam verbürgt hatten.

Rahels Schrei geht der Leserin lange nach. Sie erinnert sich an die Empörung des Straßburger Studenten über die Gedankenlosigkeit der Dekorateure beim Empfang der Marie-Antoinette. Der kannte die Bedeutung von Worten und die Wirkung von Bildern auf Sinn und Gefühl. Der Gedanke, daß ein Liebesgedicht die töten kann, an die es gerichtet ist, zurückgedrängt durch den Todesschreck und denkbar erst nachträglich, rührt an die unheimliche Gegenwärtigkeit der Friederiken-Erzählung. Im mimetischen Nachvollzug hatte Rahel begriffen, daß der Autor von *Dichtung und Wahrheit* damit ein Schuldbekenntnis ablegt.

Und ich, während ich die Briefstelle zu verstehen versuche, mache die schmerzhafte Erfahrung, daß Rahel mir etwas voraus hatte. Was ich mir lange Zeit versagt habe, ist ihr selbstverständlich gewesen: Sie hat Literatur als Leben gelesen. Und in diesem Lesen drückt sich ein Wissen von der Ungleichheit der Geschlechter aus, um das ich sie fast ein wenig beneide. Rahel weiß, daß in dieser Ungleichheit das künstlerische Schaffen gründet.

Der Erzähler von *Dichtung und Wahrheit* trennt sich nur ungern von dem schönen Wohnplatz, der ihm vom Schicksal bestimmt gewesen war; von den »himmelhellen Gemälden« seines neuen Paradieses, von *Friedrickens Ruhe*. Die nicht zugelassene Ahnung hat sich erfüllt: Er hat diese Ruhe gestört (14, 480 f.). »Und dann«, bemerkt er im Gespräch mit Eckermann, noch einmal fünfzehn Jahre später, gegen Ende seines Lebens, »und dann, was nicht zu vergessen, kommt als ein mächtiges Drittes auch das Dämonische hinzu, das jede Leidenschaft zu begleiten pflegt und das in der Liebe sein eigentliches Element findet« (39, 700). Am Ende seiner übermütigen Verkleidungen muß er sich doch wieder »verselbsten« und dabei erkennen, daß es ihm nicht gegeben ist, »das Schmerzliche zu mildern« (14, 385). Er hat, was er sich nicht zu tun vorgenommen hatte, einem Mädchen »Hoffnung gemacht« und also »versprochen«.[78] Und er hat dem Freund nicht gewehrt, als der »die Schalkheit« beging, die Geschichte des *Vicar of Wakefield* in das Sesenheimer Pfarrhaus mitzubringen und »mir ihn, da vom Vorlesen die Rede war, unvermutet zu überreichen, als hätte es weiter gar nichts zu sagen«. Er faßt sich aber schnell und beobachtet, während er liest, wie sich die Gesichter seiner Zuhörer erheitern; denn sie erblicken »hier sich selbst in einem Spiegel, der keineswegs verhäßlichte. Man gestand sich's nicht ausdrücklich, aber man verleugnete es nicht«. Wie hätte Friederike sich nicht mit der schönen und klugen Sophie vergleichen oder, wie es dem Erzähler der Novelle an dieser Stelle wohl unterläuft: sich nicht »etwas Höheres anbilden« sollen? (14, 505 f.).

»Eine solche jugendliche, auf's Geratewohl gehegte Neigung ist der nächtlich geworfenen Bombe zu vergleichen, die in einer sanften, glänzenden Linie aufsteigt, sich unter die Sterne mischt, ja einen Augenblick unter ihnen zu verweilen scheint, alsdann aber abwärts, zwar wieder dieselbe Bahn, nur umgekehrt, bezeichnet, und zuletzt da, wo sie ihren Lauf geendet, Verderben hinbringt. Friederike blieb sich immer gleich; sie schien nicht zu denken noch denken zu wollen, daß dieses Verhältnis sich so bald endigen könne« (14, 542 f.).

Die genaue Durchführung dieses Vergleichs irritiert die Leserin, die sich an eine Stelle aus der Belagerung von Mainz erinnert, jenen »seltenen, wichtigen Fall, wo das Unglück selbst malerisch« geworden war (16, 593). Goethe – er hat später den ursprünglichen Titel *Aus meinem Leben* nicht verwendet – beschreibt dort das Bombardement der Jesuitenkirche:

»Neu war uns das Steigen und Fallen der Feuerkugeln; denn wenn sie erst mit einem flachen Zirkelbogen das Firmament zu erreichen drohten, so knickten sie in einer gewissen Höhe parabolisch zusammen und die aufsteigende Lohe verkündigte bald daß sie ihr Ziel zu erreichen gewußt« (16, 585).

Es ist derselbe Blick, der sich auf das »schreckliche Schauspiel« einer von Bomben getroffenen Kirche richtet und auf die Zerstörung einer Liebe. Freilich, erst in der Konfrontation verrät der Text aus *Dichtung und Wahrheit*, was der Autor (sich) zu verschleiern sucht, daß sich das Verhältnis der Geschlechter einem Krieg vergleichen läßt, bei dem die Waffen sehr ungleich verteilt sind.

Anders als der Augenzeuge der Belagerung von Mainz wendet der Erzähler der Friederiken-Novelle sich von dem Bild, das den Schmerz um den Verlust einer Liebe zur Metapher entwirklicht, gleich wieder ab. Aber das in dem vielleicht zufällig unterlaufenen Vergleich versteckte Wissen kommt herauf in dem vor das resüméehaft geraffte Ende der Liebesgeschichte eingeschobenen Bericht von einer kleinen Reise ins obere Elsaß, einer Wallfahrt auf den Odilienberg. Mit dem Bild, das er sich von der dort verehrten anmutigen Heiligen gemacht, habe er später eine seiner geliebten Töchter ausgestattet, also die Ottilie in den *Wahlverwandtschaften*, die so sanft wie unbeirrbar Entsagende, die schließlich wirklich wie ein Licht schwindet. Mit ihrem Tod gleitet der Roman, der, wie die Friederiken-Novelle, keine Zeile enthalten soll, die der Autor nicht selbst erlebt hätte, in die Legende hinüber, die freilich dessen ironische Gesinnung überall durchblicken läßt. Ottiliens »holder Körper« ruht in einem Glassarg, das Haupt mit einem Kranz von Astern geschmückt, »die wie traurige Gestirne ahndungsvoll glänzten« (8, 523). »Der fortdauernd schöne, mehr schlaf- als todähnliche Zustand Ottiliens« zieht immer mehr Gläubige an, die »eine Erquickung und Erleichterung« suchen, und macht ihre Kapelle zum Wallfahrtsort (8, 527).

Ottilie (mit dem weichen d des Süddeutschen): Schneewittchen im gläsernen Sarg, die schöne weibliche Leiche. Er hat sich auch diesmal hinter einem Bild versteckt. »Was von Menschen nicht gewußt oder nicht bedacht« – es zeigt sich, während er erzählt: die männliche Angst vor dem in *der Frau* verkörperten ganz Anderen, der ungezähmten Natur, dem Chaos, der Grenzüberschreitung oder vielleicht auch nur – vor dem Lachen einer Minna oder einer Mamsell Oeser. »Der Schein des Lebendigen an Goethes Frauen ward mit Zurücktreten, Ausweichen bezahlt, und es liegt mehr darin als bloß die Resignation vorm Sieg der Ordnung«, diesen Gedankensplitter habe ich in Adornos *Minima Moralia* gefunden.[79] Auf keine von Goethes Frauen trifft er zu wie auf *Friedricke*. Aber hier, im Gedenken des Erzählers an eine tote fromme Grafentochter aus dem Elsaß, wird plötzlich im Schein des Lebendigen etwas längst Vergangenes wahrnehmbar: Die Wirklichkeit der Liebe ist immer schon vergangen.[80] Der Mann Goethe, der einen Abschnitt seiner Lebensgeschichte durchlaufen hat und einen neuen beginnen wird, muß sich aus einer Liebesbeziehung lösen, die nichts als ihre reine Gegenwart will. Der Text der kleinen Abschweifung über den Odilienberg verrät ein seltenes Wissen von den Ordnungen der Liebe und des Lebens, durch die sich die Geschlechter voneinander unterscheiden – scheiden. Die Kapelle der Odilie ist hoch gelegen, keine bloße Erderhöhung wie *Friedrickens Ruhe*. »Auch auf dieser Höhe wiederholt sich dem Auge das herrliche Elsaß, immer dasselbe und immer neu«, so wie Friederike sich immer gleichbleibt, und doch sucht der Blick des bereits zum Abschied Entschlossenen schon »das entfernte Blau der Schweizergebirge« (14, 542 f.).

Der Knabe Erzähler beendet sein Märchen in träumerischer Souveränität; an ihm erscheint Entsagung als gleichsam naturwüchsige Gabe. Der Dichter Johann Wolfgang Goethe, der Protagonist von *Dichtung und Wahrheit*, dessen Erscheinen die schöne Einfalt eines elsässischen Pfarrhauses stört, wenngleich er nichts weniger ist als ein gewissenloser Lovelace; er hat verstanden, daß Entsagung Schuld sein kann. Den Abschied von Friederike erzählt der Autor zweimal, in eigentümlich verstellter Reihenfolge.

Der Abschied, wie bedrängt, wie trübe!
Aus deinen Blicken sprach dein Herz.
In deinen Küssen, welche Liebe,
O welche Wonne, welcher Schmerz!
Du gingst, ich stund, und sah zur Erden,
Und sah dir nach mit nassem Blick;
Und doch, welch Glück! geliebt zu werden,
Und lieben, Götter, welch ein Glück
(1, 129; es handelt sich um die Erstfassung des Gedichts).

»Als ich ihr die Hand noch vom Pferde reichte, stunden ihr die Tränen in den Augen, und mir war sehr übel zu Mute« (14, 545). Goethe hat die letzte Strophe von *Willkommen und Abschied* für die erste Gesamtausgabe von 1789 bedeutungsvoll verändert:

> Ich ging, du standst und sahst zur Erden,
> Und sahst mir nach mit nassen Blick
> (1, 283).

Erst hier ist es der Liebende, der Mann, der von der Geliebten scheidet, und es ist die verlassene Frau, die ihm weinend nachsieht. Die Leserin hat, indem diese einfachen Verse lange in ihr nachklingen, die Empfindung, sie erneuerten, über Jahrhunderte hinweg, einen Ton, der, schon als er zuerst gesungen wurde, klang, als müßte es ihn immer schon gegeben haben, einfach wie die Liebe.

> Ez stuont ein frouwe alleine
> und warte uber heide
> unt warte ire liebe,
> so gesach si valken fliegen.
> »sô wol dir, valke, daz du bist!
> Du fliugst swar dir liep ist«.[81]

Dem Erzähler ist an seinen Abschied von Friederike, wie er schreibt, keine Erinnerung geblieben. Er begnügt sich mit einem einzigen Satz, der die Empfindungen des Mädchens, das er verlassen hat, und des Mannes, der er war, nur eben andeutet, um dann das unterdrückte Pathos durch die präzise Beschreibung einer Halluzination gleichsam nachzuholen.

»Nun ritt ich auf dem Fußpfade gegen Drusenheim, und

da überfiel mich eine der sonderbarsten Ahndungen. Ich sah nämlich, nicht mit den Augen des Leibes, sondern des Geistes, mich mir selbst, denselben Weg, zu Pferde wieder entgegen kommen, und zwar in einem Kleide wie ich es nie getragen: es war hechtgrau mit etwas Gold. Sobald ich mich ganz aus diesem Traum aufschüttelte, war die Gestalt ganz hinweg. Sonderbar ist es jedoch, daß ich nach acht Jahren, in dem Kleide das mir geträumt hatte, und das ich nicht aus Wahl sondern aus Zufall gerade trug, mich auf demselben Wege fand, um Friedriken noch einmal zu besuchen. Es mag sich übrigens mit diesen Dingen wie es will verhalten, das wunderliche Trugbild gab mir in jenen Augenblicken des Scheidens einige Beruhigung. Der Schmerz das herrliche Elsaß, mit allem was ich darin erworben, auf immer zu verlassen, war gemildert, und ich fand mich, dem Taumel des Lebewohls endlich entflohn, auf einer friedlichen und erheiternden Reise so ziemlich wieder« (14, 545).

Der Augenblick des Abschieds hat kein Bild in ihm zurückgelassen, er sieht sich selbst, einen Davonreitenden, und den, der er sein wird, Jahre später: den Geheimrat Goethe, einen hechtgrauen Herrn, den seine eigene Vergangenheit heimsucht wie ein Gespenst, das nach Erlösung verlangt.

Daß Goethe die Geliebte seiner Jugend noch einmal besucht hat, anläßlich seiner zweiten Schweizerreise 1779, acht Jahre nach seinem Abschied aus Sesenheim, wissen wir aus seinen Briefen an Charlotte von Stein. Friederike, schreibt er, habe ihn »freundlich und gut aufgenommen«, ihn, den sie ehemals geliebt habe »schöner als [er's] verdiente«; daß er sie verlassen, habe sie fast das Leben gekostet. Sie »betrug sich allerliebst mit soviel herzlicher Freundschafft vom ersten Augenblick da ich ihr unerwartet auf der Schwelle ins Gesicht tratt«. Es ist eine Wiederholung mit umgekehrter Anordnung: auf der Schwelle steht ein Mann, dessen Leben bereits Geschichte geworden ist und der, um mit dieser Geschichte sich zu versöhnen, die Gewißheit braucht, daß das Pfarrhaus von Sesenheim dasselbe geblieben ist. Und er findet »alte Lieder die ich gestifftet hatte, eine Kutsche die ich gemahlt hatte [...] und ich fand mein Andencken so lebhaft unter ihnen als ob ich kaum ein halb Jahr weg wäre«. Friederike Brion unterscheidet sich noch einmal, indem sie sich immer gleich geblieben ist. Der Reisende, von seinem Herzog in Straßburg erwartet, scheidet am nächsten Morgen bei Sonnenaufgang.[82]

Die Doppelgängervision in *Dichtung und Wahrheit*, die eine Liebesgeschichte mit unglücklichem Ausgang beschließt, beruhigt für den Augenblick des Erlebens den Scheidenden. Das wunderliche Trugbild hat ihm sich selbst als Fliehenden – wie Aeneas floh vor Dido – und als Wiederholenden gezeigt, versöhnt im Text.

Der Autor von *Dichtung und Wahrheit* nimmt das Bewußtsein seiner Schuld in das nächste Buch mit. Es wird eingeleitet mit einem Beispiel der »vielfachen Exzentrizität« eines jungen Dichters, der es nicht lassen kann, mit fremdem Schicksal zu spielen und sich mit fremdem Schicksal dadurch auch immer wieder zu belasten. In Mainz verguckt er sich in einen harfespielenden Knaben, einen »musikalischen Meßläufer«, den er nach Frankfurt mitnimmt, ihm Wohnung und Beförderung versprechend, um ihn gleich wieder, aus Rücksicht auf den Vater, fallenzulassen, während die Mutter in der Nachbarschaft für Herberge und Kost sorgt. »Ich empfahl ihn meinen Freunden, und so befand sich das Kind nicht übel.« Man mag darin einen Hinweis auf einen autobiographischen Hintergrund der Gestalt Mignons vermuten; aber in *Dichtung und Wahrheit* verrät das Motiv des getäuschten und enttäuschten Kindes, dem einer Hoffnung gemacht hatte, daß Schmerz und Reue in dem »nun endlich gesünder und froher nach Hause« gelangten Wanderer nicht beruhigt, allenfalls verschoben sind. Sie lassen sich auch nicht beruhigen durch die geselligen Unterhaltungen in dem »Kreis von verständigen und liebenswürdigen Frauenzimmern«, den die Schwester um sich versammelt hatte (14, 548 f.), nicht durch die von Herder vermittelte Freundschaft mit dem mephistophelischen Kritiker Merck, aber auch nicht durch seine eigene, durch die Sturm-und-Drang-Bewegung in Gang gehaltene grenzenlose Lust am Hervorbringen. Der Autor des *Faust* erfährt diese Zeit zugleich als »Epoche einer düsteren Reue«.

»Die Antwort Friedrikens auf einen schriftlichen Abschied zerriß mir das Herz. Es war dieselbe Hand, derselbe Sinn, dasselbe Gefühl, die sich zu mir, die sich an mir herangebildet hatten. Ich fühlte nun erst den Verlust den sie erlitt, und sah keine Möglichkeit ihn zu ersetzen, ja nur ihn zu lindern. Sie war mir ganz gegenwärtig; stets empfand ich, daß sie mir fehlte, und was das Schlimmste war, ich konnte mir mein eignes Unglück nicht verzeihen. Gretchen hatte man mir genommen, Annette mich verlassen, hier war ich zum ersten Mal schuldig; ich hatte das schönste Herz in seinem Tiefsten verwundet.« (14, 566)

Jetzt erkennt er, um wieviel größer der Verlust Friederikes ist als sein eigener, und erst jetzt, indem er sich von dem Trugbild löst, das ihn im Narzißmus des *Knabenmärchens* gefangenhält, kann er, zurückblickend, das Bild einer weinenden Frau sehen, die einem scheidenden Mann nachblickt.

Swenne ich stân aleine in mînem hemede,
und ich an dich gedenke, ritter edele
so erblüet sich mîn varwe als der rôse in touwe tuot,
und gewínnet daz herze vil mangen trûrigen muot.[83]

Die Leserin, die sich die *Confessions* von Rousseau aus ihrer Bibliothek heraufgeholt hat, ist seltsam berührt, als ihr Blick zufällig, während sie die Chronologie überblättert, auf ein Datum fällt: 1770/71 hat Rousseau vertrauliche Lesungen seiner (erst zehn Jahre später veröffentlichten) Autobiographie abgehalten. Mit seinem Buch in der Hand wird er aufgetreten sein als einer, der sich »Rechenschaft über sich, sich selbst schuldig« zu sein glaubt:[84] *Rousseau Juge de Jean-Jacques. Dichtung und Wahrheit* oder: *Goethe – Richter von Johann Wolfgang Goethe?* Der junge Autor, zwischen den Sesenheimer Liedern und dem *Werther*, hat verstanden, daß er schuldig geworden ist. Den Freibrief, den ihm seine Interpreten immer wieder ausgestellt haben, hätte er wohl verschmäht. Er wußte, daß er, vielleicht mehr als jeder andere, »für sich und für andre, als Engel oder als Dämon, Tod oder Leben in seinen Händen [trug]«.[85]

Die Leserin versucht, sich den Gang der Friederiken-Novelle in seiner schmerzlichen inneren Logik noch einmal zu vergegenwärtigen, und sie spürt dabei, wie ihr Widerstand wächst gegen eine Interpretationspraxis, die die Trennung von Fiktion und Wirklichkeit, von Leben und Literatur zur Voraussetzung hat, jenes hartnäckige Dogma der Literaturwissenschaft. Sie sieht nicht ein, warum sie Goethes Bemerkung, alles, was er geschrieben habe, sei nur als »Bruchstück einer großen Konfession« zu verstehen, nicht wörtlich nehmen soll. Freilich, sein Schreiben hätte dann seinen Ort zwischen Leben und Literatur. Und GOETHE wäre wirklich der Richter von Johann Wolfgang Goethe.

WEGGEHEN
UND WIEDERKOMMEN

Erscheine! Ich will dich dichten![86]

Lotte

Er ist weggegangen, wie er schon einmal weggegangen ist, weil es ihm nicht gegeben ist zu bleiben, obwohl er sich manchmal »erbauliche Erbauungsstunden über das *Heute*« hält. Es ist wieder ein Sommer zu Ende, und es bleibt eine zurück, für die dieser Sommer das ganze Leben gewesen sein wird. Er fühlt, er schreibt: »Die Welt ist so schön! So schön!« – Und kann's nicht genießen.[87] Denn sein »nisus vorwärts ist so starck«, daß er sich zum Atemholen zwingen muß.[88] Er verläßt Wetzlar, wie er ein Jahr zuvor Sesenheim verlassen hatte, überstürzt und ohne selbst recht zu wissen, was ihn treibt. Zurück läßt er diesmal ein junges Paar, den Gesandtschaftssekretär Johann Christian Kestner und Charlotte Buff, die Amtmannstochter aus dem Deutschen Haus, und vielleicht eine Leere, die sie einander nicht einzugestehen vermochten. Die eilig hingekritzelten Abschiedsbriefe des jungen Goethe, der als Dritter ein paar Monate zwischen ihnen gelebt hatte, haben sie jedenfalls aufbewahrt.

»Er ist fort Kestner wenn Sie diesen Zettel kriegen, er ist fort. Geben Sie Lottchen innliegenden Zettel. Ich war sehr gefasst aber euer Gespräch hat mich aus einander gerissen. Ich kann Ihnen in dem Augenblick nichts sagen, als leben

Sie wohl. Wäre ich einen Augenblick länger bey euch geblieben, ich hätte nicht gehalten. Nun binn ich allein, und morgen geh ich. O mein armer Kopf.«[89]

Warum das Gespräch den zum Abschied schon Entschlossenen so sehr verstört hat, läßt sich aus einem Tagebucheintrag Kestners erraten.

»Abends kam Dr. Goethe nach dem Teutschen Hause; Er, Lottchen und ich hatten ein merckwürdiges Gespräch, von dem Zustande nach diesem Leben; vom Weggehen und Wiederkommen; welches nicht er, sondern Lottchen anfing; wir machten mit einander aus, wer zu erst von uns stürbe, sollte, wenn er könnte, den Lebenden Nachricht von dem Zustande ienes Lebens geben; Goethe wurde ganz niedergeschlagen, denn er wußte, daß er andern Morgens wegreisen wollte.«[90]

Die abgehackten Sätze des »innliegenden Zettels« an die Geliebte verraten den Gemütszustand eines Fliehenden, aber nicht die Motive des unangekündigten und offenbar unerwarteten Weggangs.

»Wohl hoff ich wiederzukommen, aber Gott weis wann. Lotte wie war mirs bey deinen reden ums Herz, da ich wusste es ist das letztemal dass ich Sie sehe. Nicht das letztemal, und doch geh ich morgen fort. Fort ist er. Welcher Geist brachte euch auf den Diskurs. Da ich alles sagen durfte was ich fühlte, ach mir wars um hinieden zu tun, um Ihre Hand die ich zum letztenmal küsste. [...] Ich binn nun allein, und darf weinen, ich lasse euch glücklich, und gehe nicht aus euern Herzen. Und sehe euch wieder, aber nicht morgen ist nimmer.«[91]

Der Leserin, die sich noch einmal die seltsam unstimmige Darstellung der Wertherepoche in *Dichtung und Wahrheit* vergegenwärtigt hat, wird, während sie nun Brief- und Tagebuchdokumente nebeneinanderlegt, dieser junge Mann –

er ist in diesem Spätsommer 1772 gerade 23 geworden, vier Jahre älter als Lotte – unheimlich mit seinen jähen Stimmungsumschwüngen. Und nicht zum erstenmal kommt es ihr so vor, als fielen bei dem gefeierten Autor des *Götz von Berlichingen* Lebensüberdruß und Lebenslust in eins zusammen. Das Gespräch im Deutschen Haus habe ihn auseinandergerissen, liest sie und stellt sich vor, wie er, zwischen der Geliebten und ihrem Verlobten, plötzlich von dem chaotischen Wirbel seiner Gefühle überwältigt wird. Zum Weggehen ist er entschlossen, aber er weiß in diesem Augenblick wohl selbst noch nicht, ob ihm der Abschied zur Qual oder zur Lust wird. Und auch ich spüre nachträglich erst, daß in dem an Lotte gerichteten Zettel etwas nicht stimmt. Der Verfasser mag empfunden haben, was er schrieb, aber wußte er, was die Wörter, die ihm in die Feder kamen, bedeuteten? Der Riß, der sein Inneres spaltet, geht auch durch die Wörter, die auf eine beunruhigende Weise zweideutig erscheinen. Die Figur des Dritten, oszillierend zwischen der Allmacht der Gedanken und moralischer Indifferenz – vielleicht wird ihm erst jetzt die absolute Ambivalenz seiner Rolle bewußt. Er geht, aber mit dem Wissen, daß er, der abwesende Dritte, in dem Bund der Verlobten anwesend sein wird, lebendiger, als er es je gewesen – so wie sie für ihn hinter der Überwirklichkeit des Romans, den er schreiben wird, in eine immer blasser werdende Unwirklichkeit zurücktreten werden: »Ich sehe euch wieder.« Sein Versprechen gilt und gilt nicht. Er wird nicht wiederkommen, und Lottes Besuch in Weimar, mehr als vier Jahrzehnte später, bleibt in der Biographie Goethes ein zufälliges und folgenloses Datum.

»Aber nicht morgen ist nimmer.« Der Satz, aus dem die Zurückbleibende den Abschiedsschmerz eines Liebenden herauslesen muß und seine Hoffnung wiederzukommen, verrät zugleich das Glück des *Hinieden* an *ienes* Leben, die Wiederholung einer Liebe im Werk (14, 638), ein *sacramentum per purgatorium*. Und wieder, während ich hin- und zurückblättere in den Seiten von *Dichtung und Wahrheit*, die sich auf die Episode von Wetzlar beziehen, werde ich das Gefühl des Unheimlichen nicht los, obwohl doch das Dreizehnte Buch, das die Entstehung des *Werther* erzählt, im Zeichen der Rettung steht. Denn ich spüre, wie die Erzählung meinen Wirklichkeitssinn verunsichert, indem sie ein Stück lebendiger Geschichte, in der Erinnerungsfragmente aus einer neuen flüchtigen Liebesbeziehung, der zu Maximiliane von La Roche, aufgegangen sind, buchstäblich in Literatur verwandelt.

Wenn, anders als im Fall Friederikes, Goethe von Lotte weggegangen ist, um *nimmer* wiederzukommen, so weil er die gelebte Idylle eines herrlichen Sommers sich im Roman wiederholt, so vollständig, daß sie ganz darin aufgegangen ist und mit ihr das Bewußtsein des jungen Autors, schuldig geworden zu sein. »Sorglos in der Gegenwart eines Mädchens, das, schon versagt, den gefälligsten Dienst nicht als Bewerbung auslegen und sich desto eher daran erfreuen konnte«, hatte er sich ruhig gehenlassen, »war aber bald dergestalt eingesponnen und gefesselt, und zugleich von dem jungen Paare so zutraulich und freundlich behandelt, daß er sich selbst nicht mehr kannte« (14, 591). Ohne sein Zutun fast sieht er sich in ein Abenteuer verwickelt, dessen Ende er, wie es geschrieben steht, wieder einmal, voraussehen muß. »So faßte ich den Entschluß, mich freiwillig zu entfernen, ehe ich durch das Unerträgliche vertrieben würde.« »[Ich] trennte mich von Charlotten zwar mit reinerem Gewissen als von Friedriken, aber doch nicht ohne Schmerz« (14, 604).

Was der Scheidende ins Werk gesetzt hat, buchstäblich,

seine eigene Erlösung, es gründet in der Verwandlung einer lebendigen Frau in ein Bild. Er weiß, daß das schon versagte Mädchen, die Amtmannstochter Charlotte Buff, wie immer ihre Gestalt gebildet sein mochte, als *Lotte* würde weiterleben müssen: »Liebe Lotte, nach viel Zeit wollen wir uns wiedersehn, Sie den Ring am Finger, und mich noch immer für Sie   Da weis ich keinen Nahmen keinen Beynahmen. Sie kennen mich ja.« Diesen Brief empfängt die Braut kurz vor ihrer Hochzeit, also noch »Charlotte Buff, sonst genannt die liebe Lotte«.[92] Sie wäre nicht jenes wünschenswerte Frauenzimmer gewesen, anspruchslos, »eine leicht aufgebaute, nett gebildete Gestalt, eine reine gesunde Natur und die daraus entspringende frohe Lebenstätigkeit, eine unbefangene Behandlung des täglich Notwendigen« (14, 590), an die sich der Autor von *Dichtung und Wahrheit* erinnert, – hätte sie die Vieldeutigkeit dieses Grußes ermessen können: daß es GOETHE war, ihr Schöpfer, mit dem sie es zu tun gehabt, Einer, der jeden Augenblick wieder vor ihr stehen konnte, »wie ich einst vor dir verschwand, darüber du dann nicht erschröcken, noch mich ein garstig Gesicht schelten magst«,[93] der sich einen Namen und aus ihr ein Bild gemacht hatte, der Wanderer mit dem Fremdlingsreisetritt.

> Gott segne dich junge Frau,
> Und den säugenden Knaben
> An deiner Brust!
> Laß mich, an der Felsenwand hier
> In des Ulmbaums Schatten
> Meine Bürde werfen,
> Neben dir ausruhn.
> [...]
> Leb wohl!
> O leite meinen Gang

> Natur; den Fremdlingsreisetritt
> Den über Gräber
> Heiliger Vergangenheit
> Ich wandle;
> Leit ihn zum Schutzort,
> Vorm Nord geschützet
> Wo dem Mittagsstrahl
> Ein Pappelwäldgen wehrt.
> Und kehr ich dann
> Am Abend heim
> Zur Hütte vergoldet
> Vom letzten Sonnenstrahl,
> Laß mich empfangen solch ein Weib
> Den Knaben auf dem Arm
> (1, 208 und 214).

Er hat das Bild schon vor sich, in sich, als er das Mädchen, die Frau, die es für ihn verkörpern sollte, noch gar nicht gesehen hatte: das Erinnerungsbild im Augenblick des Genießens.[94]

Kierkegaards Verführer hat diesem Bild eine Unterschrift gegeben: »Das Weib ist also das Sein für Anderes«. »[Es] ist ein Bild für die Phantasie, das man im Leben nicht zu sehen braucht und vielleicht nie sieht. Sie steht da, gesund, blühend, üppig entwickelt, und hält in ihren Armen ein Kind; ihre ganze Aufmerksamkeit gilt dem kleinen Wesen; sie ist verloren in seinen Anblick. Dies Bild kann man wohl als das anmutigste bezeichnen, was das Menschenleben hervorbringt; es ist ein Naturmythos, den man in der Offenbarung der Kunst sehen muß, nicht in der Wirklichkeit«.[95]

Goethe schickt die Druckfahnen seines Gedichts *Der Wanderer*, das er »Lotten ans Herz« binden will, an Kestner, nur daß nicht stimmt, was er behauptet, daß er es in seinem »Garten an einem der besten Tage gemacht, Lotten ganz im Herzen und in einer ruhigen Genüglichkeit all eure künftige Glückseeligkeit vor meiner Seele«.⁹⁶ Es ist in einer ganz anderen Situation entstanden, auf einem Ritt durch das Elsaß im Sommer 1770, bei dem kleinen Ort Niederbrunn, den ein reich gewordener Unternehmer gerade gekauft hatte, um dort Eisenabbau zu betreiben. An diesen Ort, als auf einmal »das Bild eines holden Wesens, das vor den bunten Gestalten dieser Reisetage in den Hintergrund gewichen war«, in ihm wiedererwacht (14, 461): Friederike, erlebt der junge Wanderer einen Augenblick, wo Gegenwart und Vergangenheit zusammenschießen. »Hier in diesen von den Römern schon angelegten Bädern umspülte mich der Geist des Altertums, dessen ehrwürdige Trümmer in Resten von Basreliefs und Inschriften, Säulenknäufen und Schäften mir aus Bauernhöfen, zwischen wirtschaftlichem Wust und Geräte, gar wundersam entgegenleuchteten« (14, 463).

Caroline Flachsland hat von dem Gedicht eine Abschrift gemacht und mit einem begeisterten Brief an Herder geschickt. »Ich habe lange, lange nichts Rührenderes gelesen. Der Wanderer bei den Ruinen – die Frau mit dem Knaben auf dem Arm – und die letze Bitte um eine Hütte am Abend – o ich kann Ihnen nicht sagen, wie alles das mir in die Seele geht« (zit. nach 1, 934). Klarer läßt sich der allegorische Sinn der Idylle nicht nachbuchstabieren, als es hier geschieht in der Lektüre von Herders Braut. In dem verführerischen Spiegel von Goethes Versen kann sie verfolgen, wie ihr zufälliges kleines Ich verschwindet im Bild *des Weibes*, der Mutter. Der Verfasser dieser Verse aber ist der Erschaffer seiner Gestalten, seiner Welt und seiner selbst. »Du wirst«, fährt er fort in seinem Kommentar zum *Wande-*

rer, »wenn du's recht ansiehst mehr Individualität in dem Dinge finden als es scheinen sollte, du wirst unter der Allegorie *Lotten* und *mich* und was ich so hunderttausendmal bey ihr gefühlt erkennen«.

Dieses kleine Märchen vom Ursprung des poetischen Bildes in der Liebe, dessen werbender Grundton unüberhörbar gewesen sein muß für die, die er meinte, wird Goethe dem Ehemann nicht mitgeteilt haben, ohne einen geheimen Sinn damit zu verbinden. *Der Wanderer*, wann immer das Gedicht entstanden sein mochte: erst jetzt, nach der Trennung von Lotte, ist es zu seiner Wirklichkeit gekommen, und der Kommentar ist ein Versuch des jungen Goethe, der noch nicht der Autor des *Werther* ist, sich der Wahrheit und Gegenwärtigkeit seines Bildes zu versichern. Aber er wird wohl auch geahnt haben, daß es für Charlotte Kestner, die Frau Gesandtschaftssekretärin, die Mutter von elf Kindern, nicht leicht sein würde, fortan als das Urbild von Werthers Lotte betrachtet zu werden.

Werthers Lotte: Die Leserin braucht in ihrem Gedächtnis nicht lange zu suchen: »Lotte, den Kindern Brot schneidend«. Der Satz liegt bereit, eine Subscriptio unter einem Emblem. Und das Bild – hätte ich auch die Stelle in dem berühmten Brief Werthers vom 16. Juni übersprungen – ich hätte es Zug um Zug aus der Erinnerung heraufholen können.

»Ich gieng durch den Hof nach dem wohlgebauten Hause, und da ich die vorliegenden Treppen hinaufgestiegen war und in die Thüre trat, fiel mir das reizendste Schauspiel in die Augen, das ich jemals gesehen habe. In dem Vorsaale wimmelten sechs Kinder, von eilf zu zwey Jahren, um ein Mädchen von schöner mittlerer Taille, die ein simples weisses Kleid mit blaßrothen Schleifen an Arm und Brust anhatte. Sie hielt ein schwarzes Brod und schnitt ihren Kleinen rings herum jedem sein Stük nach Proportion ihres Alters und Appetites ab, gabs jedem mit solcher Freundlichkeit, und jedes rufte so ungekünstelt sein: Danke! indem es mit den kleinen Händchen lang in die Höhe gereicht hatte ...« (8, 40)

Wie ein sehr blasser Schatten gleitet hinter dieser Szene noch einmal die Gestalt Friederikes vorbei, wenn Werther seiner Ungeduld innewird, sein Pferd satteln zu lassen und hinauszureiten (8, 36). Die Erinnerung zieht um die neue Geliebte die Aura einer bedeutungsvollen Zeitentiefe. Ein alter Brunnen und ein paar junge Mägde, die dort Wasser schöpfen – das Bild erinnert den in sinnendes Schauen versunkenen Werther an die Brautwerbung der Erzväter, an den Ursprung der geoffenbarten Religion. »Wenn ich da sizze, so lebt die patriarchalische Idee so lebhaft um mich, wie sie alle die Altväter am Brunnen Bekanntschaft machen und freyen und wie um die Brunnen und Quellen wohlthätige Geister schweben« (8, 16). Der Autor von *Dichtung und Wahrheit* wiederholt sich in seinem sechsten Lebensjahrzehnt diese Szene:

»Abraham sendet seinen Knecht nach Mesopotamien zu den Verwandten, die er dort zurückgelasssen. Der kluge Eleasar kommt unerkannt an, und um die rechte Braut nach Hause zu bringen, prüft er die Dienstfertigkeit der Mädchen am Brunnen. Er verlangt zu trinken für sich, und ungebeten tränkt Rebecca auch seine Kamele. Er beschenkt sie, er freiet um sie, die ihm nicht versagt wird. So führt er sie in das Haus seines Herrn, und sie wird Isaak angetraut« (14, 152).

In diesen »patriarchalischen Familienauftritten« entdeckt der alte Selbstbeschreiber die Vorausdeutung auf die Gestalt Josephs, des Erwählten, »das Kind der leidenschaftlichsten ehelichen Liebe« (14, 155). Und wie der selbst heimlich Erwählte, Johann Wolfgang, sich aus dem Chaos des eigenen Inneren »gern nach jenen morgenländischen Gegenden« flüchtete, so Werther an den Brunnen vor dem Tore. Und hier wie dort dämmert aus einem Gemisch von Fabel und Geschichte, Mythologie und Religion das Bild herauf: die Erscheinung der Frau, der Mutter, der Leben Gebenden und Erhaltenden.

Mit dem Wetzlarer Sommeridyll verbinden sich für Werther Morgenfrühe und Licht. »Ich werde sie sehen: ruf ich Morgens aus, wenn ich mich ermuntere, und mit aller Heiterkeit der schönen Sonne entgegen blikke« (8, 80). Er nimmt Abschied beim Schein des Mondes, der die Terrasse des Amtmannshauses erleuchtet, während die drei Freunde »rings eine tiefe Dämmerung [einschließt]«. In diesem nächtlichen Beisammensein beginnt Lotte auf einmal zu sprechen, wie aus einem Traum heraus.

»Wir waren still, und sie fieng nach einer Weile an: Niemals geh ich im Mondenlichte spazieren, niemals daß mir nicht der Gedanke an meine Verstorbenen begegnete, daß nicht das Gefühl von Tod, von Zukunft über mich käme. Wir werden seyn, fuhr sie mit der Stimme des herrlichsten Gefühls fort, aber Werther, sollen wir uns wieder finden? Und wieder erkennen? Was ahnden sie, was sagen sie? [...] Und ob die lieben Abgeschiednen von uns wissen, fuhr sie fort, ob sie fühlen, wann's uns wohl geht, daß wir mit warmer Liebe uns ihrer erinnern? O die Gestalt meiner Mutter schwebt immer um mich, wenn ich so am stillen Abend, unter ihren Kindern, unter meinen Kindern sizze, und sie um mich versammlet sind, wie sie um sie versammlet waren« (8, 116 f.).

Die Erscheinung Lottes steht in dieser Szene, die durch Kestners Tagebucheintragung bezeugt ist, in einem anderen Licht als im Vorsaal des Deutschen Hauses, wo sie den kleinen Geschwistern das Abendbrot austeilt: nicht mehr diesem Leben zugewandt, sondern jenem, eine fast schon Abgeschiedene wie ihre dunkle Schwester, die Ottilie der *Wahlverwandtschaften*, die so merkwürdig selbstverständlich vom Tod spricht als von der Weise eben nur, wie das einzelne Dasein in das Leben der Familie übergeht: »Neben denen dereinst zu ruhen die man liebt, ist die angenehmste Vorstellung welche der Mensch haben kann, wenn er einmal über das Leben hinausdenkt. Zu den Seinigen versammelt werden, ist ein so herzlicher Ausdruck« (8, 403).

Die Leserin empfindet den Gestus des jungen Autors, der die Erscheinung seiner Gestalten, Lottes, Ottilies, mit einer so verführerischen Aura von Wirklichkeit umgibt, als bedrohlich, bedrohlicher fast noch als die Selbstverständlichkeit, mit der er eine Charlotte, in deren Lebenskreis er eingetreten war, zu *Lotte* macht – »denn so wird sie denn doch wohl heißen« – und ihr, die freilich verlobt war, ihren Ort bestimmt: bei den Penaten der Familie, einem wünschenswerten Frauenzimmer, von der ihr künftiger Gatte »ein entschiedenes häusliches Glück« erwarten kann (14, 590 f.). Ich versuche mir die Wirkung seiner versucherischen Rede vorzustellen, die Lottes traumverlorene Jenseitsgedanken aufnimmt, ihre Ewigkeitssehnsucht umlenkt in sein poetisches »Evangelium« (14, 631), und weiß dabei: Sie ist »die erste nicht« und auch nicht die letzte, die erfährt, was es heißt, ihm zu begegnen, einem, dem jede solche Begegnung zuruft, daß er entsagen müsse, um – das Leben in Literatur verwandeln zu können. »Sie giengen die Allee hinaus, ich stand, sah ihnen nach im Mondscheine und warf mich an die Erde und weinte mich aus, und sprang auf, lief auf die Terasse hervor und sah noch dort drunten im Schatten der hohen Lindenbäume ihr weisses Kleid nach der Gartenthüre schimmern, ich strekte meine Arme hinaus, und es verschwand« (8, 122).

Die wirkliche Lotte hat ihren Johann Christian geheiratet, und Kestner hat nicht vergebens auf jenes häusliche Glück einer zahlreichen Nachkommenschaft gehofft. Aber dann hat eines Tages der *Werther* auf ihrem Schreibsekretär gelegen mit seinem »nach allen Seiten in die Welt [ausstrahlenden]« Nachbild, in dem sich ein »jugendlich seliges Wahnleben« abspiegelt. Sie liest, wie da einer, der weggegangen und aus dem inzwischen der Dichter Johann Wolfgang Goethe geworden war, versucht hat, ein Stück ihrer eigenen Vergangenheit, eine Möglichkeit vielleicht, als seine Wahrheit zu wiederholen. Oder denkt sie, denkt etwas in ihr: sich anzueignen? Sie liest, wie eine zierliche Amtmannstochter »in ihrer ganzen Liebenswürdigkeit«, zu der allerdings die schwarzen Augen von Maximiliane Brentano gehören, beschworen wird, eine Erscheinung, die ihn entzückt, als wäre sie Wirklichkeit. Und Charlotte Kestner wird sich mehr als einmal dabei ertappt haben, daß sie sich nachsah, wie er ihr nachgesehen hat, einer Verschwindenden, deren weißes Kleid noch eine Weile im Schatten der hohen Lindenbäume schimmert. Ich werde nicht wissen, wie die romanhaften Spiegelungen einer Liebe, die keine Verwirklichung gesucht hatte, auf die Frau, die einmal Lotte war, gewirkt haben, ob sie, wie vielleicht in jener Ballnacht, das Buch in der Hand, ans Fenster getreten ist, den Namen Goethes auf den Lippen?

Es gibt einen beschwörenden Brief des Dichters an die Freunde vom Oktober 1774, der auf eine ziemlich heftige Gemütserregung der Kestners schließen läßt.

»Ich der ich so durch lieb an euch gebunden bin, muss noch euch und euern Kindern ein Schuldner werden für die bösen Stunden die euch meine – nennts wie ihr wollt gemacht hat. Haltet, ich bitt euch haltet Stand. [...] Und meine lieben wenn euch der Unmuth übermannt, denckt nur denckt, dass der alte euer Goethe immer neuer und neuer, und ietzt mehr als iemals der eurige ist.«[97]

Die Leserin zweifelt, ob dieser seltsam vieldeutige Brief zwei Menschen, die plötzlich und unvorbereitet ein Doppelleben führen, die vom Augenblick der Veröffentlichung des *Werther* an, überall, wo immer sie hinkamen, gewärtigen mußten, daß man sie, den Hofrat Kestner und die Frau Hofrätin, mit ihren Ebenbildern im Roman vergleichen oder verwechseln würde, mit Lotte und Albert – ich zweifle, ob Goethes Brief die gestörte Ruhe hat wiederherstellen können. Die Hoffnung auf ein Wiedersehen im Jenseits – der Dichtung, eine Versöhnung durch den Namen des Freundes, der auf einmal GOETHE war, mag ihnen schal vorgekommen sein. Für den Riß, der durch ihr Leben ging fortan, es teilend in ein persönliches und ein öffentliches, eines *hinieden*, in der Wirklichkeit von Haus und Amt, und eines im Bild, gab es wohl keine Heilung als die Zeit.

Er war weggegangen und wiedergekommen auf seine Weise, als der Dichter des *Werther*, der einer jungen Frau ein zweites Leben gegeben hatte. Und als Lotte war sie jetzt mehr, mehr als sie durch Kestner geworden war, sie selbst und das Bild, in dem sie, ihren Roman lesend und wiederlesend, sich, wie immer widerstrebend, doch erkennen mußte. Hat sie sich beklagt? Sich empört oder doch vielleicht auch in einer sehr verborgenen Schicht ihres Empfindens sich erhoben gefühlt? – Ich weiß es nicht. Goethe hat die Briefe von Charlotte und Johann Christian Kestner in einem seiner Autodafés verbrannt. Aber ich erinnere mich an die Klagen der Bräute und Frauen von Herder und Humboldt, von Schiller und Schleiermacher, die alle haben nach dem Bild leben müssen, das der andere sich von *der* Frau gemacht hatte, an ihre Angst, diesem Bild nicht entsprechen zu können, weniger zu sein als das Bild, ihre verzweifelten Versuche, aus diesem Bild herauszutreten.

»Freilich erwarte ich Dich nicht mehr in der Hitze der hellen Mittagssonne, die Zeit kan eine solche Flamme nicht ausdauren; aber in der stillen Liebe Deines Herzens, da suche ich meinen Himmel, da werde ich ihn finden! ach was hätte ich Dir von mir zu sagen, von meiner Schwäche, Armuth des Geistes, der Seele und Körpers, und von so vielem, was ich nicht bin, von dem, was Du siehst und doch nicht da ist – ach wie viel hätte ich zu klagen, Dich vorzubereiten – ich habe es schon oft gethan, aber Du willst mich nicht hören und verstehen, und also muß ich schweigen. Wie bange es mir of bey dem Gedanken wird, ›Du täuschest Dich, Du wirst mich ganz anderst sehen, als Du jetzt siehst, ec. Und was wirds dann werden?‹ O mein Einziger, um Deiner Liebe willen bitte ich Dich, den Schleier wegzunehmen, und mich zu sehen, wie ich bin.«[98]

Charlotte Kestners Angst wird eine andere gewesen sein. Sie »war anspruchslos«, erinnert sich der Erzähler von *Dichtung und Wahrheit*, »erst ihrer Natur nach, die mehr auf ein allgemeines Wohlwollen als auf besondere Neigungen gerichtet war, und dann hatte sie sich ja für einen Mann bestimmt, der, ihrer wert, sein Schicksal an das ihrige für's Leben zu knüpfen sich bereit erklären mochte« (14, 591). Kestner, durch sechsundzwanzig Jahre hindurch mit ihrem Schicksal verknüpft und Vater ihrer elf Kinder, wird mit dem zufrieden gewesen sein, was er sah, »bei seiner durchaus rechtlichen und zutraulichen Sinnesart« (14, 590). Und der Andere, der Ankömmling, war wieder gegangen mit dem berühmten Versprechen: »Wir sehen uns wieder« (8, 122), aber er hat es nicht gehalten, vielleicht es vergessen, weil es ja im Buche stand. Noch sechzehn Witwenjahre hat sie gewartet, bevor sie sich entschloß, die lange Reise von Hannover nach Weimar anzutreten im September 1816. »Von Besuchen bemerk' ich folgende, sämmtlich Erinnerungen früher und frühster Zeiten erweckend. Von Melisch, Dr. Hufeland, Max Jacobi, von Laffert, Dr. Chladni, Zelter und Wilken, Graf und Gräfin Odonell, Hofräthin Kestner aus Hannover« (17, 275 f.). Die tonlose Eintragung in Goethes *Tag- und Jahresheften* verrät nicht, welche Erinnerungen diese frühen und frühsten Zeiten erweckt haben mochten, der dreiundvierzig Jahre zurückliegende Sommer in Wetzlar z. B., Lottes Sommer. Die Hofrätin Kestner wird wohl vergebens bei diesem Wiedersehen, das Er nicht gewünscht hatte, in den Zügen des Geheimrats von Goethe eine Antwort gesucht haben auf die Frage, mit der sie gekommen war: Wer bin ich?

»Der Baum in dessen Rinde / Mein Nam bei Deinem Steht, / Wird bleich vom rauhen Winde / Der jede Lust verweht...« (1, 134)

Werther

Der Autor, Johann Wolfgang Goethe, ist von dem Aufruhr der Gefühle, den er mit der Veröffentlichung des *Werther* auslöst, einigermaßen überwältigt. Selbst noch im Bann seiner eigenen Erfindungen, durch »Briefe, Laute, Seufzer nach Werthern«[99] immer wieder in jene leidenschaftliche Bewegung zurückversetzt, den Sommer mit Lotte, den er in seinem Roman wiederholt hatte, »ziemlich unbewußt, einem Nachtwandler ähnlich« (14, 639), wirbt in seinen wie in großer Erregung hingeschriebenen Briefen um den Glauben der Wetzlarer Freunde an die alle zeitlichen Mißklänge überdauernde Wahrheit ihrer Nachbilder, an die Versöhnung von Dichtung und Wirklichkeit. »Werther muss – muss seyn! [...] Und wenn ihr Glauben habt so glaubt daß alles wohl seyn wird [...] Ich allein kann *erfinden*, was euch völlig ausser aller Rede setzt, außer dem Windgen Argwohn. Ich habs in meiner Gewalt, noch ists zu früh!« Immer wieder greift der Schreibende nach biblischen Wendungen – »O ihr Ungläubigen ... Ihr Kleingläubigen ... Wollt ihr warten so wird euch geholfen« – als müßte er ein noch immer nicht ganz gestilltes Bedürfnis nach Rechtfertigung in sich zum Schweigen bringen.[100] Aber dann zeigt sich plötzlich, auf einen Augenblick freilich nur, hinter dem leidenden und mitleidenden, um Glauben, Liebe und Hoffnung werbenden Freund der Autor, der, Er allein, sie erfunden hat: Lotte und Albert, wahrer als Charlotte und Johann Christian Kestner, ihre immerwährende Wirklichkeit: im Roman.

Werther! Werther muß sein? Die Leserin denkt an eine Briefstelle aus einem früheren Brief Goethes an Kestner: »Von mir sagen die Leute der Fluch Cains läge auf mir. Keinen Bruder hab ich erschlagen!«[101] Kestner wird den geheimen Sinn dieser Botschaft damals wohl kaum haben entziffern können, obwohl der Freund, der Dritte in seinem Bund mit Lotte, sich im biblischen Namen zu erkennen gibt: als der Autor, der »die Wirklichkeit in Poesie verwandelt« (14,639). Noch war der *Werther* nicht erschienen. Noch war der Wetzlarer Sommer eine durch den brieflichen Austausch lebendig erhaltene gemeinsame Erinnerung.

Der Erzähler von *Dichtung und Wahrheit* begründet im Rückblick die Notwendigkeit des *Werther* aus dem Bedürfnis seines früheren Ich, sich selbst freizusprechen.

»Ich hatte mich durch diese Komposition, mehr als durch jede andere, aus einem stürmischen Elemente gerettet, auf dem ich durch eigne und fremde Schuld, durch zufällige und gewählte Lebensweise, durch Vorsatz und Übereilung, durch Hartnäckigkeit und Nachgeben, auf die gewaltsamste Art hin und wider getrieben worden. Ich fühlte mich, wie nach einer Generalbeichte, wieder froh und frei, und zu einem neuen Leben berechtigt« (14, 639).

Die Figur, durch die er sich in dieser Generalbeichte vertreten läßt: Werther, nimmt der Freigesprochene in sein neues Leben mit, als eine Form des Inkognito, in der sich Selbstparodie und Selbsterfahrung auf eine eigentümliche Weise vermischen. Goethes proteisches Wesen ist selbst seinen engsten Freunden nicht geheuer. Lavater, der ihn als Freund, als Bruder und Lehrer anspricht, fühlt sich von einem, der erscheint, tausend Fragen erzeugend, um plötzlich wieder zu verschwinden, betört, verstrickt und verstört, alles zugleich: »O Goethe, unser Gedanke! Du Rätsel – u Offenbarung!«[102] Und zwei Jahrzehnte später noch, »auf den Planeten Göthe« zurücksehend, wundert sich die Fürstin Gallitzin, daß er bei ihr nicht, wie bei den meisten anderen, »den Proteus« gemacht habe.[103]

Im Mai 1775 bricht Goethe mit den Grafen Stolberg in die Schweiz auf, alle drei in Werthertracht. »Man denke sich den jungen Mann, der etwa vor zwei Jahren den Werther schrieb [...] lebhaft gedenkend vorübergegangener Leidenschaften, nachhängend den gegenwärtigen, folgelose Pläne bildend, im Gefühl behaglicher Kraft das Reich der Phantasie durchschwelgend, – dann nähert man sich der Vorstellung jenes Zustandes« (14, 804).

Von dieser ersten Schweizer Reise sind nur ein paar Notizen, Gedichte und Zeichnungen erhalten. Dieses Reisetagebuch, dunkel genug, läßt gleichwohl unter der Maskerade ein Ich durchschimmern, einen jungen Mann auf der Flucht vor der ewig verderblichen Liebe, aber wie Johannes, der

Evangelist, in selbstgewählter Verbannung auf die Offenbarung der Dichtung vertrauend: »doch mir stehn fest die hohen Gebein so stehn sie / Nur dem säulgebeinten Engel in Pathmos erscheinung« (16, 12).

»Und ich sahe einen andern starken engel vom himmel herabkommen; der war mit einer wolke bekleidet, und ein regenbogen auf seinem haupt, und sein antlitz wie die sonne, und seine füße wie die feuerpfeiler; Und er hatte in seiner hand ein büchlein aufgethan; und er setzte seinen rechten fuß auf das meer, und den linken auf die erde...« (Offenbarung Johannis 10, 1)

In den erst Jahrzehnte später veröffentlichten *Briefen aus der Schweiz* verwandelt sich das vom Pathos seiner eigenen Hymnen begeisterte Ich noch einmal: in den reisenden Dilettanten Werther, der Gesellschaft, Kunst und Landschaft nur aus seiner begrenzten, sehr subjektiven Perspektive wahrzunehmen vermag (16, 721).[104] Daß über die Entstehungsbedingungen der Ersten Abteilung dieser Briefe nichts bekannt ist, nicht einmal die Epoche der Niederschrift, daß sich keinerlei Handschriften erhalten haben – für die Leserin hat das eine bedenkenswerte Stimmigkeit; es fügt sich zu dem experimentellen Charakter dieser *Briefe aus der Schweiz*, die für sie nichts weniger als fiktiv sind. In der Maske seiner Figur begibt sich der Autor auf die Suche nach seinem eigenen Begehren, bereit, sich auf unbekannte Abenteuer einzulassen, frei, ganz frei, die Sphäre des Erotischen zu erkunden.

»Die Welle wieget unsern Kahn / Im Rudertakt hinauf / Und Berge Wolken angetan / Entgegnen unserm Lauf« (1, 169).

Der junge Mann in Werthertracht – er ist zu Pferd und reitet durch Schluchten, über eine Römerstraße zum Paß, und »hinterwärts heben Gebirge sanft ihre Rücken, deren Gipfel uns vom Nebel bedeckt« sind – Johann Wolfgang Goethe hält dem Anblick einer erhabenen Natur stand, ein herrlich reines Gefühl in der Seele (16, 32 f.). Aber sein *alter ego*, der fiktive Verfasser der *Briefe aus der Schweiz*, steht vor der herrlichen Gegenwart der Berge, empfindet nichts, denkt nichts »und möchte so gern etwas dabei denken und empfinden« (16, 16). Vor der Leere in seiner Brust flüchtet er sich in ein Experiment mit offenem Ausgang, ohne wohl selbst noch zu wissen, ob es ihm dabei um Ästhetik oder Erotik, um Kunst oder Leben geht.

Der Autor, als er sich diesem *alter ego*, dem Werther seines Jugendromans oder seinem als Werther verkleideten früheren Ich, zuwendet, einem jungen Mann im blauen Frack, »mit ledergelber Weste und Unterkleidern, Stiefeln mit braunen Stolpen« (14, 592), sieht in diesem unbestimmten, unbestimmbaren Wesen nur den Dilettanten. Die Natur will dieser ästhetisch genießen, und in der Kunst sucht er den Abdruck der Natur. Aber der Text, wie ich ihn jetzt nach dem *Werther* lesen möchte, ist mehr oder etwas ganz anderes als eine Reisebeschreibung aus der Epoche des Sturm und Drang. Sein Gegenstand ist nicht der *ennui* eines Dilettanten, sondern das Geheimnis des Geschlechts.

Das Rollen-Ich, der Werther der *Briefe aus der Schweiz*, bekennt sich zu seinem Entzücken an Kunstwerken und unterscheidet sich damit als Kunstliebhaber vom Kunstkenner. Seine Liebhaberei gilt aber nur solchen Werken, deren natürliche Gegenstände ihm bekannt sind. Und so ereignet es sich, daß, als ein Schweizer Kunstfreund und Sammler ihm ein in einem verschlossenen Kasten aufbewahrtes Bild einer »Danae in Lebensgröße zeigte, die den goldenen Regen in ihrem Schoße empfängt«, wie Tizian oder Correggio sie gemalt haben mochte, jenes Entzücken sich nicht einstellen will. »Der Anblick dieses Bildes«, schreibt er dem

Freund, »hatte mich nicht glücklich, er hatte mich unruhig gemacht« (16, 26).

Der Autor des *Werther*, der seinen Stellvertreter beobachtet, wie er da statt des erwarteten Entzückens eine ihm selbst nicht erklärliche Unruhe in sich aufkommen spürt, wiederholt eine Episode aus seiner Kindheit: Der Zehnjährige – er hatte sich »schon früher bei Gemälde-Liebhabern, besonders aber bei Auktionen, denen [er] fleißig beiwohnte, den Ruhm erworben, daß [er] gleich zu sagen wisse, was irgend ein historisches Bild vorstelle, es sei nun aus der biblischen oder der Profangeschichte oder aus der Mythologie genommen«, – entdeckt in der dem französischen Königsleutnant, einem Grafen Thoranc, auch er ein Kunstfreund, überlassenen Wohnung im Hause seiner Eltern einen Gegenstand, der seine »jugendliche Neugierde« reizt. »Einst fand ich hinter dem Ofen ein schwarzes Kästchen; ich ermangelte nicht, zu forschen, was darin verborgen sei, und ohne mich lange zu besinnen zog ich den Schieber weg. Das darin enthaltene Gemälde war freilich von der Art, die man den Augen nicht auszustellen pflegt, und ob ich es gleich alsobald wieder zuzuschieben Anstalt machte, so konnte ich doch nicht geschwind genug damit fertig werden. Der Graf trat herein und ertappte mich« (14, 100 f.).

Widerspruchslos nimmt er die von dem Grafen über ihn verhängte Strafe an; er ahnt, daß er ein Tabu verletzt, sich einem Ort genähert hat, in dem Lust und Schrecken, Leben und Tod zusammenfallen, das »Unbetretene, nicht zu Betretende« (*Faust II*, V. 6222 f.).

»Was man den Augen nicht auszustellen pflegt« – es mag ein Bild gewesen sein von der Art, wie man es heute im Musée du Quay d' Orsay betrachten kann, ohne den Vorhang, der es verbarg, solange es sich im Besitz von

Jacques Lacan befand: Courbets *L'Origine du monde*, die Darstellung des weiblichen Geschlechts, des Wirklichen, ohne mythologische Zutat, schön und schauerlich, weil es den Betrachter sehen läßt, woher er gekommen ist und daß das Leben immer wieder in den Tod zurückkehrt.

Den Grund für seine Enttäuschung meint er zu kennen: er hat vom menschlichen Körper nur einen allgemeinen Begriff, keine konkrete Anschauung, und kann also das Bild nicht mit der Natur vergleichen. Nach dem Grund für seine Unruhe fragt er sich freilich nicht, weil eine fixe Idee ihn ganz zu beherrschen scheint. Er will den vor dem Bild einer schönen nackten Frau ausgebliebenen Kunstgenuß nachholen: »Ich will mir die Gestalt des Menschen eindrücken wie die Gestalt der Trauben und Pfirschen« (16, 27), deren Nachbildungen er auf den Stilleben der Holländer bewundert haben wird. Seltsamerweise schreibt er: die Gestalt des Menschen, aber denkt sich wohl nichts dabei.

Das Experiment, das der reisende Werther als Stellvertreter seines Autors nun durchführt, entwickelt sich aus dem Mangel. »Ich veranlaßte Ferdinanden zu baden im See; wie herrlich ist mein junger Freund gebildet! welch ein Ebenmaß aller Teile! welch eine Fülle der Form, welch ein Glanz der Jugend, welch ein Gewinn für mich, meine Einbildungskraft mit diesem vollkommenen Muster der menschlichen Natur bereichert zu haben« (16, 27).

»Wir empfanden, ich wenigstens, den lieblichen Enthusiasmus der Freundschafft! Du stelltest das Zeitalter der Griechen in meinem Herzen wieder her, ich hätte bei dir schlafen können, du lieber Junge; so umarmte dich meine ganze Seele! Ich habe deinen schönen Leib oft, wenn du in Thun vor meinen Augen in den See stiegest, mit wahrhaft mädchenhaften Gefühlen betrachtet. Er könnte wirklich einem Künstler zur Studie dienen. Ich hätte, wenn ich Einer gewesen wäre, vielleicht die Idee eines Gottes durch ihn empfangen. [...] Mir ist die ganze Gesetzgebung des Lykurgus, u sein Begriff von der Liebe der Jünglinge, durch die Empfindung, die du mir geweckt hast, klar geworden.«[105]

Was der Liebhaber der Kunst, Werther, vor sich hat, erscheint ihm als ein vollkommenes Vorbild künstlerischen Nachstrebens, eben: die Gestalt des Menschen schlechthin. Die Leserin versucht, diesem Blick eines jungen Mannes auf einen anderen zu folgen, einer Begeisterung, die mit dem Versagen der Gefühle angesichts der Schönheit des weiblichen Körpers auf dem Bild des italienischen Meisters in einen so sinnfälligen Kontrast tritt. Ganz so erscheint dem Ich-Erzähler in Heinses »glückseligen Inseln« die Gestalt Ardinghellos, der ihn – es ist eine berühmt-berüchtigte Eingangsszene – vor dem Ertrinken gerettet hat, aus dem Wasser aufsteigend, nicht nackt wie Ferdinand, aber mit von der Nässe anliegenden Kleidern, »groß und wohlgebildet am ganzen Körper«, »wie ein höheres Wesen«.[106] Winckelmann, denke ich, hat diesen Blick und diese Begeisterung vorgelebt und vorgeschrieben.

»Für diese Schönheit war Winckelmann, seiner Natur nach, fähig, er ward sie in den Schriften der Alten zuerst gewahr, aber sie kam ihm aus den Werken der bildenden Kunst persönlich entgegen, aus denen wir sie erst kennen lernen, um sie an den Gebilden der lebendigen Natur gewahr zu werden und zu schätzen« (19, 184).

Niemals habe sich Winckelmann »belebter und liebenswürdiger« gezeigt als »im Verhältnis mit schönen Jünglingen«, schreibt Goethe in seiner Biographie des Vorgängers, eine diskrete Anspielung auf dessen Homosexualität (19, 184 f.). Wie nah der betrachtende Werther Winckelmanns Beschreibung des Apoll aus dem Belvedere kommt, die das

Werk des bildenden Künstlers zurückzuverwandeln versucht in ein »Gebilde der lebendigen Natur«, merke ich erst, als ich sie in der Geschichte der Kunst des Altertums jetzt aufschlage und neben den hymnischen Preis von Ferdinands Nacktheit lege. »Ein ewiger Frühling, wie in dem glücklichen Elysien, bekleidet die reizende Männlichkeit vollkommener Jahre mit gefälliger Jugend und spielt mit sanften Zärtlichkeiten auf dem stolzen Gebäude seiner Glieder.«[107]

Werther freilich, während er sich sein ästhetisch-ethisches Experiment noch einmal vergegenwärtigt, sucht schreibend die eigene Hingerissenheit zu mäßigen, seine Begeisterung abzuschwächen. Er sieht noch einmal den schönen Freund nackt aus dem See auftauchen, aber jetzt umgeben von Gestalten der griechischen Mythologie. Das erotische Begehren, sublimiert zur geistigen Schau, verrät sich nur noch in der rhetorischen Emphase. Die Badeszene wird zum Bild einer Landschaft mit mythologischer Staffage, wie sie Claude Lorrain gemalt haben könnte.

»Nun bevölkre ich Wälder, Wiesen und Höhen mit so schönen Gestalten; ihn seh ich als Adonis dem Eber folgen, ihn als Narciß sich in der Quelle bespiegeln!
Noch aber fehlt mir leider die Venus die ihn zurückhält, Venus, die seinen Tod betrauert, die schöne Echo, die noch einen Blick auf den kalten Jüngling wirft ehe sie verschwindet« (16, 27).

Die Leserin aber, die dem Blick des Mannes Werther gefolgt ist, spürt etwas wie eine Störung, eine Verunklärung der Richtung des Begehrens, als wollte der Text von der verfänglichen Szene ablenken durch die Vorstellung eines weiblichen Blicks. Sie hätte diese Wendung erwarten können, ist doch auch die Begeisterung Winckelmanns für die schönen Statuen des Altertums die eines Entsagenden, wil-

*Girolamo Macchietti (um 1535-1592):
Aus dem Bade steigender männlicher Akt*

lig, seinen Blick über die Schönheit sterblicher Körper hinweg in das »Reich unkörperlicher Schönheiten« zu lenken, »einen erhabenen Stand [anzunehmen], um mit Würdigkeit anzuschauen«.[108] Wer mit seinem Geist sich in dieses Reich der Kunst aufzuschwingen vermag, darf in seinem Freund die lebendige Gegenwart männlicher Schönheit genießen – als Bild.

»Jetzo studir ich Leben und Todt eines andern Helden, und dialogisir's in meinem Gehirn. Noch ist's nur dunckle Ahndung. [...] ob ich mich von dem Dienste des Götzenbildes das Platon bemahlt und verguldet, dem Xenophon räuchert, zu der wahren Religion hinaufschwingen kann, der statt des Heiligen ein groser Mensch erscheint, den ich nur mit Lieb Entusiasmus an meine Brust drücke, und rufe mein Freund und mein Bruder. Und das mit Zuversicht zu einem grosen Menschen sagen zu dürfen! – Wär ich einen Tag und eine Nacht Alzibiades, und dann wollt ich sterben.«[109]

Aber »der Mensch ist zwei«[110] – die liebliche Staffage in dem imaginären Gemälde, zu dem ihn die Badeszene mit dem schönen Ferdinand inspiriert hat, besteht ja aus Paaren – und so gibt es die menschliche Gestalt in männlicher und weiblicher Form. Werthers Experiment, um zu gelingen, bedarf der Wiederholung mit einem weiblichen Gegenstand. »Ich nahm mir fest vor, es koste was es wolle, ein Mädchen in dem Naturzustande zu sehen wie ich meinen Freund gesehen hatte« (16, 27).

»Es ist den Weibern in einem hohen Grade ihrem Geschlecht nachzugeben verstattet, indess der Mann das seinige fast überall der Menschheit zum Opfer bringen muss. Aber gerade diess bestätigt aufs neue die grosse Freiheit seiner Gestalt von den Schranken des Geschlechts. Denn ohne an seine ursprüngliche Naturbestimmung zu erinnern, kann er die höchste Männlichkeit verrathen; da hingegen dem genauen Betrachter der weiblichen Schönheit jene allemal sichtbar seyn wird, wie fein auch übrigens die Weiblichkeit über das ganze Wesen mag verbreitet seyn.«[111]

Die Durchführung der zweiten Phase seines Versuchs erweist sich als schwirig; es kostet offenbar ziemlich viel, ein Mädchen zu finden, »willig genug [seinen] Augen ein Fest zu geben«, oder, deutlicher gesprochen, »nackend vor [seinen] Augen zu erscheinen«.[112] Aber da Werther zu zahlen bereit ist und sein Märchen ihm geläufig vom Munde geht – »Ich war ein Maler, hatte Landschaften gezeichnet, die ich nun durch die Gestalten schöner Nymphen zu heroischen Landschaften erheben wolle« – gelingt es ihm schließlich, durch die Vermittlung einer erfahrenen Kupplerin, seine Wünsche noch »über seine Wünsche« zu befriedigen (16, 27 ff.).

Das Abenteuer spielt in einem Interieur, das den Status der Bewohnerin durchaus im Unbestimmten läßt, doch den angeblichen Maler kümmert es nicht, ob er »ein ehrbares Mädchen« vor sich hat oder ein käufliches. Die Leserin aber bemerkt, mit einem gewissen Unbehagen, die Übereinstimmung dieses Interieurs mit dem niedlichen Kaminzimmer, das der abenteuernde Liebhaber der neuen Melusine durch einen Spalt des ihm anvertrauten Kästchens erblickt.

»[Die Kupplerin] brachte mich darauf in ein kleines artig meubliertes Zimmer: ein sauberer Teppich deckte den Fußboden, in einer Art von Nische stand ein sehr reinliches Bett, zu der Seite des Hauptes eine Toilette mit aufgestelltem Spiegel, und zu den Füßen ein Gueridon mit einem dreiarmigen Leuchter, auf dem schöne helle Kerzen brannten; auch auf der Toilette brannten zwei Lichter. Ein erloschenes Kaminfeuer hatte die Stube durchaus erwärmt« (16, 29 f.).

Fast scheint es den Wartenden zu überraschen, daß die Gestalt *des Menschen* sich hier als »ein großes, herrlich gebildetes, schönes Frauenzimmer« zeigt. Das Objekt des Begehrens, *die Frau*, im Unterschied zu dem badenden Ferdinand, bleibt namenlos. Sie wäre ja auch gegen jede andere austauschbar gewesen.

»Sie fing an sich auszukleiden; welch eine wunderliche Empfindung da ein Stück nach dem andern herabfiel, und die Natur, von der fremden Hülle entkleidet, mir als fremd erschien und beinahe, möcht' ich sagen, mir einen schauerlichen Eindruck machte [...]. Soll ich dir's gestehen, ich konnte mich eben so wenig in den herrlichen Körper finden, da die letzte Hülle herab fiel, als vielleicht Freund L. sich in seinen Zustand finden wird, wenn ihn der Himmel zum Anführer der Mohawks machen sollte. Was sehen wir in den Weibern? Was für Weiber gefallen uns und wie konfundieren wir alle Begriffe? Ein kleiner Schuh sieht gut aus, und wir rufen: welch ein schöner kleiner Fuß! ein schmaler Schnürleib hat etwas Elegantes, und wir preisen die schöne Taille.
Ich beschreibe dir meine Reflexionen, weil ich dir mit Worten die Reihe von entzückenden Bildern nicht darstellen kann, die mich das schöne Mädchen mit Anstand und Artigkeit sehen ließ. Alle Bewegungen folgten so natürlich aufeinander, und doch schienen sie so studiert zu sein« (16, 30 f.).

Der nackte Ferdinand war schön, und Werther hatte in ihm das vollkommene Muster der menschlichen Natur erblickt, die große Freiheit der menschlichen Gestalt »von den Schranken des Geschlechts«. Aber es schaudert ihn, in diesem dezenten Interieur die »wahre Natur entblößt da-

*Zeichnung nach Antonio Allegri da Correggio
(um 1489-1534): Danae*

stehen« zu sehen. Denn die weibliche Schönheit, die er vor sich sieht, erinnert den genauen Betrachter an seine »ursprüngliche Naturbestimmung«. Er sieht, was allem zugrunde liegt: den Unterschied der Geschlechter, das Reale unverschleiert. Und wenn wir Lacan glauben wollen, ist die vermittlungslose Erscheinung des Realen »l'objet d'angoisse par excellence«, der Angst erregende Gegenstand schlechthin; der überhaupt kein Gegenstand mehr ist, sondern jenes Etwas (ce quelque chose), an dem alle Begriffe scheitern und alle Worte enden.[113]

Das Experiment scheint an einem kritischen Punkt angekommen zu sein, denn dem Schreibenden will es nicht gelingen, das, was er sieht, zu beschreiben. Er vermag seinen »schauerlichen Eindruck« nicht in Worte zu fassen. Er hat auf einmal Angst vor der Frau im Naturzustand, Angst, aus der Zivilisation herauszufallen – wie Nietzsches Empedokles, der sich »vor der ihm offenbarten Natur« der Frau »entsetzt«.[114] Das Wissen, das er gesucht hat, entzieht sich der Sprache. Werther, der doch den Freund als schöne Form, als in sich vollendetes Ganzes wahrgenommen hat, kann sich in den herrlichen Körper der Frau nicht finden; er sieht nur das (schöne) Geschlecht, das ihn an seine eigene Naturbestimmtheit erinnert. Um den Schauder, der ihn überfallen hat, zu überwinden, schiebt er zwischen sein Auge und das, was er sieht, eine Vorstellung von Weiblichkeit. In dieser durch »Vorurteile, Einrichtungen, Gesetze und Grillen« entstandene Vorstellung, einer zweiten Natur der Frau gleichsam, kommt, mit einer allerdings etwas grillenhaften Umständlichkeit ein dem Schreibenden verborgener Fetischismus zum Ausdruck. Die einzelnen Körperteile, die er im Geist sogleich bekleidet, haben nichts Erschreckendes mehr. Mit dem reizenden Schauspiel einer Lotte, zum Ball gekleidet, »mit blaßrothen Schleifen an Arm und Brust«

war Werther vertraut (8, 40); er hatte es ohne diesen Schauder betrachten können.

Wenn das Experiment zu einem Ergebnis kommt, so doch nicht zu dem erwarteten, denn der Beobachter wird zum Zeugen eines vielleicht ebenso reizenden Schauspiels, von dem er aber begreift, daß es »studiert« ist, daß er einer Vorstellung von Weiblichkeit beiwohnt, die ihn den Schrecken der Frau als Natur vergessen machen soll. Mag er etwas ahnen von der Ungleichheit der Ordnung der Geschlechter, so läßt die Situation ihm keine Zeit zu weiteren Reflexionen. Das Mädchen beendet schließlich die Maskerade in der anmutigsten Stellung auf ihrem Lager. »Komm! rief sie endlich mit vernehmlicher Stimme, komm, mein Freund, in meine Arme, oder ich schlafe wirklich ein. In dem Augenblick ergriff sie die seidne durchnähte Decke, zog sie über sich her, und ein allerliebstes Gesicht sah unter ihr hervor« (16, 31).

Sie hat die im Experiment vorgegebene Aufgabe erfüllt: darzustellen, wie schön die Frau ist. Aber der Text bricht hier ab, ohne die Dissonanz zwischen dem »schauerlichen Eindruck« weiblicher Nacktheit und dem »allerliebsten Gesicht« aufzulösen. Werther beruhigt den Freund über sein Verhalten in diesem Abenteuer. »Ich habe mir nichts vorzuwerfen, der Anblick hat mich nicht aus der Fassung gebracht, aber meine Einbildungskraft ist entzündet« (16, 29). Der Ruf der Schönen bleibt ohne Antwort. Werther, der das Antlitz von »Lucifer-Amor« erblickt hat, schreckt vor der erotischen Verstrickung oder der Liebesgeschichte, die jetzt beginnen könnte, zurück. Das ästhetisch-ethische Experiment verrät in diesem offenen Schluß sein geheimes Telos: das Erzählen, das sich speist aus der Entsagung.

Entsagung, denkt die Leserin weiter – der Begriff rührt an das innerste Geheimnis eines Schreib-Werks, in dem sich Wahrheit und Dichtung, Erfindung und Erfahrung verschränken. Wie über das Kästchenmotiv Werthers ästhetisch-ethisches Experiment mit einer Kindheitserinnerung des Autors in eine untergründige Korrespondenz tritt, so spiegelt es sich in dem Fragment einer »der frühsten Jugendgeschichten« Wilhelm Meisters aus dem zweiten Buch der *Wanderjahre*, jenes Romans also, dem Goethe den Untertitel *Die Entsagenden* gegeben hat.

Wieder geht es um Briefe: Wilhelm sucht sich selbst und seiner Geliebten, Natalie, seine Berufswahl verständlich zu machen als eine in einer frühen Erfahrung gründende Bestimmung zum Heilen. Die für einen Brief auffällig umständliche Einleitung, ein Rückgriff auf den Stil der ersten Bücher von *Dichtung und Wahrheit*, verknüpft das Meister-Fragment mit der Kindergeschichte von Johann Wolfgang und Cornelia. »Wir Kinder« heißt das Subjekt der ersten Erfahrungen hier wie dort. Und in den *Wanderjahren* wie in *Dichtung und Wahrheit* reißt ein frühes erotisches Abenteuer, das in einer Katastrophe endet, den innigen Geschwisterbund auseinander, um ein fortan selbständiges männliches Ich hervortreten zu lassen. Auch die namenlose Stadt, in der der kleine Wilhelm aufwächst, erinnert an das Frankfurt der Kinder Goethe.

»Wir in einer alten ernsten Stadt erzogenen Kinder hatten die Begriffe von Straßen, Plätzen, von Mauern gefaßt, sodann auch von Wällen, dem Glacis und benachbarten ummauerten Gärten. Uns aber einmal, oder vielmehr sich selbst in's Freie zu führen, hatten unsere Eltern längst mit Freunden auf dem Lande eine immerfort verschobene Partie verabredet. Dringender endlich zum Pfingstfeste ward Einladung und Vorschlag [...] Am dritten Feiertag, mit dem frühsten, standen alle munter und bereit, der Wagen fuhr zur bestimmten Stunde vor, bald hatten wir alles Beschränkende der Straßen, Tore, Brücken und Stadtgräben hinter uns gelassen, eine freie, weitausgebreitete Welt tat sich vor den Unerfahrnen auf« (10, 542 f.).

Zum erstenmal genießen »die Kinder« den Blick in eine offene Landschaft, aber der kleine Bruder dann, für sich, als ihn ein Fischerjunge aus dem Dorf seiner Verwandten zum Angeln an den Fluß mitnimmt, das Licht und die Wärme eines Sommertages und – die Nähe eines anderen jungen Körpers. Mit einem gewissen Neid erinnert sich Wilhelm, während er sich diesen Augenblick seiner Kindheit schreibend vergegenwärtigt, an die Intensität des Vorgefühls von Freundschaft und Liebe, das ihn damals unerwartet ergriffen hatte und gegen das »alles übrige was uns nachher zu den Sinnen kommt nur Kopien zu sein [scheint], die bei aller Annäherung an jenes doch des eigentlich ursprünglichen Geistes und Sinnes [ermangelt]« (10, 546).

Fast gleichlautend beschreibt der Ich-Erzähler von *Dichtung und Wahrheit* den Lebensüberdruß des »fühlenden Jünglings«, den er in seinem *alter ego*, Werther, in den Selbstmord auslaufen läßt: »Nichts aber veranlaßt mehr diesen Überdruß, als die Wiederkehr der Liebe. Die erste Liebe, sagt man mit Recht, sei die einzige: denn in der zweiten und durch die zweite geht schon der höchste Sinn der Liebe verloren« (14, 629).

Von den Kindern, ausgeschwärmt, um in einem an den Garten angrenzenden Wäldchen Schlüsselblumen zu suchen, sondert sich der kleine Wilhelm ab. Ihn hatte der Sohn des Fischers gleich bei seinem ersten Auftreten besonders angezogen, bereitwillig folgt er dem neuen Freund an den breiten Fluß und verläßt derart, ohne sich dessen bewußt zu sein, den Bereich der gezähmten Natur, Garten und Laube, das Wäldchen und schließlich die eingezäunten Weiden um das Dorf. Willig läßt er sich von dem Gefährten zum Baden in dem ihm noch unbekannten Elemente verlocken.

»Aber bald auf dem Kies entkleidet wagt' ich mich sachte in's Wasser, doch nicht tiefer als es der leise abhängige Boden erlaubte; hier ließ er mich weilen, entfernte sich in dem tragenden Elemente, kam wieder, und als er sich heraushob, sich aufrichtete im höheren Sonnenschein sich abzutrocknen, glaubt' ich meine Augen von einer dreifachen Sonne geblendet, so schön war die menschliche Gestalt von der ich nie einen Begriff gehabt. Er schien mich mit gleicher Aufmerksamkeit zu betrachten. Schnell angekleidet standen wir uns noch immer unverhüllt gegeneinander, unsere Gemüter zogen sich an und unter den feurigsten Küssen schworen wir eine ewige Freundschaft« (10, 545).

Die Kindheitserinnerung scheint das Experiment Werthers zu wiederholen, doch einige bedeutsame Abwandlungen verändern das Ergebnis: der schöne Ferdinand ist das Objekt des bewundernden Blicks seines Freundes. Was Werther aber sieht, die vollkommen schöne Gestalt des Menschen, ist in Wirklichkeit ein Gebilde der Kunst. Werther sieht mit den Augen Winckelmanns auf einen nackten Jüngling – aus Marmor. In der Szene aus den *Wanderjahren* werden die Blicke getauscht, und die aus dem Wasser emportauchende Erscheinung des schönen Menschen, welche die beiden Knaben, einer im andern bewundern, ist Vorschein eines noch unbegriffenen Begehrens. Im Bann eines unbekannten Elements, benommen von Wärme und dem betörend flimmernden Licht über dem Strom, in dieser erotisch aufgeladenen »Lebensfeuchte« gerät der kleine Wilhelm in ganz wunderliche Bewegung.

»Mir war ganz wunderlich zu Mute geworden. Grashupfer tanzten um mich her, Ameisen krabbelten heran, bunte Käfer hingen an den Zweigen und goldschimmernde Sonnenjungfern, wie er sie genannt hatte, schwebten und schwankten geisterartig zu meinen Füßen [...] Es war umher so warm und so feucht, man sehnte sich aus der Sonne in den Schatten, aus der Schattenkühle hinab in's kühlere Wasser« (10, 544 f.).

»Rege dich du Schilfgeflüster! / Hauche leise Rohrgeschwister, / Säuselt leichte Weidensträuche, / Lispelt Pappelzitterzweige / Unterbrochnen Träumen zu!« (*Faust II*, V. 7249 ff.).

In diesem einen Sommeraugenblick erlebt er jenes erste Aufblühen der Außenwelt, gegen das alle späteren Sinneswahrnehmungen nur Kopien zu sein scheinen. Aber die Sehnsucht, ins kühlere Wasser hinabzutauchen, enthüllt ihren wahren Sinn an dem schönen Fischerknaben. Er ertrinkt beim Krebsefang, von ein paar unvorsichtigen Bauernjungen mit in eine Untiefe des Flusses gezogen. Die wunderliche Bewegung des kleinen Wilhelm war, noch bevor sie in Worte hatte übersetzt werden können, zur Unwirklichkeit des Todes bestimmt.

Das Motiv der Entsagung, handlungstragend in den Novellen der *Wanderjahre*, begleitet die Lebenswege der Gestalten des Romans wie ein vertrauter, aber selten deutlich erkennbarer Ton. Der Wanderer, während er der fernen Geliebten schreibt, nimmt einen eigentümlich abgehobenen Standort ein; er sieht sein früheres Ich im ersten leidenschaftlichen Schmerz, wie er versucht, den aufgebahrten Toten, seinen Freund, wiederzubeleben, wie man ihn wegreißen muß und wie er »verdüstert am späten Morgen in einem rätselhaft verwirrten Zustand« erwacht (10, 549). Seine Erzählung aber mißt jener »ersten Lieb' und Freundschaft« einzig die Bedeutung bei, in ihm die Neigung zum Arztberuf geweckt zu haben, als hätte, wie Freud es aus einer Kindheitserinnerung Leonardo da Vincis herausliest, die in der Begegnung mit dem schönen Fischerknaben kaum erst geweckte Libido sich sogleich in Wißbegierde sublimiert.

Die Erinnerung an jene Landpartie ist aber für Wilhelm noch mit einer anderen Begegnung verbunden. Die kleine Tochter eines Amtmannes, den er mit den Eltern besucht, zeigt ihm den Hausgarten.

»Frühlingsblumen aller Art standen in zierlich gezeichneten Feldern, sie ausfüllend oder ihre Ränder schmückend. Meine Begleiterin war schön, blond, sanftmütig, wir gingen vertraulich zusammen, faßten uns bald bei der Hand und schienen nichts besseres zu wünschen. So gingen wir an Tulpenbeeten vorüber, so an gereihten Narzissen und Jonquillen; sie zeigte mir verschiedene Stellen, wo eben die herrlichsten Hyazinthenglocken schon abgeblüht hatten. Dagegen war auch für die folgenden Jahreszeiten gesorgt; schon grünten die Büsche der künftigen Ranunkeln und Anemonen; die auf zahlreiche Nelkenstöcke verwendete Sorgfalt versprach den mannigfaltigsten Flor; näher aber knospete schon die Hoffnung vielblumiger Lilienstengel gar weislich zwischen Rosen verteilt« (10, 546).

Der Knabe, der von seinem kleinen Freund fast gewaltsam hatte getrennt werden müssen, betritt dieses künstlich angelegte Paradiesgärtlein allein. Hier herrscht eine andere Sonne als über dem ziehenden, lockenden Fluß, dem flüsternden Ufergebüsch: ein klares, helles Mittagslicht.

Es ist der Garten von Daphnis und Chloe, »keine Spur von trüben Tagen, von Nebel, Wolken und Feuchtigkeit, sondern immer der blaueste reinste Himmel« (39, 469).

»Überall war hübsch gesondert und eingeteilt worden

[…]. Von den Blumen brachte viele die Erde allein hervor, andere hatte die Kunst des Menschen in Beeten gezogen. Rosen, Hyazinthen und Lilien waren ein Ergebnis von Fleiß; Veilchen, Narzissen und Gauchheil schenkte der Boden. Voller Schatten war der Garten im Sommer, voller Blumen und Blütenduft im Frühling, Früchte trug er im Herbst, und in jeder Jahreszeit war er eine Pracht«.[115]

Die Blumen dieses wohlgehaltenen Ziergartens verweisen auf die den Kindern noch verborgene, die unauflösbare Beziehung von Eros und Tod (Narzissen, Hyazinthen, Anemonen), Liebe und Entsagung (Rosen und Lilien). Mit seiner blonden und sanftmütigen Führerin bleibt er artig auf den Wegen um die »zierlich gezeichneten Felder« wie der Knabe Erzähler in dem Märchen aus *Dichtung und Wahrheit*; nichts gibt es, was ihn, schwebend und schwankend, in wunderliche Bewegung versetzte, alles ist von Menschenhand geordnet und gereiht, nichts, was den Knaben Wilhelm verlockte, sich in ein unbekanntes Element zu wagen, die Grenzen des Schicklichen, das Rosen und Lilien so weislich verteilt, zu verlassen. Der Spaziergang mit der Amtmannstochter weckt daher in ihm ein ganz anderes Bedürfnis als das Bad mit dem Freund: »Schon war es ein unwiderstehlich Bedürfnis meinen Geist von dem Bilde jener Blondine durch Plaudern zu befreien, mein Herz von den Gefühlen zu erlösen, die sie in mir aufgeregt hatte« (10, 547). Es ist das Bedürfnis zu erzählen. Das Subjekt der Erzählung – sie entspringt, wie das *Knabenmärchen* des kleinen Johann Wolfgang, am Pfingstsonntag – aber ist der Geist, ihr Gehalt die Entsagung.

Mariage-Spiel

Er ist weggegangen, um nicht wiederzukommen. Er ist zurückgekehrt in sein Mansardenzimmer im Haus der Eltern am Hirschgraben, Wetzlar liegt weit zurück, noch weiter Sesenheim. Er läßt sich von der Leipziger Messe die literarischen Neuerscheinungen in ganzen Ladungen kommen, selbst voll neuer Empfindungen, Ideen, Pläne und hin- und widertreibend in neuen Verworrenheiten. Er wird, wenn sein erster Roman zur Michaelismesse erscheint, im Herbst 1774, sein Buch in Händen halten fast wie das eines anderen. Lavater, der Züricher Freund, wird »grosen Teil nehmen an den Leiden des lieben Jungen«.[116] Aber während er für Lotte und Johann Christian Kestner noch jener Dritte ist, der einen Sommer lang in Wetzlar mit ihnen gelebt und geliebt und gelitten hat, spiegelt ihm sein Roman nicht mehr die Geschichte seiner Liebe zurück, sondern »die Leiden des jungen Werthers, darinn ich einen iungen Menschen darstelle, der mit einer tiefen reinen Empfindung, und wahrer Penetration begabt, sich in schwärmende Träume verliert, sich durch Spekulation untergräbt, biss er zulezt durch dazutretende unglückliche Leidenschafften, besonders eine endlose Liebe zerrüttet, sich eine Kugel vor den Kopf schießt«.[117]

»Jeder Jüngling sehnt sich so zu lieben, / Jedes Mädgen so geliebt zu sein; / Ach, der heiligste von unsern Trieben, / Warum quillt aus ihm die grimme Pein?« (1, 157)
Er ist weggegangen, weil er sich nicht in schwärmenden Träumen verlieren, durch Spekulationen untergraben und durch unglückliche Leidenschaften zerrütten lassen will. Er hat das Gefühl, im Rauschzustand zu schweben, daß die ganze Welt in seine Giebelstube hereindrängt, um Gestalt anzunehmen, Form.

»Sieh lieber«, schreibt er an Fritz Jacobi (»nach frugalem Abendbrodt, auf meinem Zimmer, [...] noch auf der Serviette, mein Schöppgen Wein vor mir«), »was doch allen schreibens anfang und Ende ist die Reproducktion der Welt um mich, durch die innre Welt die alles packt, verbindet, neuschafft, knetet und in eigner Form, Manier, wieder hinstellt, das bleibt ewig Geheimniss Gott sey Danck, das ich auch nicht offenbaaren will den Gaffern u. Schwäzzern.«[118]

Die Leserin, die, hin- und zurückblätternd in den Briefen aus der Wertherepoche, versucht hat, sich die Lebensäußerungen dieses jungen Mannes zu vergegenwärtigen, gesteht sich ein, daß er ihr wieder und wieder unverständlich ist, unfaßbar, schwebend zwischen seinen von Stunde zu Stunde wechselnden Ich-Zuständen, zwischen Ausdruck und Form, zwischen Dämmerung und Tag.[119] »Über des Menschen Herz lässt sich nichts sagen, als mit dem Feuerblick des Moments«,[120] schreibt er an eine junge Frau, die er nie gesehen hat, die ihm aber sehr nah ist, die Gräfin Auguste zu Stolberg. Er »muss wieder fort«, schreibt er ihr und unterschreibt den Brief: »Der unruhige«.[121] Immer wieder muß er fliehen, aus den »Freuden und Leiden« seines Lebens in das Schreiben, das sie aufbewahrt,[122] dann aber wieder aus dem Werk ins Leben zurück, aus dem *Werther* in den Bräutigam. Um die Balance zu halten, hat er sich selbst eine diätetische Regel verschrieben: »[Ich] übe mich täglich in der Anakatastasis«.[123] Die Leserin, als sie auf diesen Satz und dieses in keinem Wörterbuch auffindbare Wort stößt – sie kann es, anders als der Kommentator von Goethes Briefen, nicht für einen Schreibfehler halten –, sucht dem geheimen Sinn der Selbstsorge eines Bräutigams auf die Spur zu kommen, der es nicht aushält an dem Ort seiner Liebe.

»Kind! Kind! Nicht weiter! Wie von unsichtbaren Geistern gepeitscht gehen die Sonnenpferde der Zeit mit unsers Schicksals leichtem Wagen durch, und uns bleibt nichts, als mutig gefaßt, die Zügel festzuhalten, und bald rechts, bald links, vom Steine hier, vom Sturze da die Räder abzulenken. Wohin es geht, wer weiß es? Erinnert er sich doch kaum, woher er kam« (14, 852).

Anakatastasis: Wiederholung? Wiederherstellung? Eines Zustands der Ruhe? Eines Standpunkts, von dem aus die Reproduktion der Welt außen »durch die innre Welt die alles packt und ... in eigner Form ... wieder hinstellt« möglich wird? Entsagung?

Er übt sich – im Spiel. Im Mariage-Spiel. Es hatte sich um die Schwester, Cornelia, ein Kreis von jungen Leuten im Heiratsalter gebildet, die sich nach einem bestimmten Losverfahren als Paare zusammentun und sich so verhalten mußten, als ob sie miteinander verheiratet wären. Der Erzähler von *Dichtung und Wahrheit* leitet seltsamerweise die Darstellung dieser »Ehestands-Komödien« mit einem Ernstfall ein. Er erfindet seinem früheren Ich eine Entscheidung in einem moralischen Konflikt, wodurch zugleich jenes Gesellschaftsspiel in ein unbehagliches Licht gerückt wird. Zu den vom literarischen Ruhm des jungen Goethe angezogenen Besuchern des Hauses am Hirschgraben gehört 1775 der durch seine psychologisch-philosophischen Schriften bekannte Arzt Johann Georg Ritter von Zimmermann. Der Autor des *Werther* hatte Zimmermanns Buch *Von der Einsamkeit* gelesen; es paßte in die Stimmung der Epoche. Jetzt stößt ihn die zwiespältige Persönlichkeit seines Besuchers ab, dieses Einsamen »ohne inneres Behagen«, dem gegenüber er zwischen Verdammung und Mitleid schwankt. Die Ambivalenz der Charakterstudie eines »unseligen Hypochonders« ist zu offensichtlich. Die Leserin, während sie ihr folgt, Satz um Satz, sieht auf einmal hinter der Gestalt des Arztes diejenige von Johann Caspar auftauchen und fragt sich, ob sich darin eine lange zurückgehaltene Abrechnung eines Sohnes mit seinem Vater verbirgt. Mit einem Vater, dessen »Härte gegen seine Kinder Hypochondrie war, ein partieller Wahnsinn, ein fortdauerndes moralisches Morden, das er, nachdem er seine Kinder aufgeopfert hatte, gegen sich selbst kehrte«. Es wäre eine Abrechnung, in die sich ein leises Nachgefühl des Triumphs mischt. Man dürfe, seiner »tadelnswürdigen Eigenheiten« zum Trotz diesen bedeutenden Mann nicht verdammen, sondern bedauern, denn er »führte bei äußerem Ansehen, Ruhm, Ehre, Rang und Vermögen, das traurigste Leben« (14, 714). Zu der vielleicht nur erdachten Geschichte seiner Verwicklung in das Schicksal von Zimmermanns Tochter fügt sich freilich dieser Schluß nicht recht, wie überhaupt nicht zum Betragen dieses merkwürdigen Mannes gegen seine Kinder, Bruder und Schwester – wie das Geschwisterpaar Goethe. Zimmermanns Sohn wird wahnsinnig, seine Tochter, wie Cornelia, stirbt jung, mit fünfundzwanzig.

»Eine Tochter die mit [Zimmermann] reiste, war, als er sich in der Nachbarschaft umsah, bei uns geblieben. Sie konnte etwa sechszehn Jahr alt sein. Schlank und wohlgewachsen, trat sie auf ohne Zierlichkeit; ihr regelmäßiges Gesicht wäre angenehm gewesen, wenn sich ein Zug von Teilnahme darin aufgetan hätte; aber sie sah immer so ruhig aus wie ein Bild, sie äußerte sich selten, in der Gegenwart ihres Vaters nie. Kaum aber war sie einige Tage mit meiner Mutter allein, und hatte die heitere liebevolle Gegenwart dieser teilnehmenden Frau in sich aufgenommen, als sie sich ihr mit aufgeschlossenem Herzen zu Füßen warf und unter tausend Tränen bat, sie da zu behalten. Mit dem leidenschaftlichsten Ausdruck erklärte sie: als Magd, als Sklavin wolle sie zeitlebens im Hause bleiben, nur um nicht zu ihrem Vater zurück zu kehren« (14, 713).

Die Unerbittlichkeit dieser Erzählung, kaum gemildert durch das Pathos der Szene, erinnert die Leserin an Goethes Portrait seiner Schwester. Es wird ein Urteil gesprochen, und das Urteil wiederholt die nichtende Gewalt der väterlichen *potestas*. Zimmermanns Tochter, eine lebende Tote, wird nach diesem einzigen Versuch, sich dem zu entwinden, was sie tötet, in ihr Nichts zurücksinken.

»Meine Mutter war sehr bewegt, als sie mir diesen leidenschaftlichen Erguß hinterbrachte, ja sie ging in ihrem Mitleiden so weit, daß sie nicht undeutlich zu verstehen gab, sie würde es wohl zufrieden sein das Kind im Hause zu behalten, wenn ich mich entschließen könnte, sie zu heiraten. – Wenn es eine Waise wäre, versetzt' ich, so ließe sich darüber denken und verhandeln, aber Gott bewahre mich vor einem Schwiegervater, der ein solcher Vater ist! Meine Mutter gab sich viel Mühe mit dem guten Kinde, aber es ward dadurch nur immer unglücklicher […] Sie hat übrigens ihr Leben nicht hoch gebracht« (14, 713 f.).

Wenn der Erzähler von *Dichtung und Wahrheit* sich an das allgemeine Losungswort dieser Epoche erinnert: Erfahrung, so wird wohl das klanglose Verschwinden einer Frau eine der Erfahrungen sein, die der junge Goethe damals machen konnte. Den Gedanken an die Schwester, so oft er ihm gekommen sein mag, hält er in einer tiefen Schicht seines Bewußtseins zurück. Aber *die Max* fällt ihm ein, Maximiliane von La Roche, deren Erscheinung auf eine verwirrende Weise diejenige Lottes überblendete, damals, als er nach seiner Flucht aus Wetzlar bei Sophie von La Roche zu Gast war, in ihrem Haus in Thal, unter der Burg Ehrenbreitstein, von wo aus sich ihm »der alte Rhein eröffnete«. »Mit der Mutter verband mich mein belletristisches und sentimentales Streben, mit dem Vater ein heiterer Weltsinn, und mit den Töchtern meine Jugend« (14, 606). Kaum ein Jahr später erkundigt er sich nach dem Schicksal eines »unglücklichen Engels«, denn Maximiliane, fast ein Kind noch, war mit dem fast neununddreißigjährigen Kaufmann Peter Brentano verheiratet worden.[124] Wenn *die Max* ihm jetzt begegnet in den engen Gassen des alten Frankfurt, »ist's immer eine Erscheinung vom Himmel«,[125] die – aber das schreibt er der Mutter nicht – nur eben vorübergeht, weil hienieden nichts sie hält.

»Und ob sich gleich nichts Leidenschaftliches in unsern Umgang mischte, so war er doch peinigend genug, weil sie sich auch in ihre neue Umgebung nicht zu finden wußte und, obwohl mit Glücksgütern gesegnet, aus dem heitern Tal Ehrenbreitstein und einer fröhlichen Jugend in ein düster gelegenes Handelshaus versetzt, sich schon als Mutter von einigen Stiefkindern benehmen sollte« (14, 638).

So ist er der einzige, »an dem sie noch einen Widerklang jener geistigen Töne vernahm, an die sie von Jugend auf gewöhnt war«. Und für den jungen Dichter ist sie bald nur noch die Erinnerung an ein Bild, das ihm mit dem Lottes auf eine sinnverwirrende Weise verschmilzt, ein Mädchen, fast noch ein Kind, »niedlich gebaut; eine freie anmutige Bildung, die schwärzesten Augen und eine Gesichtsfarbe, die nicht reiner und blühender gedacht werden konnte« (14, 609). »Es ist«, erinnert sich der Erzähler von *Dichtung und Wahrheit*, »eine sehr angenehme Empfindung, wenn sich eine neue Leidenschaft in uns zu regen anfängt, ehe die alte noch ganz verklungen ist. So sieht man bei untergehender Sonne gern auf der entgegengesetzten Seite den Mond aufgehn und erfreut sich an dem Doppelglanze der beiden Himmelslichter« (14, 611). Im Haus zum Goldenen Kopf in der Sandgasse in Frankfurt, Bettina und Clemens

Brentanos Elternhaus, ganz in der Nähe des Hirschgrabens, ist der Glanz *der Max* untergegangen.

»Und es schien das tiefbetrübte / Frauenbild von Marmorstein, / Das ich immer heftig liebte, / An dem See im Mondenschein, / Sich mit Schmerzen auszudehnen, / Nach dem Leben sich zu sehnen.«[126]

Was von ihr bleibt, ist jenes spukhafte Marmorbild, das durch die Tag- und Nachtträume ihres Sohnes geistert: »Ja fast, eh' ich etwas zu denken wagte, / Fragt' ich des Bildes Widerschein im Teiche.«[127] Der Schrei von Zimmermanns Tochter, bevor sie verschwindet – wir hören seinen Widerhall noch im nüchternen Bericht des alten Goethe. Er findet keine Antwort, und er wiederholt sich nicht.

»Seine Tochter ist so in sich, nicht verriegelt nur zurückgetreten ist sie, und hat die Thüre leis angelehnt. Eh würd' sie ein leise lispelnder Liebhaber, als ein pochender Vater öffnen.«[128]

Warum hätte er diese angelehnte Tür, an der er nur zufällig vorbeigeht, öffnen sollen?

»Er hat zu viele Mischungen in sich die wirren und da kann er die Seite, wo eigentlich Liebe ruht, nicht blank und eben lassen. Goethe ist nicht glücklich und kann schwerlich glücklich werden.«[129]

Er kann vielleicht auch nicht glücklich machen, der Wanderer mit dem Fremdlingsreisetritt, auch wenn er ihn jetzt, zurückgekehrt in das Elternhaus, anhält. Er folgt einem inneren Lebensgesetz, nicht dem mäßigen Lebensplan, den Johann Caspar Goethe sich für seinen Sohn ausgedacht hat. »Ach und er war wiedergekommen«, ruft in einem seiner frühen Dramen eine verlassene Frau, aber sein *alter ego*, der doppelt untreue Fernando, weiß schon, daß er wieder fort muß: »ich muß fort! – ich wär ein Tor mich fesseln zu lassen! Dieser Zustand erstickt alle meine Kräfte, dieser Zustand raubt mir allen Mut der Seele; er engt mich ein! – Was liegt nicht alles in mir? Was könnte sich nicht alles entwikkeln? – Ich muß fort – in die freie Welt« (*Stella*; 9, 545 und 555). Er wartet. Entwickeln könnte sich eine bleibende Einrichtung in der Vaterstadt: Lili wartet, eine »zarte Neigung, welche zu bestimmter Häuslichkeit aufzufordern« schien (14, 717). Er überrascht die Mutter, »als sie in einer Bodenkammer die alten Wiegen betrachtete, worunter eine übergroße von Nußbaum, mit Elfenbein und Ebenholz eingelegt, die mich ehemals geschwenkt hatte, besonders hervorstach«. Er verhält sich »ganz leidend« bei »dergleichen Vorboten zu erneuernder Häuslichkeit« (14, 723). Er hält seinen *nisus vorwärts* an, der Achtzigjährige gesteht es ein, sich selbst und Eckermann, der ihn nach der »Glücks- und Leidensgeschichte« seiner Liebe zu Lili fragt: »Die reizende Lili [...] war in der Tat die Erste, die ich tief und wahrhaft liebte. [...] Ich bin, fuhr Goethe fort, meinem eigentlichen Glücke nie so nahe gewesen, als in der Zeit jener Liebe zu Lili. Die Hindernisse, die uns auseinander hielten, waren im Grunde nicht unübersteiglich, und doch ging sie mir verloren!« (39, 699) »Wer's genießen könnte!« – Er wartet und übt sich – in zarter Neigung, in einem wie angehaltenen Leben, einem Als ob, das er wohl selbst insgeheim als Vorschule der Entsagung begreift. Das wunderliche Mariage-Spiel, ersonnen von der halb fiktiven Gestalt des späteren Archivars Johann Bernhard Krespel (E. T. A. Hoffmanns Rat Krespel), den dritten Teil von *Dichtung und Wahrheit* beschließend und die große Liebesgeschichte vorbereitend, füllt ein Intervall: zwischen diesem nur leidenden Zustand des In-sich-selbst-hinein-Schauens und dem Versuch, sich wollend »ein für allemal im Ganzen [zu] resignieren«, denn alles, »unser physisches sowohl als geselliges Leben, Sitten, Gewohnheiten, Weltklugheiten, Philosophie, ja so manches zufällige Ereignis, alles ruft uns zu daß wir entsagen sollen« (14, 729 f.).

In einem solchen Intervall mag sich selbst die Langeweile als Lehrmeisterin erweisen: »Die du steigst im Winterwetter / Von Olympus Heiligtum / Tatenschwangerste der Götter / Langeweile! Preis und Ruhm [...] / Machst Jungfrau zur Frauen / Gesellen zum Mann / Und wärs nur im Scherze / Wer anders nicht kann. / Und sind sie verehlicht / Bist bald wieder da, / Machst Weibgen zur Mutter / Monsieur zum Papa« (1, 147 f.).
Aus den geistreichen Scherzen der Krespel-Gesellschaft hätte Ernst werden können, aus der Ehestands-Komödie ein bürgerlicher Roman, denn die »Titular-Gattin« des jungen Dr. Goethe, eine Kaufmannstochter Susanna Magdalena Münch, wäre im Haus am Hirschgraben als Schwiegertochter um so willkommener gewesen, als das »unbestimmte Rumoren«, in dem der Sohn sich herumtrieb, Elisabeth Goethe »nicht behagen wollte« (14, 721), wenn es dem Muster-Paar des Kreises gelungen wäre, aus der Rolle zu fallen: in »einen Zustand, der für's Leben dauern sollte« (14, 723). Das angenehme Frankfurter Familien-Märchen aber will sich nicht in die Wirklichkeit der Familie verwandeln.

»Das Mädgen grüßt Lotten«, schreibt Goethe am 11. 2. 1773 an Kestner, »im Charakter hat sie viel von Lengen [gemeint ist Lenchen Buff, Lottes Schwester] sieht ihr auch gleich sagt meine Schwester nach der Silhouette. Hätten wir einander lieb wie ihr zwei – ich heiße sie indessen mein liebes Weibgen, denn neulich als sie in Gesellschaft um uns Junggesellen würfelten fiel ich ihr zu« (zit. nach 1, 870).

Es hat das Mädchen gegeben, wieder einmal; diesmal ist er nur eben vorbeigegangen. Der Trennstrich in dem Brief an den Ehemann Lottes hält Welten auseinander: die bestimmte Häuslichkeit der Wetzlarer Freunde und sein *Als ob*. Die angenehme Empfindung, eine neue Leidenschaft nur eben sich regen zu lassen, so weit nur, daß sie belebend wirken kann, hat er immer wieder genossen, der Wanderer mit dem »Fremdlingsreisetritt«. Dieselbe Empfindung, denkt die Leserin, muß auch Werther gehabt haben, der Autor der *Briefe aus der Schweiz*. Und wieder verwirrt sie diese bis zur Unentscheidbarkeit enge Verflochtenheit von Leben und Schreiben bei Goethe.

Werther beschreibt ein liebes Abenteuer, kein Liebesabenteuer also, er hat ja, vor seinem ästhetisch-erotischen Experiment, bereits eine andere Probe bestanden, ganz vergleichbar derjenigen seines Schöpfers oder seines *alter ego*. Aber, insofern es sich um eine erfundene Gestalt mit einer erfundenen Bildungsgeschichte handelt, können die gesellschaftlichen Regeln des Schweizer Mariage-Spiels stärker beleuchtet werden.

Werther gefällt sich in der Familie seines Schweizer Gastfreunds, vor allem aber mit der Tochter des Hauses. Ihren Namen, Eleonore, nennt er mit einem Nachdruck, als müßten wir ihre Geschichte schon kennen.

»Eleonore, denn ich muß sie nun doch einmal nennen, die zweite Tochter, ewig wird mir ihr Bild gegenwärtig sein, – eine schlanke zarte Gestalt, eine reine Bildung, ein heiteres Auge, eine blasse Farbe, die bei Mädchen dieses Alters eher reizend als abschreckend ist, weil sie auf eine heilbare Krankheit deutet, im ganzen eine unglaublich angenehme Gegenwart. Sie schien fröhlich und lebhaft und man war so gern mit ihr« (16, 22 f.).

Es ist wieder ein *Bild*, das er beschwört, und die Leserin, während sie es betrachtet, denkt an eine andere zweite Tochter, Friederike, um die zu nennen; freilich, die blasse

Farbe bei ihr deutete auf eine unheilbare Krankheit. Und ich denke an Tassos Prinzessin: Eleonore, die Schweigende, Entsagende.

Der zweiten Tochter bleibt der geistreiche Gast nicht gleichgültig. »Gleich den ersten Abend gesellte sie sich« zu ihm, sie weiß ihn jedesmal wieder zu finden, wenn ein Spiel sie getrennt hatte. Ein Spiel wird schließlich aufgebracht, das wir schon kennen, das Heiraten, »das als Spiel lustig genug ist«. Es werden Paare durch das Los zusammengefügt, auf die der Reihe nach Gedichte gemacht werden. »Die Einfälle waren meist gut und die Verse leidlich«. Aber auf einmal ist es, als ob das Bild aus dem Rahmen fiele: Eleonore, die Tochter, verrät, daß es ihr um mehr als ein Spiel geht, durch ihre Verse.

»Endlich kam es an sie, sie holte tief Atem, ihre Heiterkeit und Freiheit verließ sie, sie las nicht, sie lispelte es nur und legte es vor mich hin zu den andern; ich war erstaunt, erschrocken: so bricht die Knospe der Liebe in ihrer größten Schönheit und Bescheidenheit auf! Es war mir, als wenn ein ganzer Frühling auf einmal seine Blüten auf mich herunter schüttelte. [...] Meine Augen hatten bisher auf diesen köstlichen Worten geruht, ein Schauder überlief mich vom Kopf bis auf die Füße« (16, 24).

Der Mann, vor der ergreifenden Wirklichkeit der Liebe, gerät aus der Fassung. Er ist nicht der Meister seiner Empfindungen. Seine Augen ruhen auf den Worten der Frau? Oder auf dem lockenden Bild der Danae unter dem Goldregen? Aber zugleich sieht er durch den Riß in der Wand, was das Kästchen enthält: den niedlichen Salon Melusines, die »bestimmte Häuslichkeit«, die falschen Verhältnisse, die Ungeheuer, das angenehme Familien-Märchen und den Zauberring, der den Mann, der ihn trägt, auf ein Zwergenmaß zusammenschrumpfen läßt. Auch diese Geschichte bricht ab; Werther, der seine Reise fortsetzt, erwähnt sie mit keinem Wort mehr.

Aber der Autor der *Italienischen Reise* nimmt sie mit einer anderen Protagonistin wieder auf, als hätte er etwas wiedergutzumachen. Oder will er, indem er sie wiederholt, Johann Caspar Goethes mühselig in die Form eines literarischen Briefwechsels gebrachte Begegnung mit einer schönen Mailänderin wirklich machen?[130] Goethes fragmentarisch mitgeteilte Erzählung entwickelt sich wie das liebe Abenteuer Werthers aus einer scheinbar unverfänglichen Situation.

»Zu Anfang des Monats bei mildem durchaus heiterm herrlichem Wetter genossen wir eine förmliche Villegiatur in Castel Gandolfo«, so beginnt der Oktober-Bericht des *Zweiten Römischen Aufenthalts*. Es wird der Zufall eingeführt, als unberechenbarer Regisseur, der »hier im vollkommensten Müßiggange« »die entschiedensten Wahlverwandtschaften« sich entfalten läßt. Ein Spiel bringt den Gast mit zwei Frauenzimmern zusammen, einer dunkelhaarigen Römerin und einer hellbraunen Mailänderin; man bedeutet ihm, daß es in einer solchen Villegiatur als Sitte gilt, »daß Personen die sich einmal auf einen gewissen Grad verbunden, dabei in der Gesellschaft verharrten und eine unschuldig anmutige Wechselgefälligkeit durchführten«,[131] vergleichbar den Frankfurter Ehestands-Komödien. Und auch hier und so viele Jahre später beginnt das Spiel eine unvorhergesehene Macht über die Gemüter der zufällig zusammengekommenen Müßiggänger auszuüben.

»Aber leider! [...] empfand ich auf die wundersamste Weise, daß meine Neigung für die Mailänderin sich schon entschieden hatte, blitzschnell und eindringlich genug, wie es einem müßigen Herzen zu gehen pflegt, das in selbstgefälligem ruhigem Zutrauen nichts befürchtet, nichts wünscht, und das nun auf einmal dem Wünschenswertesten unmittelbar nahe kommt. Übersieht man doch in solchem Augenblicke die Gefahr nicht, die uns unter diesen schmeichelhaften Zügen bedroht.«

Als wollte er das offenkundig erfundene Liebesabenteuer des Vaters mit dem Bericht eines wirklichen überschreiben, führt er eine Beobachterin ein, die Malerin Angelika Kauffmann. Diese, mit dem »Blick einer klugen Frau«, gewahrt, »daß hier etwas vorgegangen sein müsse« zwischen dem Freund und Maddalena Riggi, der »schönen Mailänderin«.

Der Leserin kommen Angelika Kauffmanns elegische Briefe in den Sinn, kreisend um Abschied und Wiederkommen. »Theurer Freund«, schreibt sie dem wieder nach Weimar Zurückgekehrten, »Ihr abschid von uns durchdrang mier Herz und Seele, der tag Ihrer abreis war einer der traurigen tagen meines Lebens [...] Das wort nicht wieder Kommen thönt zu hart«. In ihren Träumen hebt sie die Verneinung auf. »schon wieder träume / werden sie sagen – / aber ich weiß sie verzeihen / mier. Mier träumte verwichene Nacht sie waren wieder gekommen ich sahe sie von ferne – und eilte Ihnen entgegen bis zur Hausthüre, fasse Ihre beiden hände die ich so fest an mein Herz gedruckt daß ich darvon erwachte«.[132]

Die kluge Beobachterin ist vertraut mit dem »offenen, nicht sowohl ansprechenden als gleichsam anfragenden Wesen« der jungen Frau und spürt, wie dieses den ewigen Fremdling in einen Zustand der Erregung versetzt, während er schon bereit ist zum Weggehen. Denn er hatte einen Augenblick erlebt, ähnlich dem des Werther der *Briefe aus der Schweiz*: das plötzliche Sichtbarwerden einer inneren Bewegung, der keine Wirklichkeit beschieden war.

Goethe aber, der diesen Augenblick erlebt hat, wiederholt ihn für sich, als er an die Überarbeitung seiner Reisenotizen geht. Und er macht daraus eine Herbsterzählung, die Novelle eines Abschieds in der goldenen Abendstimmung der Bilder Claude Lorrains. »Als eben die Sonne sich in das entfernte Meer niedersenkte und einen unschätzbaren Blick durch die langen Schatten und die zwar gedämpften doch mächtigen Streiflichter gewährte«, erfährt er beiläufig, daß seine Schöne verlobt ist, »versagt«, wie es Lotte einst war. »Ich hatte Jahre und Erfahrungen hinreichend, um mich, obwohl schmerzhaft, doch auf der Stelle zusammen zu nehmen. Es wäre wunderbar genug, rief ich aus, wenn ein wertherähnliches Schicksal dich in Rom aufgesucht hätte, um dir so bedeutende bisher wohlbewahrte Zustände zu verderben.« Der Reisende flüchtet sich in die während seiner römischen Romanze vernachlässigte Praxis des Zeichnens nach der Natur, ist zufrieden mit seinen Fortschritten darin und freut sich, daß es ihm gelingt, immer besser zu sehen. »Ich konnte dem Schmerz nicht feind werden, der mir den innern und äußern Sinn in dem Grade zu schärfen geeignet war.« Die schöne Mailänderin aber wird, in dieser novellistisch gedämpften Wiederholung früherer Liebesleiden, die nur den »zarten Duft inniger Schmerzen« hinterläßt, zur Dame eines geistreichen Minnediensts.

»Gar bald legte sich auch dieses Verhältnis in meinem so viel beschäftigten Gemüte wieder zurechte und zwar auf eine sehr anmutige Weise; denn indem ich sie als Braut, als künftige Gattin ansah, erhob sie sich vor meinen Augen aus dem trivialen Mädchenstande [...] Mein Dienst, wenn man eine freie Aufmerksamkeit so nennen darf, bezeichnete sich durchaus ohne Zudringlichkeit und beim Begegnen eher mit einer Art von Ehrfurcht.«

In die Szene seines Abschieds von der anmutigen Mailänderin – es mag darin ein heimliches Gefühl des Triumphs über die väterlichen Stilübungen mitschwingen – spielen die Erinnerungen an halbvergessene Bilder hinein. Er ist so oft fortgegangen: von Friederike, von Lotte, von Lili. Er steht, für die Reise gerüstet, während der Kutscher schon wartet, und versucht, mit seiner Hand die ihm entgegengestreckte der am Fenster ihres Entresol stehenden Dame zu erreichen – wie er einst vom Pferd herunter Friederike die Hand gereicht und wie er in einer Mondnacht in Frankfurt, auf den Wagen seines fürstlichen Mäzens, der ihn nach Weimar bringen sollte, wartend, vor Lilis Fenster gestanden hatte.

»Den Gang des anmutigsten Gespräches, das von allen Fesseln frei, das Innere zweier sich nur halbbewußt Liebenden offenbarte, will ich nicht entweihen durch Wiederholung und Erzählung; es war ein wunderbares zufällig eingeleitetes, durch innern Drang abgenötigtes lakonisches Schlußbekenntnis der unschuldigsten und zartesten wechselseitigen Gewogenheit, das mir auch deshalb nie aus Sinn und Seele gekommen ist« (15/1, 595).

Diese wechselseitige Gewogenheit jenseits des erotischen Begehrens hat für den scheidenden Mann eine unmittelbar heilende Wirkung: die Wiederherstellung aus einem aufgeregten Zustand. Entsagung ohne Schuld. *Anakatastasis*.

Wiederkommen

Sie wissen wie symbolisch mein Daseyn ist.
(Goethe an Charlotte von Stein, 10. 12. 1777)

Seine zweite Schweizer Reise 1779 – Goethe inszeniert sie wie das Märchen den Triumph seiner Helden, die einziehen am Ort ihres Glücks. In seinen Briefen an die Mutter stellt er sich dar als den Liebling der Götter, den Elisabeth Goethe freilich heimlich schon immer in ihrem Sohn erkannt hatte. Nachträglich erst entdecke ich jetzt auch in Briefen an Charlotte von Stein diesen eigentümlichen, fast verstörenden Grundton des Triumphs. Als erstem war es ihm gelungen, zwei Jahre vor der Reise mit dem Herzog, im Winter den Brocken zu besteigen, und nun berichtet er der Geliebten von dem glücklich bestandenen Abenteuer.

»Nachts gegen 7. Was soll ich vom Herren sagen mit Federspulen; was für ein Lied soll ich von ihm singen? im Augenblick wo mir alle Prose zur Poesie und alle Poesie zur Prose wird. [...] Liebe Frau. Mit mir verfährt Gott wie mit seinen alten heiligen, und ich weis nicht woher mir's kommt. Wenn ich zum Befestigungs Zeichen bitte dass möge das Fell trocken seyn und die Tenne nass so ists so, und umgekehrt auch, und mehr als alles die übermütterliche Leitung zu meinen Wünschen. Das Ziel meines Verlangens ist erreicht [...] Sie wissen wie simbolisch mein Daseyn ist – und die Demuth die sich die Götter zu verherrlichen einen Spas machen, und die Hingegebenheit von Augenblick zu Augenblick, die ich habe, und die vollste Erfüllung meiner Hoffnungen. [...]
Ich sagte: ich hab einen Wunsch auf den Vollmond! – Nun Liebste tret ich vor die Thüre hinaus da liegt der Brocken im hohen herrlichen Mondschein über den Fichten vor mir und ich war oben heut und habe auf dem Teufels Altar meinem Gott den liebsten Danck geopfert.«[133]

»Und Gideon sprach zu GOTT: Wilst du Israel durch meine hand erlösen, wie du geredet hast; / So will ich ein fell mit der wolle auf die tenne legen. Wird der thau auf dem fell allein seyn, und auf der ganzen erde trocken: so will ich merken, daß du Israel erlösen wirst durch meine hand, wie du geredet hast. / Und es geschahe also.

Und da er des andern morgens früh aufstand, drückte er den thau aus von dem fell, und füllte eine schale voll des wassers. / Und Gideon sprach zu GOTT: Dein zorn ergrimme nicht wider mich, daß ich noch einmal rede. Ich will es nur noch einmal versuchen mit dem fell; es sey allein auf dem fell trocken, und thau auf der ganzen erde. / Und GOTT that also dieselbe nacht, daß trocken war allein auf dem fell, und thau auf der ganzen erde« (Richter 6, 36-40).

Verstörend ist dieser hymnische Bericht, weil der Schreibende unter dem Siegel der Verschwiegenheit (»sagen Sie's niemand«) die *liebe Frau* einen Zug in seinem Wesen sehen läßt, den er selbst erst, an sie denkend, in sich entdeckt. Die Gewißheit, ein Auserwählter zu sein, hatte schon der Knabe Erzähler, der kleine Johann Wolfgang, der die Geschichte von Joseph und seinen Brüdern für sich wiederholt. Was dem Mann, dem alles sich in Dichtung verwandelt, auf dem Berg widerfährt, dafür hat er keinen Namen, aber ein sinnliches Zeichen, daß er der Verherrlichte der Götter ist – wie der alte Heilige aus dem Buch der Richter, Gideon, ein Zeichen von Gott erhält, daß er wirklich der ist, der Israel erlösen wird. »Ich habs nicht geglaubt biss auf der obersten Klippe. Alle Nebel lagen unten, und oben war herrliche Klarheit.«[134] Während ich diesem rauschhaften Brief nachdenke, wird mir bewußt, daß ich einem bestimmten Wort immer wieder ausgewichen bin: *übermütterlich*. Jakobs Segen fällt mir ein: »Von deines vaters Gott ist dir geholfen, und von dem Allmächtigen bist du gesegnet, mit segen oben vom himmel herab, mit segen von der tiefe, die unten liegt, mit segen an brüsten und bäuchen« (1. Moses 49, 25).

Daß er es ausspricht (und daß er es ausspricht im Zwiegespräch mit der Frau, die er liebt) in diesem wie in noch anhaltender Begeisterung hingeschriebenen Text, verrät, wie wichtig ihm die Scheidung der Sphären ist. Symbolisch ist sein Dasein, insofern es unter der (*übermütterlichen*) Leitung des Vaters steht. Ich erinnere mich jetzt auch, daß mir bei der ersten Lektüre der Reisebeschreibungen aus der Schweiz die Häufigkeit der Worte *rein*, *Reinheit* aufgefallen war. In der Brockenbesteigung, die ich jetzt vor mir habe, ist die Hochstimmung der Schweizer Reise präfiguriert, das anhaltende »reine Gefühl«, wenn man noch über den Wolken »die Gipfel der Berge in der Verklärung schimmern sieht«.[135]

> Mit einem Mal verstehe ich jetzt auch, warum ich zu diesen beiden roten Bänden mit dem Briefwechsel Goethes mit Charlotte von Stein (der freilich keiner für uns ist, weil sie die ihren zurückgefordert und vernichtet hat, wie es Goethe selbst ja auch gehalten hat mit vielen an ihn gerichteten Briefen...) so oft zurückkehre. Das Schimmern der Berggipfel »in der Verklärung« – ich weiß, da ich das Schmelzen der Gletscher seit vielen Jahren beobachte, daß dies ein Anblick ist, dem ich, durch Goethes hingerissene Beschreibung hindurch, nur immer wieder werde nachtrauern müssen. Nie mehr werde ich, in unserem Walliser Tal, den jetzt schon fast nackten Gipfel der Dent Blanche im Licht der Sterne leuchten sehen, wie er es in Chamonix mit dem Mont Blanc erlebt hat.

Seine zweite Schweizer Reise steht im Zeichen des Wiederkommens. Aber als er, wie um seinen Triumph zu feiern, in das Haus am Hirschgraben zurückkehrt, ist es nicht der vom Schlaganfall gezeichnete Vater – Johann Caspar Goethes letzte eigenhändige Eintragung in das Ausgabenbuch datiert vom 10. September 1779, und es ist schwer, dies nicht auch symbolisch zu deuten –, der den heimgekehrten Sohn empfängt, sondern die Mutter. Und es ist auch die Mutter, an die der inzwischen als Dichter berühmte und am Hof eines Fürsten zu Ehren gekommene Sohn sich wendet, um seine Wiederkehr anzukündigen. Die Leserin hat die aus einem übervollen Herzen strömenden Ergüsse Elisabeth Goethes noch im Ohr und ermißt die fast schreckenerregende Barriere, die dieser Sohn in seinen Briefen aufrichtet zwischen der kleinen Welt der Eltern und seiner großen, an der er sie nun teilnehmen läßt; aber auch zwischen seinem einstigen und seinem gegenwärtigen Selbst. Mit einem Zitat aus dem Propheten Jeremias, einem ihrer Leibsprüche, erinnert er die Mutter an einen krisenhaften Augenblick, wo sie um sein Leben fürchten mußte und »in der äusersten Not ihres Herzens« ihre Bibel aufgeschlagen und Trost darin gefunden hatte.[136]

»Du jungfrau Israel, du solst noch frölich pauken und heraus gehen an den tanz. / Du solst wiederum weinberge pflanzen an den bergen Samariä; pflanzen wird man und dazu pfeifen...« (Jeremias 31, 4-5)

»Wenn Sie dieses prosaisch oder poetisch nimmt so ist dieses eigentlich das Tüpfgen aufs i, eures vergangnen Lebens, und ich käme das erstemal ganz wohl und vergnügt und so ehrenvoll als möglich in mein Vaterland zurück. Weil ich aber auch mögte dass, da an den Bergen Samariä der Wein so schön gediehen ist auch dazu gepfiffen würde, so wollt ich nichts als dass Sie und der Vater offne und feine Herzen hätten uns zu empfangen, und Gott zu dancken der Euch euren Sohn im dreisigsten Jahr auf solche Weise wiedersehen lässt.«[137]

Mit der Ankündigung seines Wiederkommens verbindet der lang erwartete Sohn eine ganze Liste von konkreten Anweisungen im trockensten Kanzleistil: »Unser Quartier wird bestellt wie folgt. Für den Herzog wird im kleinen Stübgen ein Bette gemacht, und die Orgel wenn sie noch da stünde herausgeschafft [...] Er schläfft auf einem saubern

Strohsacke, worüber ein schön Leintuch gebreitet ist unter einer leichten Decke. [...] Für mich oben in meiner alten Wohnung auch ein Strohsack pp wie dem Herzog. Essen macht ihr Mittags vier, Essen, nicht mehr noch weniger, kein Geköch, sondern eure bürgerlichen Kunststück aufs beste, was ihr frühmorgens von Obst schaffen könnt wird gut seyn.«[138]

Als Elisabeth Goethe später versucht, der Mutter Carl Augusts ihre Freude über den Besuch des Sohnes und seines herzoglichen Freundes mitzuteilen, klagt sie über ihr »Unvermögen eine sache gut und anschaulich vorzutragen«, aber es fließt ihr unversehens eine lange litaneihafte, zwischen temporaler und modaler Bedeutung schwebende Satzkette in die Feder, die ihre Vertrautheit mit dem *Werther* zu erkennen gibt: »Nun stellen Sich Ihro Durchlaucht vor, wie Frau Aja am runden Tisch sitzt, wie die Stubenthüre aufgeht, wie in dem Augenblick der Häschelhanß ihr um den Hals fällt.«[139] Ich weiß nicht, ob sie's prosaisch oder poetisch nimmt, aber daß zwischen der Frau Rat und ihrem Sohn eine kaum je ausgesprochene untergründige Verbindung besteht, also doch wohl »ein Segen von der Tiefe, die unten liegt«: im tiefen Brunnen der Sprache, dafür zeugen ihre Briefe. In der Sprache der Lutherbibel treffen sich die Prosa der Kanzlei und die Poesie der Bilder. So macht auch diese (auf die Weise der Frauen) *übermütterliche* Mutter zwischen dem *Werther* und einem Andachtsbuch keinen Unterschied. Um ihr »wahres Hertzens gefühl« auszudrükken, fällt ihr eine Formulierung aus dem Roman ein: »Dieses wäre nun so ein kleiner abriß von denen Tagen wie sie Gott /: mit dem seeligen Werther zu reden: / seinen Heiligen aufspart.«[140] Und so kann sie, nachdem sie noch einmal hat Abschied nehmen müssen und der Sohn fort ist, während sie »gantz allein in den Hütten Kedar [sitzt] und ihre

Harpfe hengt an den Weiden«, sich mit der Erinnerung trösten: »Denn meine *glorie* war fast groß, und meine *Freude* ohne alle gräntzen.«[141] Ihre Glorie erscheint in diesen Briefen um nichts geringer als die der von ihr gepriesenen Fürstin: das Glück, IHN geboren zu haben.

An demselben Tag, an dem die beglückte Mutter seine Rückkehr ins Elternhaus beschreibt, wartet Goethe am Rhein auf die Fähre und beginnt ein kleines Reisediarium für Charlotte von Stein. »Auf diesem Weege rekapitulir ich mein ganz vorig Leben sehe alle alte bekannte wieder, Gott weis was sich am Ende zusammen summiren wird.«[142] Er verschreibt, so kommt es der Leserin vor, seinem Leben einen Rhythmus, der mit dem Mythos eine kaum verhohlene Ähnlichkeit aufweist: Weggehen und Wiederkommen (Präfiguration und Erfüllung, christlich gelesen) oder: Wiederholung.

Diese zweite Schweizerreise im Spätsommer 1779 ist eine Wiederholung der ersten, 1775, mit den Brüdern Stolberg und dem Grafen Haugwitz in Werthertracht angetretenen, aber im Modus der Erfüllung. Seine von der Mutter pünktlich befolgten Anweisungen lassen erkennen, daß, wenn er jetzt »alles was ein Mensch verlangen kann«, hat, dieses neue Leben in der Freundschaft mit dem jungen Herzog gründet, dem er im Elternhaus mit seinem ehemaligen Zimmer den Platz eines jüngeren Bruders einräumt. Er komme, schreibt er der Mutter, die wohl immer schon mitliest, wie es geschrieben steht, »diesmal gesund, ohne Leidenschafft, ohne Verworrenheit, ohne dumpfes Treiben, sondern wie ein von Gott geliebter, der die Hälfte seines Lebens hingebracht hat, und aus Vergangenem Leide manches Gute für die Zukunft hofft«.[143] Er kommt ja nicht wieder als verlorener Sohn, sondern eher als Joseph, der zum heimlichen Rat des Pharao geworden ist.

Aus seinen Ankündigungsbriefen wird Elisabeth Goethe auch den Sinn einer anderen verdeckten Botschaft erraten, und sie wird das Haus für den Empfang eines hohen Brüderpaares vorbereitet haben. »Es muß ihr seyn als wenn wir 10 iahr so bey ihr wohnten«,[144] schreibt er und gibt im Plural des Personalpronomens seine Nähe zu dem Herzog von Sachsen-Weimar zu erkennen. Dieses *Wir* durchzieht auch sein Reisediarium; es entrückt die Reisenden in eine ganz eigentümliche Aura der Reinheit.

»Diese vier Tage das schönste Wetter, heut und gestern keine Wolck am Himmel, und die merckwürdigsten Gegenden ganz rein in dem himmlischen Lichte genossen.«

»Das Erhabene giebt der Seele die schöne Ruhe, sie wird ganz dadurch ausgefüllt, fühlt sich so gros als sie seyn kann und giebt ein reines Gefühl [...] Man fühlt tief, hier ist nichts willkührliches, alles langsam bewegendes ewiges Gesetz...«[145]

»Nur die hohen Gebürgketten waren unter einem klaren und heitern Himmel sichtbar, alle niederen Gegenden mit einem weisen wolkigten Nebelmeer überdekt, das sich von Genf bis nordwärts an den Horizont erstrekte und in der Sonne glänzte. Daraus stieg ostwärts die ganze reine Reihe aller Schnee- und Eissgebürge, ohne Unterschied von Namen der Völker und Fürsten, die sie zu besizen glauben, nur Einem grossen Herrn und dem Blik der Sonne unterworffen, der sie schön röthete.«[146]

Der Begriff des Reinen schillert zwischen der konkreten Bedeutung der Erfahrung von unberührter Natur und »reiner menschlicher Existenz«, abseits von »allem Drange der Welt«, wie Goethe sie in dieser Epoche von Lavater verkörpert sieht.[147] Gegen Ende der Reise entwickelt er in einem Brief an den Züricher Freund den Gedanken zu einem Monument, das an diese erinnern soll, »denn wir haben unterweegs mancherlei Anlas gehabt, dem guten Glück einen Stein der Dankbarkeit zu widmen«. Noch einmal beschwört er emphatisch jenes Wir, die Gemeinschaft mit dem Herzog, die, wie seine eigene geheimste, in der Dankbarkeit gegenüber einem leitenden »guten Geist der überall die Fackel vorträgt«, ihren Grund hat, einem »schönen Glückssohn«, ihnen zu bedeuten, »wo wir aufhören, wo wir einen Gränzbogen beschreiben und wieder zurückkehren sollten«. »Das alles zusammen giebt uns eine Empfindung die ich nicht schöner zu ehren weis als womit alle Zeiten durch die Menschen Gott verehrt haben.«[148]

Er ist im dreißigsten Jahr, als er der Mutter schreibt, er habe »die Hälfte seines Lebens hingebracht«. Und da in seinem Tagebuch ähnliche Formulierungen sich finden wie in seinem Brief, so muß Goethe diese zweite Schweizer Reise als das Ende eines Lebensabschnitts oder als den Beginn eines neuen betrachtet haben. Die Leserin, die durch seine Briefe an Charlotte von Stein hindurch Goethes Blick auf die ihr selbst so vertrauten Bergketten und Täler der Alpen folgt, versucht sich vorzustellen, was das reine Gefühl, das ihn während dieser Reise kaum je verlassen zu haben scheint, meint, oder auch die schöne Ruhe, von der seine Seele ganz ausgefüllt wird.[149] Vielleicht, denke ich, hat er, auf der Schwelle zwischen zwei Lebensaltern, dieses Jahr und sein Glück, die Gnade dieser großen Landschaft erfahren als Erfüllung in einem durchaus religiösen Sinn, als eine Art Wiederherstellung im Stand der Schuldlosigkeit. Vielleicht hat er, »geseegnet im Geheimen«,[150] die Verklärung der Schneegipfel bei aufreißendem Nebel als Beglaubigung seines alten Vertrauens in die »ewig wiederbringende Liebe« gedeutet.[151]

Und im Vertrauen auf diese Liebe unterbricht er auch die Reise, um sein »ganz vorig Leben [zu rekapituliren]«.

»Abends ritt ich etwas seitwärts nach Sessenheim, indem die andern ihre Reise grad fortsetzten.«[152] Dieser Abweg, über dem »himmlische Wolcken« als Freunde und Führer schweben, hat für den Reiter die Bedeutung einer *wiederholten Spiegelung* (17, 370).

Er reitet nach Sesenheim, wie er es nach der Trennung von Friederike in einer der »sonderbarsten Ahndungen« vorweggenommen hatte.

»Ich sah nämlich, nicht mit den Augen des Leibes, sondern des Geistes, mich mir selbst, denselben Weg, zu Pferde wieder entgegenkommen, und zwar in einem Kleide wie ich es nie getragen: es war hechtgrau mit etwas Gold. Sobald ich mich aus diesem Traum aufschüttelte, war die Gestalt ganz hinweg. Sonderbar ist es jedoch, daß ich nach acht Jahren, indem Kleide das mir geträumt hatte, und das ich nicht aus Wahl sondern aus Zufall gerade trug, mich auf demselben Wege fand, um Friedriken noch einmal zu besuchen« (14, 545).

Der Erzähler von *Dichtung und Wahrheit* läßt an dieser Stelle einen tiefen Blick in sein Seelenleben tun, das er sonst so sorgfältig vielleicht noch vor sich selbst verbirgt. In dieser wahrlich sonderbaren Doppelgängervision verschränkt sich die uranfängliche Angst vor dem Tod mit der gewissenhaften Selbstbeobachtung. Wenn der Reisende jetzt das wunderliche Trugbild wiederholt, indem er seinem früheren Ich leibhaftig entgegenreitet, erlöst er sich selbst aus dem Bann jenes unheimlichen Vorboten des Todes und verwandelt ein unerledigtes Stück seiner Vergangenheit in eine bedeutungsvolle Geschichte, nicht mehr entstellt von Schuldgefühlen und Selbstanklagen. Indem er der Geliebten in Weimar erzählt, wie jetzt die Eltern und Nachbarn herbeigerufen werden, um den Wiedergekehrten zu begrüßen, wie Erinnerungen an jene gute Zeit heraufgerufen werden; indem er sieht und hört und fühlt, wie er noch als Abwesender in dem Sesenheimer Pfarrhaus so lebhaft anwesend ist, als ob die Zeit stehengeblieben wäre, kann auch Charlotte von Stein teilnehmen an dem Gewebe sich ineinander spiegelnder Begegnungen, das nur der liebenden Frau seinen geheimen Sinn offenbart. »Ich blieb die Nacht und schied den andern Morgen bey Sonnenaufgang, von freundlichen Gesichtern verabschiedet dass ich nun auch wieder mit Zufriedenheit an das Eckgen der Welt hindencken und in Friede mit den geistern dieser ausgesöhnten in mir leben kann.«[153]

Dem Reisenden begegnet in der ehemals Geliebten eine anspruchslose Zuneigung, die sich ganz aus der Erinnerung speist. Aus der jungen Friedricke freilich, die ihm einst »an diesem ländlichen Himmel« als »ein allerliebster Stern« aufgegangen war (14, 471), ist eine Entsagende geworden, »gefaßt und selbständig« (17, 354). Als solche kann sie fortan, ein Beispiel für das ihm vertraute Phänomen der »wiederholten Spiegelungen«, »ohngeachtet alles irdischen Dazwischentretens, sich auch wieder in der Seele des alten Liebhabers nochmals abspiegeln und demselben eine holde, werthe, belebende Gegenwart lieblich erneuen« (17, 371).

Der Schreibende, der auf dieser Reise sein voriges Leben rekapituliert, mag sich, als er Charlotte von Stein jetzt von seinem Besuch bei Lili von Türckheim in Straßburg erzählt, an seine erste Schweizer Reise erinnert haben, der Flucht des Bräutigams, der er gewesen ist.

»Ein goldnes Herzchen, das ich in schönsten Stunden von ihr erhalten hatte, hing noch an demselben Bändchen, an welchem sie es umknüpfte, liebeerwarmt an meinem Halse. Ich faßte es an und küßte es [...]

> Angedenken du verklung'ner Freude,
> Das ich immer noch am Halse trage,
> Hältst du länger als das Seelenband uns beide?
> Verlängerst du der Liebe kurze Tage?
> Flieh' ich, Lili, vor dir! Muß noch an deinem Bande
> Durch fremde Lande
> Durch ferne Täler und Wälder wallen!
> Ach, Lili's Herz konnte so bald nicht
> Von meinem Herzen fallen« (14, 811).

Aber er muß diese Erinnerung auch dieses Mal gewaltsam verdrängen. Er kann nicht zulassen, was er einmal Eckermann erklärt hat, daß »nicht bloß *wir* die Liebe [sind], sondern es ist es auch das uns anreizende liebe Objekt« (39, 700). Was er, den Salon der jungen Frau von Türckheim betretend, vor sich sieht, es ist doch jenes anmutigste Bild, das Kierkegaards Verführer im Augenblick des Genießens vor sich haben will, der Naturmythos der Mutter. »Ich ging zu Lili und fand den schönen Grasaffen mit einer Puppe von sieben Wochen spielen [...] Da ich denn zu meinem ergözzen fand dass die gute Creatur recht glücklich verheurathet ist«.[154]

Grasaff, Puppe, gute Creatur – das anmutige Bild einer glücklich verheirateten jungen Frau, das die Verlobte seiner frühen Jahre ihm bietet, scheint den Reisenden aus der Fassung zu bringen, so daß er fast die Sprache verliert. »Ach, Lili's Herz konnte so bald nicht / Von meinem Herzen fallen«... Hatte er eine Entsagende erwartet wie im Pfarrhaus von Sesenheim? Und muß nun mit der Geste ironischer Überlegenheit das so bestürzend schöne Bild abwehren? Es in die prosaische Alltäglichkeit übersetzen, bevor er es einordnet in die Reihe seiner Wiederholungen?

»So prosaisch als ich nun mit diesen Menschen bin, so

ist doch in dem Gefühl von durchgehendem reinen Wohlwollen, und wie ich diesen Weeg her gleichsam einen Rosenkranz der treusten bewährtesten, unauslöschlichsten Freundschafft abgebetet habe eine recht ätherische Wollust. Ungetrübt von einer beschränckten Leidenschafft treten nun in meine Seele die Verhältnisse zu den Menschen die bleibend sind, meine entfernten Freunde und ihr Schicksal liegen nun vor mir wie ein Land in dessen Gegenden man von einem hohen Berge oder im Vogelflug sieht.«[155]

Es ist ein Geständnis, das Goethe der Ferngeliebten macht: dem Dreißigjährigen werden die Berge und die unter ihm liegenden Täler zur Chiffre seines Daseins, und es enthüllt sich der Leserin nun auch der geheime Sinn des Wortes rein. Dieser noch immer junge Mann muß sich, während er »des Lebens labyrinthisch irren Lauf« an dem jüngeren Freund und zukünftigen Landesherrn verfolgt, als reiner Beobachter gefühlt haben, selbst herausgestellt aus der Prosa des gewöhnlichen Lebens.

Nun gibt es aber einen Ort, von dem der Reisende nicht wie von einem hohen Berg hinabsehen kann, zu dem er hochsteigen muß.

»Verkleidet geh ich hin, den armen Rock / Des Pilgers oder Schäfers zieh ich an [...] / Denn ich muß nach Sorrent hinüber eilen. / Dort wohnt meine Schwester, die mit mir / Die Schmerzensfreude meiner Eltern war. / [...] ich gehe sacht / Den Pfad hinauf und an dem Tore frag' ich: / Wo wohnt Cornelia? Zeigt es mir an!« (*Tasso*, V. 3141 ff.)

Es gibt in dem Rosenkranz der Wiederholungen noch eine dritte Frau: die seit zwei Jahren tote Schwester. Zweimal muß er ansetzen, bevor er auf seinen Besuch in Emmendingen, wo inzwischen Johanna Fahlmer die Stelle Cornelias eingenommen hatte, zu sprechen kommt. »Hier bin ich nun nah am Grabe meiner Schwester, ihr haushalt ist mir, wie eine Tafel worauf eine geliebte Gestalt stand die nun weggelöscht ist. [...] Von hier wirds nun auf Basel gehen.«[156] Wie ganz anders erzählt er von seinem Plan eines Denkmals zum Andenken an die »arme Cristel«, die junge Christiane von Laßberg, die, wie es hieß, aus enttäuschter Liebe den Tod in der Ilm gesucht hatte, in der Nähe von Goethes Gartenhaus aufgefunden, im Haus Charlotte von Steins geborgen worden war. Sie habe, hieß es, den *Werther* bei sich gehabt.

»Man übersieht von da, in höchster Abgeschiedenheit, ihre letzten Pfade und den Ort ihres Tods. Wir haben bis in die Nacht gearbeitet, zulezt noch ich allein bis in ihre Todes Stunde, es war ebenso ein Abend. Orion stand so schön am Himmel als wie wir von Tiefurth fröhlich heraufritten. [...] Diese einladende Trauer hat was gefährlich anziehendes wie das wasser selbst, und der Abglanz der Sterne des Himmels der aus beyden leuchtet lockt uns.«[157]

Die lakonische Mitteilung über den Besuch in Emmendingen verrät dagegen nichts über die Gefühle des Schreibenden. Der Schwager hat es, mag er vielleicht gefunden haben, mit der Wiederbesetzung der Stelle an seiner Seite, eilig gehabt. Der Mann, vor dessen Sinnlichkeit er die Schwester nicht gewarnt hatte, obwohl er sie doch, wenn er manchmal über ihr Schicksal phantasierte, stets nur als Äbtissin denken konnte. Während sie ihm durch ihren Rat, sich von Lili zu trennen, den Entschluß, sich seinem Dämon anzuvertrauen, erleichtert hatte. Er sieht eine Tafel mit weggelöschten Zügen. Er sieht die Jahrtausende alte Geste der Auslöschung der Frau, die »ausgekratzten Zeichen« im Tempel der Hatschepsut.

Was unter den »himmlischen Wolcken«, die »wie ein Baldachin am Feyertage« über ihm schweben, während er

»nah am Grabe« seiner Schwester steht, in ihm vorgeht, verrät nur das seltsam berührende Präsens in seinem Brief an Charlotte von Stein, die Ferngeliebte.

HERSILIE, OTTILIE

Erscheinen – Verschwinden

Nur der Satz, mit dem ich aufgewacht bin, hat mir verraten, daß ich von ihr geträumt haben muß: »Das Verschwinden ist die Weise der Frauen, dagewesen zu sein.« Hersilie, eine der flüchtigsten Gestalten der *Wanderjahre*, deren scheinbar zufällige Auftritte mich immer wieder irritiert haben, begrüßt Wilhelm, den Wanderer, und seinen Sohn Felix im Schloß des Oheims in einem der ersten Kapitel des Romans. Wohl nicht ohne ein geheimes Motiv gibt sie dem neuen Freund ein Manuskript zu lesen, ihre Übersetzung einer französischen Novelle. Ob Wilhelm die darin versteckte, an ihn gerichtete Botschaft entschlüsselt hat, geht aus den vom Erzähler mitgeteilten Unterhaltungen im Schloß nicht hervor. In welchen Zusammenhang hätte er auch die »muntere Nichte« seines Gastgebers mit der Erzählung von der pilgernden Törin bringen sollen, die, aus einem Nirgendwo auftauchend, im Schloß eines reichen Landbesitzers Aufnahme findet und, ohne daß sie es darauf angelegt hätte, die Ordnung der Lebensalter in Verwirrung bringt, indem der Schloßherr und sein Sohn sich um ihre Gunst bewerben und einer im andern auf einmal einen Rivalen erkennt? Eher schon wird er den unwiderstehlichen Reiz, den die schöne Abenteurerin auf einen Herrn von Revanne durch ihr unerwartetes Erscheinen ausübt, nachempfunden haben.

»Ein schöner Morgen war im Vorrücken, als jung und liebenswürdig ein Frauenzimmer sich gegen ihn herbewegte

[...]. Sein Buch fiel ihm aus den Händen, überrascht wie er war. Die Pilgerin mit den schönsten Augen von der Welt und einem Gesicht, durch Bewegung angenehm belebt, zeichnete sich an Körperbau, Gang und Anstand dergestalt aus, daß er unwillkürlich von seinem Platze aufstand« (10, 310f.).

Die schöne Unbekannte macht keine Schwierigkeiten, sich nach dem Schloß führen zu lassen, wo sie verweilt, bis jene bedenklichen Umstände eintreten, denen sie sich durch die Flucht entzieht. So wird sie bleiben, was sie für die beiden Männer, Vater und Sohn, von Anbeginn gewesen ist, ein Rätsel, *l'éternel féminin*, erschienen nur, um wieder zu verschwinden, »so flüchtig wie die Engel und so liebenswürdig« (10, 324).

Die Geschichte Hersilies bleibt noch fragmentarischer als die der rätselhaften Fremden in ihrer Übersetzung. Unmerklich hat der Erzähler der *Wanderjahre* auch die Ausgangskonstellation verändert: Hersilie ist die Werbende, aber ihr Begehren ist eine unruhige Pilgerin, im Sohn den Vater und im Vater den Sohn suchend.

In der Prozession der Figuren, die am Ende des Romans, vor dem Aufbruch nach Amerika, paarweise am Stuhl der heiligen Makarie vorbeiziehen, fehlt einzig die weibliche Gestalt, die eine eigene Geschichte hätte erzählen können. Allein gelassen von dem »Referenten« so vieler Menschenschicksale, mußte ich das Rätsel dieser Hersilie zu ergründen, ihr einen Umriß zu geben versuchen. Ich habe mir vorgestellt, wie sie, eine neue Dido, das *tableau vivant* des Schlusses betrachtet: Vater und Sohn, um die sie sich beide beworben hatte, fest umschlungen, »Brüder die sich auf dem Wechselwege vom Orkus zum Licht begegnen« (10, 745). Sie sieht ihnen nach, dem Mann und dem Jüngling, die das Meer vor sich haben und ein »großes Unternehmen« in der Neuen Welt, eine Zukunft, während sie spürt, daß sie für jene kaum dagewesen sein wird. Sie verschwindet aus dem Roman, ohne eine Spur zu hinterlassen – wäre da nicht das uneröffnete Kästchen, das jedesmal auftaucht, wenn die Wege von Wilhelm oder Felix mit dem ihren sich kreuzen. Verschwinden kann aber nur, was zuvor erschienen ist, und so ist mir im nachhinein aufgegangen, daß Hersilie für den Erzähler der *Wanderjahre* zwar nicht das Subjekt einer Geschichte ist, aber doch eines Augenblicks, eines Augenblicks, der eine junge Frau durch die »feurigen Blicke« eines schönen Knaben in die Erscheinung *der* Frau verwandelt. Der Augenblick der ersten Begegnung Hersilies mit dem Wanderer und seinem Sohn eröffnet ein übervertrautes und immer wieder neues Spiel des Begehrens: Felix liebt Hersilie, Hersilie liebt in ihm den Vater, Wilhelm aber liebt in Natalie das Erinnerungsbild der »schönen Amazone«, mit dem sich alle seine Jugendträume verknüpfen (9, 598).

Viele geheime Geschichten sind in den Bildungsroman Meisters verwoben, in Gang gehalten durch eine Dialektik von Erscheinen und Verschwinden, die immer nur für kurze Augenblicke faßbar wird. So frage ich mich, während ich lese, wie Hersilie den fremden Gast begrüßt, überrascht und geschmeichelt, als sie bemerkt, daß der ihn begleitende Sohn seine Augen wie festgebannt auf sie gerichtet hält – ich frage mich, ob die Klangverwandtschaft der Namen Ottilie und Hersilie eine bloß zufällige ist. Denn mir ist eine Stelle aus einem Brief Ottilie von Pogwischs eingefallen. Sie berichtet darin der Freundin, Adele Schopenhauer, von einer sie zugleich beängstigenden und bestrickenden Beobachtung: Jedesmal wenn sie morgens ins Bad geht, sieht sie den jungen August von Goethe am Fenster stehen und spürt, daß sein Blick ihr folgt. Längst hat sie begriffen, worauf der Sohn Goethes wartet, Tag um Tag, die Erscheinung *der* Frau. Aber ihr Schicksal entscheidet sich nach einer Begegnung mit dem Vater in der Straße hinter seinem Haus am Frauenplan, »in der Ackerwand«. Goethe habe sie in seinen Garten geführt, schreibt sie der Freundin, er sei »sehr freundlich und gütig zu ihr« gewesen und habe ihr Blumen geschenkt.[158] Was zwischen dem Vater und der Geliebten des Sohns zur Sprache gekommen ist, verrät die Schreibende nicht! Aber sie gibt wenig später der Werbung des jungen Goethe nach, dem bestimmt ist, vor dem Vater zu sterben.

Das Haus des Vaters

»Gestern abend, lieber Vater, war Herr Coke bei mir, um nochmals in aller Form anzufragen, ob er Ihnen nicht aufwarten dürfte...«
»Liebster Vater, Varnhagens bleiben noch heute hier und würden Sie wohl noch gerne sehen, wenn sie überzeugt sein können, daß es Sie nicht geniert; dies scheint mir keine Redensart, sondern die wirkliche Wahrheit. Wollen Sie uns den Abend, so kommen wir zu Ihnen...«
»Bester Vater, ich bringe Ihnen heute niemand, nicht einmal mich selbst, weil Tee bei der Frau Großherzogin ist. Wollen Sie mich morgen zum Spazierenfahren? Wollen Sie mich und andere morgen abend? ... Leben Sie wohl, ich küsse zärtlichst Ihre Hand.«[159]
Hersilie empfängt den Gast des Oheims mit großer Heiterkeit. Die Leserin versteht das in der alten Bedeutung des Wortes, die es mit Glanz und Helle verbindet. Im »großen Erdsaal« eines Schlosses in ländlicher Umgebung wird dem Wanderer unerwartet ein »allerliebster Stern aufgegangen« sein – wie dem Autor der *Wanderjahre* auf einem

seiner Streifzüge durch das Elsaß. Es ist dann freilich die ältere Schwester Juliette, die mit Wilhelm durch die ausgedehnten Ländereien des Oheims fährt und ihm dessen Lebensphilosophie erklärt. Wilhelm hatte auf dem Weg nach dem Schloß nichts gefunden, »was einem älteren Lustgarten, oder einem modernen Park ähnlich gewesen wäre; gradlinig gepflanzte Fruchtbäume, Gemüsefelder, große Strecken mit Heilkräutern bestellt, und was nur irgend brauchbar konnte geachtet werden, übersah er auf sanft abhängiger Fläche mit Einem Blicke« (10, 308). Und er erfährt nun, daß man in dem Besitzer dieser Anlagen einen »würdigen Landherrn« zu ehren habe, der Kraft und Vermögen zusammenhaltend, gepflanzt, gebaut, eingerichtet habe um eines ganz nahen, leicht faßlichen Zweckes willen, zum Nutzen und Genuß der Seinen und der Bewohner der Gegend. »Unter manchen Gesprächen kamen sie auch auf die Neigung des werten Mannes, überall Inschriften zu belieben« (10, 328). Juliette, die sich alle zu eigen gemacht, weiß sie alle auszulegen – im Sinne des Hausherrn.

Es ist ein eigentümlich altväterlicher Raum, in den Wilhelm, wie seine Begleiterin sich ausdrückt, »durch ein wunderliches Vorzimmer getreten« ist. Denn in der Tat war dem freundlichen Empfang durch die Schwestern ein höchst ungemütlicher vorausgegangen. Die Wanderer hatten sich dem Schloß von der Gartenseite genähert, »als auf einmal in ihrer Nähe ein Schuß fiel, zu gleicher Zeit sich zwei verborgene Eisengitter schlossen und sie von beiden Seiten einsperrten«. Bewaffnete führen sie in ein geräumiges reinliches Zimmer, allerdings mit vergitterten Fenstern. Da jedoch Wilhelm sich mit einigen Papieren ausweisen kann, klärt sich die Situation schnell auf. Die Anlage, in die er geraten war, dient dem Schutz gegen Obstbaumdiebe. Wilhelm fühlt sich daher sofort mit der »Absicht der einschließenden Umgebung« in reiner Übereinstimmung. Eine in dem Zimmer angebrachte Inschrift interpretiert er ganz im Geist des Oheims. Es müsse sich, beruhigt er den Sohn, bei diesen Anstalten um »Werke der Notwendigkeit, nicht der Grausamkeit« handeln. Felix dagegen – ganz wie der jungen Goethe nach der Ausweisung Gretchens – »brach in eine unglaubliche Wut aus, stampfte mit den Füßen, weinte, rüttelte an den Türen, schlug mit den Fäusten dagegen, ja er war im Begriff, mit dem Schädel dawider zu rennen«. Er rebelliert gegen die unverschuldete Gefangenschaft, bis er erschöpft in einen tiefen Schlaf versinkt und nicht merkt, wie ihn Diener »auf der tüchtigen Matratze, wie ehemals den unbewußten Ulyß, in die freie Luft« tragen. Er weiß nicht, daß er schlafend in das wahre Haus des Vaters gelangt, denn in der Ordnung, die darin herrscht, erkennt Wilhelm sogleich die Grundgedanken der Turmgesellschaft. »Betrachte diese Inschriften«, hatte er den jungen Sohn aufgefordert: »Dem Unschuldigen Befreiung und Ersatz, dem Verführten Mitleiden, dem Schuldigen ahndende Gerechtigkeit.« Er hatte, seiner pädagogischen Neigung sich überlassend, seine tröstlich belehrenden Worte in eine historische Betrachtung über den Fortschritt der Humanität überführt. »Welchen Weg mußte nicht die Menschheit machen, bis sie dahin gelangte, auch gegen Schuldige gelind, gegen Verbrecher schonend, gegen Unmenschliche menschlich zu sein!« (10, 304 ff.). Der Erzähler läßt offen, ob Felix die Lektion aufgenommen hat. Aber wenn in dieser Szene aus dem Anfang des Romans der mit dem Vater eingeschlossene Knabe für dessen Belehrung stumm und vielleicht taub ist, so zeigt das Schlußtableau einen Jüngling, der freiwillig in freier Natur dem Vater als Führer in eine neue Welt folgt.

In diesem vom Licht der Aufklärung voll ausgeleuchteten

Raum nun ergreift Hersilie das Wort; sie unterbricht den fortlaufenden Kommentar, den die Schwester zu den lakonischen Inschriften des Oheims liefert, und läßt einen kleinen Widerspruchsgeist laut werden, eine lächelnde Rebellion gegen die vom Oheim eingesetzte Herrschaft des Zwecks.

Dem Erzähler ist eine gewisse Verlegenheit anzumerken gegenüber der schönen Selbständigkeit seiner Figur, die vorschnell in die Kommentare Juliettes eingreift, während Wilhelm, als vernünftiger Mann, bedächtig den lebenspraktischen Sinn der Sprüche des Oheims sich anzueignen sucht. Der Autor der *Wanderjahre* mag sich an die heitere Skepsis einer klugen Freundin seiner Leipziger Lehrjahre erinnert haben, deren muntere Wortgewandtheit ihn mehr als einmal aus der Fassung gebracht hatte, weil er sie mit seinem Begriff vom Frauenzimmer so gar nicht in Übereinstimmung bringen konnte. Gegen die Bezauberung, die von ihresgleichen ausgehe, habe er immer das Wunderkraut »in einem Sachet bey sich«, wie es Hermes einst dem Odysseus gegeben habe, hatte er der jungen Leipzigerin geschrieben.[160]

Goethe an Ottilie im Sommer 1820: »Wo ich wohne / Zeigt die Melone: / Am Paradiese / Zunächst der Wiese / Liegt ein Garten / Da warten hübsche Kinder auf mich. / Ich aber denke an Dich« –. Ottilie an Goethe: »Du schickst in Tugend und in Zucht / Mir diese reich begabte Frucht! / Doch weißt Du, was der Talisman / In meinem Innern wirken kann? / Und ob so, wie Du sie gesandt, / Sie auch empfangen meine Hand? / Steht es im Koran schon geschrieben, / Daß Tugend sei, Dich treu zu lieben, / Und Zucht, es offen zu bekennen, / So bin ich fromm und keusch zu nennen.«[161]

In der *Phänomenologie des Geistes* erzeugt sich das schöne sittliche Leben der griechischen Polis an der Frau seinen inneren Feind.

»Das menschliche Gesetz also in seinem allgemeinen Dasein, das Gemeinwesen, in seiner Betätigung überhaupt die Männlichkeit, in seiner wirklichen Betätigung die Regierung, *ist*, *bewegt* und *erhält* sich dadurch, daß es [...] die selbständige Vereinzelung in Familien, welchen die Weiblichkeit vorsteht, in sich aufzehrt und sie in der Kontinuität seiner Flüssigkeit aufgelöst erhält. [...] Indem das Gemeinwesen sich nur durch die Störung der Familienglückseligkeit und die Auflösung des Selbstbewußtseins in das allgemeine sein Bestehen gibt, erzeugt es sich an dem, was es unterdrückt und was ihm zugleich wesentlich ist, an der Weiblichkeit überhaupt seinen inneren Feind.«[162]

Mag immer Hegels Bestimmung der Weiblichkeit sich auf eine überwundene Stufe der Menschheitsgeschichte beziehen, Ottilie, Goethes Schwiegertochter, und Hersilie, ein »Persönchen« wie jene, verstehen die ewige Ironie des Gemeinwesens auf ihre Weise, indem sie sie mit Bewußtheit verkörpern, auch wenn diese doppelte Verneinung nicht leicht zu leben ist. »Ich möchte vieles gern vergessen, was ich weiß, und was ich begriffen habe, ist auch nicht viel wert«, hält Hersilie dem Oheim entgegen, der den Lerneifer Juliettes lobt (10, 331).

Über der Tür einer Portraitgalerie findet Wilhelm einen Spruch, den er beim Frühstück im Garten mit den Frauenzimmern erörtert: »Vom Nützlichen durch's Wahre zum Schönen«. Seine Auslegung zielt auf den Einklang von Philosophie und Leben, und er denkt dabei an den edlen Oheim. Hersilie, die der Erzähler zu Wort kommen läßt, gibt dem Spruch eine eigensinnige Deutung, deren Standort sie ausdrücklich kenntlich macht. Sie interpretiert die Maxime der Männer, »das menschliche Gesetz also in seinem allgemeinen Dasein«, als Frau und verkehrt es so, mutwillig, in eine individuelle Erfahrung.

»Wir Frauen sind in einem besondern Zustande. Die Maximen der Männer hören wir immerfort wiederholen, ja wir müssen sie in goldnen Buchstaben über unsern Häuptern sehen, und doch wüßten wir Mädchen im stillen das Umgekehrte zu sagen das auch gölte, wie es gerade hier der Fall ist. Die Schöne findet Verehrer auch Freier, und endlich wohl gar einen Mann, dann gelangt sie zum *Wahren*, das nicht immer höchst erfreulich sein mag, und wenn sie klug ist, widmet sie sich dem *Nützlichen*, sorgt für Haus und Kinder und verharrt dabei. So habe ich's jedenfalls oft gefunden. Wir Mädchen haben Zeit zu beobachten und da finden wir meist was wir nicht suchten« (10, 326).

»Statt auf Epigramme oder ein Liebes-Gedicht / Denke lieber an ein neues Gericht. -- / Die Wirtschaft werde Dein Steckenpferd, / Und in nichts als in Saucen sei gelehrt! [...] / Dies mein Kind ist der Weg, der von der lieben / Mutter Natur Euch ward vorgeschrieben. – / Kehre, o kehre zum Haushalt zurück, / In der Küche da winkt Dir ein würziges Glück.«[163]

Diese vorschnelle Hersilie, die nicht nur lächelnd das Wort, sondern auch die Feder führt, eine zierliche Blondine sicher, wie Ottilie von Pogwisch eine gewesen sein wird,[164] würde vielleicht wirklich lieber nicht wissen, oder vergessen, was sie weiß: von der Ordnung der Geschlechter, daß der Vetter z. B. »Namen und Personen auf eine sonderbare Weise« verwechselt, daß er sich »Inen, Trinen« vorstellt oder ihnen nachstellt, während er »die Etten und Ilien« allmählich aus dem Gedächtnis verliert. Sie weiß, daß, wenn sie liebt, es geschieht, »weil er ihr Mann werden, sie zur Frau machen soll«; sie weiß, daß es für den »Mann wegen größerer Eigenwilligkeit, Selbständigkeit außer der Ehe«, gleichgültiger ist, »wie die Frau beschaffen«.[165] Sie wehrt sich gegen das Anmaßliche dieses Vetters aus der Fremde, vor seiner Heimkehr in das Haus des Oheims über die Verhältnisse seiner weiblichen Verwandten ins Bild gesetzt zu werden. Sie stellt sich vor, daß es ihm einfallen könnte, »auf eine sonderbare geheime Weise sich bei uns zu introduzieren, uns unerkannt kennen zu lernen, und was nicht alles in den Plan eines so klugen Mannes eingreifen könnte« (10, 336 f.) – inkognito also wie Mr. Burchell, aus Goldsmith' *Vicar of Wakefield*, jener auch schon »im höhern Sinne wohltätige« Herr, der heimlich die Fäden des Schicksals lenkt, die Unschuldigen befreiend und belohnend, die Verführten wiederaufrichtend, die Schuldigen bestrafend, oder – wie ein junger Dichter, der sich in einem Pfarrhaus in Sesenheim als armer Kandidat der Theologie introduzierte, um seine eigene Liebesgeschichte nach dem Vorbild jenes Romans zu leben.

Dichtung und Wahrheit

Auf ihre Weise gehört Hersilie zu den Entsagenden, in deren Gesellschaft sie freilich nicht aufgenommen wird. Sie gibt sich in der Erzählung von der pilgernden Törin zu erkennen, die sie übersetzt haben will, und gesteht dem Leser, Wilhelm, daß sie sich als Tagträumerin mit der Gestalt dieses verrückten Mädchens identifiziert: »wenn ich jemals närrisch werden möchte, wie mich manchmal die Lust ankommt, so wär' es auf diese Weise« (10, 310). Als pilgernde Törin möchte sie durch die Welt rennen und sich allen Gefahren aussetzen in ihrer eigenen »Eigenwilligkeit und Selbständigkeit außer der Ehe«, einem Gefühl die Treue haltend, das keiner Erfüllung je bedurfte, einem Bild: wie das Fräulein von Pogwisch, »liebenswürdig, unerträglich, verrückt, geistreich«,[166] deren »zierlich-grilliger Lebenswandel einem Kampf zwischen Paradies-Vögeln und Schmetterlingen gleichsieht«.[167]

Goethe fühlt sich im »harmonischen Übereinsein« mit seiner artigen Schwiegertochter wohl. »Wollte man dieses Behaben und Behagen nach der Wirklichkeit schildern, so würde es zwischen die Idylle und das Märchen hineinfallen«,[168] schreibt er an Boisserée im Frühjahr 1831. Er hält sich an die Erscheinung der Schwiegertochter und hütet sich wohl, ihre Wirklichkeit zu ergründen. Ottilie hat diese mit einer seltenen Bewußtheit gelebt. Im Salon von Johanna Schopenhauer, der Mutter ihrer Freundin Adele, hat sie einen jungen preußischen Offizier kennengelernt, der ihr als Inbegriff der nationalen Erhebung erscheint. Dem Verhältnis der freiheitsbegeisterten Siebzehnjährigen zu ihrem Helden haftet von Anfang an ein Moment des Illusionären an, denn Ferdinand Heinke ist bereits verlobt und im übrigen bürgerlicher Herkunft. Eine derartige Mesalliance würde die adelsstolze Großmutter, die Gräfin von Henckel-Donnersmarck nicht zugelassen haben. Aber Ottilie ist dieser romantischen Liebe ihr ganzes langes und bewegtes Leben hindurch treu geblieben. Sie konnte hinfort, Engel oder Dämon, als pilgernde Törin in der Welt umherirren, wenn auch nicht, wie das verrückte Mädchen, von dem Hersilie erzählt, »um alle Herzen zu peinigen« (10, 324), sondern um ihr eigenes durch alle Schmerzen, die die Liebe kennt, zu jagen. So lebt sie in zwei Zeiten, einem erinnerten Glück, das immer nur ein Schatten gewesen ist, und einer Gegenwart, die im Zeichen der Entsagung steht: »Ich ergriff die Feder und schrieb an Heinke, an Heinke, dem diese Nacht gehört seit 41 Jahren. Noch einmal ging das Bild der Vergangenheit an meiner Seele vorüber, die sternhelle Nacht, in der er mich von Schopenhauers heimgeleitete, was er sprach, ich weiß es noch, ich verstand mein Glück und mein Unglück zusammen.«[169]

Dabei ist sie aber zugleich die Schwiegertochter Goethes, eine elegante junge Frau, die den Gästen seines Hauses glänzend entgegentritt, eine Erscheinung, deren jugendliche Anmut ihn an die liebliche Gestalt Lilis erinnern mußte, vor der er einst geflohen war, und eine dämonisch Getriebene, die sich heimlich in rastloser Sehnsucht nach einer unmöglichen Liebe verzehrt im vollen Bewußtsein, daß sie jeden »Augenblick Täuschung« bezahlen muß »wie in einer ordentlichen Rechnung«. »Alles, alles bezahlte ich ja, was das Leben mir bot, jedes Glück, jeden Augenblick Täuschung, ja nicht ein Verhältnis löste sich für mich, bis ich den letzten bittern Tropfen geleert, nichts blieb ungewiß, in mildem Halbdunkel verhüllt. Alles mußte wie in einer ordentlichen Rechnung bis zum wirklichen Abschluß gebracht sein«.[170]

Irgendwann wird sie zwischen Wirklichkeit und Illusion nicht mehr haben unterscheiden wollen. Nur das wußte sie – und der von ihr »ungewöhnlich« geliebte Vater[171] prophezeit es dem vertrautesten seiner Freunde, Zelter –, daß sie »die Schmerzensinteressen reichlich einzunehmen« haben wird.[172]

Hersilie, die in den *Wanderjahren* in der Tat Schmerzensinteressen reichlich einzunehmen hat, in der Fassung von 1821 nicht nur Übersetzerin der *Folle en pélerinage*, sondern auch die Erzählerin von *Der Mann von funfzig Jahren*, stiftet Verwirrung auch in der Ordnung der Literatur. Wie sie die Romanwirklichkeit als romanhaft entwirklicht, so zieht sie die exemplarischen Erzählungen in diese hinein. Zu unterscheiden zwischen Dichtung und Wahrheit überläßt sie Wilhelm, dem Adressaten ihrer unbeantworteten Briefe und – ihrer unerwiderten Liebe (10, 105). Der Bezirk des Oheims, eigentümlich herausgehoben aus dem Romangeschehen, weil Erzähler und Figuren das darin herrschende Konstruktionsprinzip überall an- und immer wieder besprechen, erscheint Wilhelm als eine Sphäre, in der man beinahe soviel Zeit zubringt, »seinen Verwandten und Freunden dasjenige mitzuteilen, womit man sich beschäftigt, als man Zeit sich zu beschäftigen selbst hatte« (10, 339). Hersilie, die Ironie dieser auf gegenseitiger Mitteilung gründenden Gesellschaft, durchschaut deren Unwirklichkeit: »Unser Personal«, verrät sie dem Wanderer, »es ist das ewig in Romanen und Schauspielen wiederholte: ein wunderlicher Oheim, eine sanfte und eine muntere Nichte, eine kluge Tante, Hausgenossen nach bekannter Art; und käme nur gar der Vetter wieder, [...] so wäre das leidige Stück erfunden und in Wirklichkeit gesetzt« (10, 328).

Und sie sendet dem neuen Freund eine Art *carte du tendre*, einen von ihr selbst gezeichneten Ausschnitt aus einer Landkarte Oberitaliens, damit er auf seinen Wanderungen mit den von ihr erzählten Figuren zusammentreffen kann, wie es im Verlauf der *Wanderjahre* dann auch geschieht. Ihre Sendung, die *Nachschrift* zu ihrer Novelle, enthält aber zugleich eine kaum versteckte Liebeserklärung, für die die Zeichnung nur »ein wunderliches Mittel« ist.

»Sie erhalten hiebei den kleinen Ausschnitt einer Landkarte; wenn Sie diesen auf die größere legen, so deutet die darauf gezeichnete Magnetnadel mit der Pfeilspitze nach der Gegend, wo die Suchenswerten hinziehen. Dieses Rätsel ist nicht so gar schwer zu lösen, aber [...] wie freudig würden wir sein, wenn die Nadel auch einmal von uns angezogen würde« (10, 126).

Die rätselhafte Erscheinung Hersilies findet im Roman keinen Ort. Der Erzähler scheint sie mit einer anderen Figur nicht auseinanderhalten zu können, so zwillingsgeschwisterhaft ähnlich erscheinen Hersilie und Hilarie, »das schöne Kind«, die Nichte des Majors aus Hersilies Novelle. Der Name Hilaries und das Attribut Hersilies, Heiterkeit, erinnern an den Mädchenraub der Dioskuren, die ein Geschwisterpaar aus dem heiligen Bezirk der Aphrodite entführten. Die Mädchen wurden verehrt in Sparta in einem eigenen Heiligtum neben dem der Brüder; ihre Namen: die Reine und die Heitere (Hilaeira) weisen auf zwei Erscheinungsweisen des Mondes, die neue Mondsichel und den Vollmond.[173]

Vielleicht ist Hilarie die glücklichere Schwester Hersilies, der es beschieden ist, in einer der wundersamsten Szenen der *Wanderjahre*, im Schein des vollen Mondes, ihre innere Wahrheit zu erkennen, die Umwendung ihrer Neigung vom Vater auf den Sohn (10, 482 ff.).

Hersilie dagegen bleibt in der Unentschiedenheit ihres Gefühls gefangen. Sie beendet die Arbeit an einem sehr zierlichen Brieftäschchen, »ohne deutlichst zu wissen, wer es haben soll, Vater oder Sohn, aber gewiß einer von beiden« (10, 538).

In einem fast schockierend geständnishaften Brief an Eckermann, den sie zum Mitwisser ihrer wechselnden Liebesaffairen macht, beschreibt Ottilie von Goethe die verstörende Gleichzeitigkeit ihrer Neigung zu zwei Männern: »Ich weiß, es ist keine bestimmte Ähnlichkeit, [...] dennoch gab mir dies seltsame Durchhören von Sterlings Stimme, wenn Naylor sprach, dieses Durchblicken von Sterlings Seele in einem ernsteren, dunkleren Gewand ein wunderbares Gefühl. Es ist mir, als wären es Stiefbrüder; als hätten beide dieselbe Mutter gehabt.«[174]

Rembrandt van Rijn (1606-1669): Lesende junge Frau,
um 1655/1656

Der Erzähler der *Wanderjahre* scheint sich aus der sonderbar spröden Behandlung seiner Figur am Ende des Romans selbst einen Vorwurf zu machen. Hersilie versucht wohl, über ihre seltsame Doppelneigung ins Klare zu kommen. Doch anders als Wilhelm Meister, das Subjekt seiner Lehr- und Wanderjahre, verfügt sie über keine Vorbilder, denen sie nachleben könnte, um sich selbst eine erinnerbare Geschichte zu verschaffen. »Auch ist das Schicksal das sie betrifft wohl das sonderbarste, das einem zarten Gemüte widerfahren kann« (10, 741).

Hersilie weiß wohl, daß sie keine Sprache hat, um dieses Zarte zum Ausdruck zu bringen. Sie kommt aus dem Haus des Vaters nicht wirklich heraus, das ja auch das Haus der Sprache ist. Sie mag dieser Sprache ins Wort fallen und ihre Sprüche verkehren, für sich selbst zu sprechen vermag sie nicht. So behilft sie sich mit einem Bild aus der Mythologie. »Ich komme mir vor wie eine unschuldige Alkmene, die von zwei Wesen die einander vorstellen unablässig heimgesucht wird« (10, 537). Die neue Alkmene hat ihre Unschuld behalten, aber ihre Heimsuchung, folgenlos bleibend nach außen, wirkt nach innen, Besitz ergreifend von einer weiblichen Seele, die ahnt, daß sie auf Erlösung nicht hoffen kann. Es ist Hersilies Verdammnis, das Subjekt einer Liebe zu sein, die nie zur Ruhe kommt, weil sie im Sohn den Vater und im Vater den Sohn meint, eines Begehrens, das weder in der Ordnung der Geschlechter noch der Generationen ist, im entschiedenen Widerspruch zur Empfindung eines Mädchens, das liebt, weil sie sich auserwählt weiß von dem Mann, der sie nach den »Grundlinien der Philosophie des Rechts« zur Frau machen soll.

Das Geheimnis des Kästchens

Ottilie von Pogwisch fügt sich der Ordnung, vor die Wahl gestellt zwischen einem Dasein als Hofdame oder als Schwiegertochter Goethes. Nach einem Gespräch mit diesem entscheidet sie sich für die Heirat mit dem Sohn, dem bestimmt ist, vor dem Vater zu sterben.

Die Gestalt der Hersilie ist auf eine so auffällige Weise mit dem durch den Roman geisternden Motiv des Kästchens verbunden, daß die Leserin nicht umhin kann, den Winken des Erzählers zu folgen. Sie erinnert sich an ihre Lektüre von *Dichtung und Wahrheit*, wo ihr das Motiv zum erstenmal begegnet ist.

Es steht dort im Zusammenhang mit der Einquartierung des französischen Königsleutnants, des Grafen Thoranc, im Jahre 1759, also kurz nach dem Umbau des Hauses am Hirschgraben. Der kleine Wolfgang, zehnjährig, hat Zutritt zu den von Thoranc bewohnten Zimmern und verkehrt auf freundschaftlichem Fuß mit den von diesem beschäftigten Frankfurter Malern.

»Meine jugendliche Neugierde ließ nichts ungesehen und ununtersucht. Einst fand ich hinter dem Ofen ein schwarzes Kästchen; ich ermangelte nicht, zu forschen, was darin verborgen sei, und ohne mich lange zu besinnen zog ich den Schieber weg. Das darin enthaltene Gemälde war freilich von der Art, die man den Augen nicht auszustellen pflegt, und ob ich es gleich alsobald wieder zuzuschieben Anstalt machte, so konnte ich doch nicht geschwind genug damit fertig werden. Der Graf trat herein und ertappte mich. – ›Wer hat Euch erlaubt dieses Kästchen zu eröffnen?‹ sagte er mit seiner Königsleutnants-Miene. Ich hatte nicht viel darauf zu antworten, und er sprach sogleich die Strafe sehr ernsthaft aus: ›Ihr werdet in acht Tagen, sagte er, dieses Zimmer nicht betreten.‹ – Ich machte eine Verbeugung und ging hinaus« (14, 100 f.).

Der alte Goethe gedenkt mit dieser Erzählung einer kleinen Beschämung, aber läßt offen, ob diese sich auf die Strafe bezieht oder auf die begangene Sünde: der Neugier nicht widerstanden und etwas erforscht zu haben, wovon er sofort weiß, daß es für die Augen eines Kindes nicht bestimmt ist. Zu früh hat er das Geheimnis des Geschlechts entdeckt und muß dafür eine Strafe hinnehmen – wie Felix / Adam, der beim Schälen des Apfels, den Hersilie ihm gereicht hat, sich tief in den Daumen schneidet und reichlich Blut verliert, weil er seine feurigen Blicke nicht von der reizenden Gastgeberin abwenden kann (10, 309).

Auf seiner Wanderung mit dem Vater entdeckt Felix auf eine etwas abenteuerliche Weise ein Kästchen, nicht größer als ein kleiner Oktavband, und fördert es mit Wilhelms Hilfe zutage; aber es fehlt ihm der Schlüssel dazu (10, 301 f.). Wilhelm übergibt das Kästchen zur Aufbewahrung einem Antiquar, der davon abrät, es zu öffnen. »Da Sie es durch einen so wunderbaren Zufall erhalten haben, so sollten Sie daran ihr Glück prüfen. Denn wenn Sie glücklich geboren sind und wenn dieses Kästchen etwas bedeutet, so muß sich gelegentlich der Schlüssel dazu finden, und gerade da, wo Sie ihn am wenigsten erwarten« (10, 412). Hersilie ist es, die den Schlüssel findet, im Jäckchen eines zweideutigen kleinen Botengängers, das der Oheim dem Gerichtshalter als Beweismittel übergeben will.

»Mich treibt ein guter oder böser Geist in die Brusttasche zu greifen; ein winzig kleines, stachlichtes Etwas kommt mir in die Hand; ich, die ich sonst so apprehensiv, kitzlich und schreckhaft bin, schließe die Hand, schließe sie, schweige und das Kleid wird fortgeschickt. Sogleich ergreift mich von allen Empfindungen die wunderlichste.

Bei'm ersten verstohlenen Blick seh' ich, errat' ich, zu Ihrem Kästchen sei es der Schlüssel« (10, 597 f.).

»Welch ein wunderlich Ereignis!« Es erweckt in Hersilie »wunderliche Gewissenszweifel«, und »wundersam« ist sie beunruhigt, von Schuld und Neugier. Sie deutet die Übertretung des siebten Gebots, deren sie sich schuldig gemacht hat, als Zeichen ihrer Liebe zu Wilhelm, an den sie sich nun, schwankend zwischen Ironie und Pathos, wendet »als den Heiligen, der das Verbrechen veranlaßt und mich auch wohl wieder entbinden kann; und so wird allein die Eröffnung des Kästchens mich beruhigen«. Indem sie den kleinen Schlüssel, dessen Umriß sie aufzeichnet, mit einem Pfeil mit Widerhaken vergleicht, muß der Empfänger den Brief nicht mehr als versteckte, sondern als unverstellte Liebeserklärung begreifen. »Das Kästchen muß zwischen mir und Ihnen erst uneröffnet stehen, und dann eröffnet das Weitere selbst befehlen. Ich wollte, es fände sich gar nichts drinnen und was ich sonst noch wollte oder was ich sonst noch alles erzählen könnte.« Erzählen könnte sie vielleicht von der Dame mit dem Einhorn, die dem Geliebten ein Minnekästchen mit ihrem Haar und Halsband überbringen läßt: *à mon seul désir* – und damit zugleich den Schlüssel zum Aufschließen ihres Herzens oder ihres Hymen.[175] Die Schreibende legt die Feder hin, sie merkt, daß sie sich zu weit herausgewagt hat. Aber es steigt auf einmal ein ganz anderer Skrupel in ihr auf, der die Liebeserklärung in einer Nachschrift zurücknimmt. »Was geht aber mich und Sie eigentlich das Kästchen an? Es gehört Felix [...] Und nun geht's wieder an, der Vater und der Sohn! tun Sie was Sie können, aber kommen Sie beide.«

Hersilies drängender Brief erreicht Wilhelm auf Umwegen, dieser nimmt sich vor, ihn freundlich, aber ablehnend zu beantworten, woraus aber dann nichts wird, weil auch nicht »die mindeste Neugierde, was in jenem Kästchen befindlich sein möchte«, sich in ihm regt (10, 598 ff.). Der Erzähler, als müßte er seinen Helden entschuldigen, überträgt ihm die Fortsetzung seiner *Wanderjahre*: Wilhelm erzählt dem von seinen Reisen zurückgekehrten Lenardo, dem *Vetter*, die Geschichte seiner Berufung und Ausbildung zum Wundarzt. Bei dem mit Eifer betriebenen Grundstudium, der Anatomie, erweist sich seine theatralische Laufbahn als nützlich, denn sie hat ihn »mehr mit der eigentlichen Schönheit der unverhüllten Glieder« bekannt gemacht als irgend ein anderes Verhältnis es hätte tun können, so daß er »schon in Kenntnis der menschlichen Gestalt weit vorgeschritten« ist (10, 600). Es fehlt ihm nur noch die Gelegenheit zu einer Sektion. Sie bietet sich, als an seinem Studienort »ein sehr schönes Mädchen, verwirrt durch unglückliche Liebe, den Tod im Wasser gesucht« hatte. Wilhelm, an seinem Platz in der Pathologie, sieht, als er die verbergende Hülle von der Leiche zurückschlägt, den schönsten weiblichen Arm, »der sich wohl jemals um den Hals eines Jünglings geschlungen hatte. Er hielt sein Besteck in der Hand und getraute sich nicht es zu eröffnen« (10, 602) – wie der kleine Wolfgang sich nicht getraut hatte, das von dem Königsleutnant in einem Kästchen verborgene Gemälde zu betrachten. Daß Hersilies Ruf und die unterlassene Sektion in der Erzählanordnung so unmittelbar aufeinanderfolgen: der Brief einer begehrenden Frau und die von einem Ich-Erzähler erinnerten Bruchstücke eines männlichen Bildungsromans, verweist auf das, »was in jenem Kästchen befindlich sein möchte«, das unnennbare Etwas, das weibliche Geschlecht.

Dem nächsten, ebenfalls unbeantworteten Brief Hersilies – sie ist inzwischen im Besitz auch des Kästchens – geht die Geschichte von der *neuen Melusine* voraus. Wenn Hersilie jetzt nur noch den einen Wunsch hat, »daß es ein Ende werde, daß wenigstens eine Deutung vorgehe, was damit gemeint sei mit diesem wunderbaren Finden, Wiederfinden, Trennen und Vereinigen« (10, 658), so hätte sie, wäre sie Zuhörerin gewesen, das (Anti-)Märchen vielleicht einer Lösung nähergebracht.

Der abenteuernde Held der Geschichte durchwandert die Welt, in spiegelbildlicher Verkehrung zur pilgernden Törin, auf der Suche nach dem leichten Glück, und er findet seinen Schatz – auf die Zweideutigkeit des Wortes weist der Erzähler ausdrücklich hin (10, 638) – in der Gestalt einer liebenswürdigen Fremden, die ihn als Diener und sehr bald auch als Liebhaber annimmt, allerdings mit einer scheinbar unverfänglichen Bedingung: während ihrer Abwesenheit auf eine vorgeschriebene Weise für ein Kästchen Sorge zu tragen. Er wird mit Gold reichlich ausgestattet und erhält einen Schlüssel, der alle Schlösser auf- und zuschließt derart, daß sie niemand zu öffnen vermag. Er reist nun, sorgenfrei und gedankenlos von Stadt zu Stadt und von Land zu Land in Gesellschaft seiner Liebsten, die auf geheimnisvolle Weise von Zeit zu Zeit verschwindet und wieder auftaucht, bis er während einer finsteren Nacht in seinem Reisewagen einschläft und plötzlich aufwachend einen Lichtschein an der Decke wahrnimmt, der aus einem Riß in dem Kästchen hervorzukommen scheint.

»Ich vermutete, daß ein Karfunkel in dem Kästchen liege und wünschte darüber Gewißheit zu haben. Ich rückte mich so gut ich konnte zurecht, so daß ich mit dem Auge unmittelbar den Riß berührte. Aber wie groß war mein Erstaunen, als ich in ein von Lichtern wohl erhelltes, mit viel Geschmack, ja Kostbarkeit möbliertes Zimmer hineinsah [...] Indem kam von der andern Seite des Saals ein Frauenzimmer mit einem Buch in den Händen, die ich sogleich für meine Frau erkannte, obschon ihr Bild nach dem allerkleinsten Maßstabe zusammengezogen war. Die Schöne setzte sich in den Sessel an's Kamin um zu lesen, legte die Brände mit der niedlichsten Feuerzange zurecht, wobei ich deutlich bemerken konnte, das allerliebste kleine Wesen sei ebenfalls guter Hoffnung« (10, 641).

Die wenigen Abschnitte der Erzählung, die von der Entdeckung des Abenteurers handeln, daß seine Schöne »in zweierlei Gestalt« sich neben ihm befindet, haben etwas eigenartig Obsessives, als konzentrierten sich alle Energien auf das Sehen von etwas unheimlich Vertrautem: »Ich sah sie an; schöner war sie als jemals. [...] Wie sollte das Niedlichste, was ich in meinem Leben gesehn, einen schlimmen Eindruck auf mich machen?« (10, 643). Längst hat doch der Beobachter das elbische Wesen der Frau geahnt, ihre durch keine List zu täuschende Allgegenwart. Es ist nicht Liebe, was die Figuren dieses hintergründigen Märchens verbindet, sondern ein Tauschhandel. Die Frau wird die rhetorische Frage des Mannes zu deuten wissen: daß er den Preis kennt, um den sie zu haben ist, seine Verkleinerung auf das Maß einer häuslichen Idylle – wie Johann Heinrich Voß sie in seiner *Luise* beschreibt.

»Dann, nachdem sie den Schlüssel gewählt im Gebunde der Wirthschaft, / Oeffnete sie vorschauend und trat vor die eichene Lade, / Die, von den Ahnen geerbt, mit altertümlichem Schnitzwerk / Prangete, groß und geräumig, erlesener Betten Behältniß.«[176]

Der Blick in die Wirklichkeit der bürgerlichen Gesellschaft bezeichnet den Wendepunkt in der Geschichte der neuen Melusine und ihres Liebhabers, den sie sich unter allen Männern gewählt hat, weil das Zwergengeschlecht, zu dem sie gehört, seit Erschaffung der Welt immer abnimmt und kleiner wird, vor allem ihre eigene, die königliche Familie, und das deshalb von Zeit zu Zeit einer Auffrischung bedarf. Der Ich-Erzähler, durch die Aussicht, daß die Beutel bald aufhören würden zu zahlen, noch mehr beeindruckt als durch die Lieblichkeit seiner Schönen, ist bereit, mit ihr in ihr Reich überzutreten. Mittels eines Zauberrings schrumpft er auf Zwergengröße zusammen und wird von dem König der Zwerge in Gegenwart seines ganzen Hofes als Schwiegersohn anerkannt. »Wie schrecklich ward mir auf einmal zu Mute, als ich von Heirat reden hörte: denn ich fürchtete mich bisher davor« (10, 653). Er macht einen vergeblichen Fluchtversuch, fügt sich schließlich in sein Schicksal, zumal die Verhältnisse höchst angenehm sind. Nur kann er seinen vorigen Zustand nicht vergessen. »Ich hatte ein Ideal von mir selbst und erschien mir manchmal im Traum wie ein Riese« (10, 655). Am Ende gelingt es ihm, den goldenen Zauberring durchzufeilen und seine Menschengröße zurückzugewinnen. Nur, wie der *Hans im Glück* der Brüder Grimm, kommt er zu guter Letzt, »obgleich durch einen ziemlichen Umweg, wieder an den Herd zur Köchin« und muß sein altes Schmarotzerdasein fortsetzen (10, 656).

Der junge Goethe will diese zweideutige Geschichte im Sesenheimer Pfarrhaus erzählt haben. Vielleicht deswegen ist mir seine *Neue Melusine* nie recht geheuer gewesen. In den *Wanderjahren*, zum besten gegeben in einem Kreis von Männern, nimmt sie sich schon fremd genug aus, als wollte ein wahrhaft mephistophelischer Erzähler all dem Weggehen und Wiederkommen, dem Trennen und Vereinigen der Paare einen Zerrspiegel vorhalten. Er redet seine Zuhörer als »hochverehrte Herren« an (10, 633). Diese Herren, sollte die Erzählung ihren Beifall gefunden haben, müßten die romantische Liebe, wie sie zwischen Hersilie und Felix spielt, als eine sentimentale Illusion betrachten. Sie müßten »die Ehe bloß als einen bürgerlichen Kontrakt begreifen«, eine Vorstellung, die Hegel, sich von Kant absetzend, als roh bezeichnet,[177] eine Ökonomie des Tauschs von Gold gegen Lust, wie sie, in einem Prolegomenon zur Walpurgisnacht, Satan als Gesetz der Welt ausgibt (7/1, 553).

Ich weiß nicht recht, ob sich der Eindruck des Zweideutigen aus der ironischen Distanz erklärt, mit der der Autor oder der Erzähler der *Wanderjahre* auf diese Gruppe von Männern blickt. Die Figuren seiner »wahrhaften Geschichte« verbindet mit dem Volksmärchen, daß sie keine Tiefe haben: Die Zwergenprinzessin verhält sich, als ob ihr Verehrer jener »ehrsame Ritter« wäre, nach dem sie sucht (10, 648), und der Mann kann mit dem Lautenspiel und dem Gesang seiner Geliebten nichts anfangen. Diese wechselseitige Nicht-Anerkennung verrät, worum es diesen betrogenen Verrätern geht: nur um den Tauschvertrag, auf den sich die durch einen Riß in dem Kästchen sichtbar gewordene Szene gründet. Es steckt in diesem Märchen eine böse Parodie der bürgerlichen Familie.

Die Leserin kann das Fehlen eines moralischen Gefühls, vor allem bei dem männlichen Protagonisten, dem Genus des Märchens zuschreiben – es stößt mich ab; ich fühle mich, auf eine schwer zu bestimmende Weise, um etwas gebracht: ein Pathos, einen Laut der Klage, daß es so ist, wie es ist. Auch wenn, wie im Fall der *Neuen Melusine*, das Machtverhältnis der Geschlechter verkehrt scheint, denn es ist ja die Frau, die durch die Übergabe des Schlüssels den Mann in sein Geschlecht einsetzt, indem sie ihm den Zugang zu dem ihren verschafft.[178]

Es ging nicht um Liebe. Der Riß in der Wand hat sich wieder geschlossen, und Melusine ist darin verschwunden.

»Es ist eine alte, eine sehr starke Wand, aus der niemand fallen kann, die niemand aufbrechen kann, aus der nie mehr etwas laut werden kann. Es war Mord.«[179]

Entsagung

Hersilies letzter fragmentarischer Brief bildet das vorletzte Kapitel der *Wanderjahre*. Die große Heiterkeit einer Erscheinung der Frau, der zu Beginn des Romans der kleine Felix verfallen war, ist vergangen. Die Bruchstücke ihres Dagewesenseins werden nur durch das Eingeständnis einer Verwirrung des Gefühls zusammengehalten. Ich habe mich oft gefragt, ob der Autor seine Figur in die Dialektik von Erscheinen und Verschwinden nicht allzuweit hineintreibt. Und offenbar ahnt er das selbst, wenn er Hersilies Brief eine so umständliche wie mehrdeutige Einleitung vorausschickt.

»Den Brief aber selbst, den wir unter den vielen uns anvertrauten Briefen gleichfalls vorgefunden, dürfen wir, als höchst bedeutend, nicht zurückhalten. Er war von Hersilien, einem so wunderbaren als liebenswürdigen Frauenzimmer, welches in unsern Mitteilungen nur selten erscheint, aber bei jedesmaligem Auftreten, gewiß jeden Geistreichen, Feinfühlenden unwiderstehlich angezogen hat. Auch ist das Schicksal das sie betrifft wohl das sonderbarste, das einem zarten Gemüte widerfahren kann« (10, 741).

Ich stelle mir vor, wie die schwankende Gestalt dieses »so wunderbaren als liebenswürdigen Frauenzimmers«, unversehens erscheinend, so manche liebe Schatten heraufsteigen ließ, die Leiden des jungen Johann Wolfgang, Erinnerungen daran, was es bedeutet, wegzugehen und zu verlassen. Und vielleicht hat ihn die zum Verschwinden bestimmte Erscheinung Hersilies (oder Ottilies?) die Verdammnis des Verlassenwerdens ahnen lassen.

»Arme Träumerin, noch immer Glaube! – Von Sterling habe ich seit drei Monaten keinen Brief – Goff hat sich von mir weggewendet und mich unheilbar verletzt. Nay-

lor schrieb mir und hat ein Verhältnis gewählt, was ihn zum Altar führen wird.«[180]
Er läßt dieser Ahnung keinen Raum. Die Leserin hat das auch nicht erwartet. »Wiederholte Spiegelungen« – für den »alten Liebhaber« Goethe bedeutet das, aus Bruchstükken der Vergangenheit sich eine zweite Gegenwart zu erschaffen. Hier, wo die schwer zusammenzufügenden Trümmer eines weiblichen Daseins vor ihm liegen, zieht er sich nach seiner Weise hinter ein Bild zurück.

»Hersilie an Wilhelm.
Ich saß denkend und wüßte nicht zu sagen was ich dachte. Ein denkendes Nichtdenken wandelt mich aber manchmal an, es ist eine Art von empfundener Gleichgültigkeit. Ein Pferd sprengt in den Hof und weckt mich aus meiner Ruhe, die Türe springt auf und Felix tritt herein im jugendlichsten Glanze wie ein kleiner Abgott« (10, 741).
Der Autor der *Wanderjahre* ist vertraut mit dergleichen Zuständen, und er hat die Gabe, sie zu beschreiben; in den *Bekenntnissen einer schönen Seele* geht er ihnen nach bis in die mystische Versenkung. Die Ottilie der *Wahlverwandtschaften* erkennt in einem »halben Totenschlaf«, daß sie aus ihrer Bahn geschritten ist, und faßt den Entschluß zu entsagen und zu schweigen (8, 499 ff.). Seiner Hersilie versagt er diese Klarheit über ihr eigenes Gesetz. Sie geht ihren Anwandlungen nicht auf den Grund, sie verrät auch nicht, welcher Art ihre Tagträume sind. Sie wechselt die Tonart, vom Bekenntnis zur Erzählung, und die Leserin erwartet, nun endlich über die Bewandtnis des Kästchens aufgeklärt zu werden. Der jugendliche Verehrer und die Dame seines jungen Herzens wiederholen, eins für das andere, die Geschichte ihrer Begegnungen. Felix erinnert sich an das Prachtkästchen, wünscht es zu sehen: »Er bittet wie betend,

kniet und bittet mit so feurigen holden Augen, mit so süßen schmeichelnden Worten, und so war ich wieder verführt. Ich zeigte das Wundergeheimnis von weitem.« Felix bemächtigt sich des Kästchens, aber bei seinem Versuch, es zu öffnen, bricht der Schlüssel ab – so wie ihm auch das Herz der Geliebten verschlossen bleibt. Hersilie, als er sie gewaltsam küßt, erinnert sich der Kluft der Jahre, die sie trennen, nur zu deutlich. »Seine Augen näherten sich den meinigen und es ist was Schönes, sein eigenes Bild im liebenden Auge zu erblicken. Ich sah's zum erstenmal, als er seinen Mund lebhaft auf den meinigen drückte.« Fast gewaltsam reißt sie sich los von dem Bild einer Frau in Ekstase, ihrem eigenen verwandelten Antlitz.

Hersilies Augenblick scheint sich zu wiederholen, aber er steht, in der Wiederholung, unter einem anderen Stern, und die Leserin erschrickt fast vor der strengen Logik, der diese unschuldige Mädchengestalt, diese neue Alkmene, unterworfen wird. »Ich riß mich los [...] ich stieß ihn zürnend weg [...] ich bedrohte, ich schalt ihn, befahl ihm nie wieder vor mir zu erscheinen« (10, 742). Im Nu wird sie zur sich versagenden, entsagenden *Dame*.

Nur aus seiner von Hersilie in einen knappen Satz gefaßten Reaktion errät die Leserin, was Felix sieht. »Er warf sich auf sein Pferd und sprengte weg«, den Tod zu suchen, ein anderer jetzt als der Knabe, der einst mit einem Büschel blühender Blumen, die er für seine Dame gepflückt hatte, in einen Graben gestürzt war (10, 679). Er wird, wie der maßlose Phileros in den Fluß stürzen, aber gerettet werden wie der Sohn des Prometheus in Goethes Festspiel *Pandora*. »Denn ihn läßt die Lust zu leben / Nicht, den Jüngling, untergehn« (*Pandora*; 6, 694).

Hersilie aber, die schon bereut, daß sie in ihrem Zorn das Maß überschritten hat, bleibt zurück mit dem abgebrochenen Schlüssel im Kästchen. Ein für den Oheim tätiger Goldschmied zeigt ihr, kurze Zeit nach der verunglückten Begegnung, daß die beiden Enden des Schlüssels magnetisch verbunden sind. Es gelingt ihm auch, das Kästchen zu öffnen, aber nur, um es sofort wieder zuzudrücken. »An solche Geheimnisse sei nicht gut rühren, meinte er« (10, 743).

Das Geheimnis des Kästchens, das der Ich-Erzähler der *Neuen Melusine* durch einen Riß in der Wand erspäht, die Verwandlung eines Liebhabers in einen Ehemann oder die Verkleinerung des Mannes durch das Recht der Familie, hat für den jungen Felix keine Bedeutung. Und es gehört vielleicht auch zu den Dingen, die Hersilie vergessen möchte. Die Mahnung des Goldschmieds zielt aber auf ein anderes, tieferes Geheimnis, allem voraufgehend oder allem zugrundeliegend: das Geschlecht. Hersilie *hat* das Kästchen. In empfundner Gleichgültigkeit steht sie gleichsam neben den Geschlechtern, mögen auch immer wieder ein liebenswürdiger kleiner Abgott »mit so feurigen holden Augen« oder ein welterfahrener älterer Freund, der »männlichste aller Männer« (10, 597) durch ihre Tagträume spuken. Nicht eine »unschuldige Alkmene« ist sie, sondern eine Wissende. In ihrer zwischen Vater und Sohn hin- und herschweifenden Neigung drückt sich ein geheimer Widerstand gegenüber ihrer Bestimmtheit als Frau aus. Der Erzähler blickt auf dieses »so wunderbare wie liebenswürdige Frauenzimmer« mit einer väterlichen Schonung, als erinnerte sie ihn an eine in mythischer Vorzeit Verschwundene, deren Gedächtnis Ovids *Metamorphosen* bewahren.

»Doch wie Befleckung scheut sie den Schein der Fackel des Hymen; / Und, von der Röte der Scham das schöne Gesicht übergossen, / schlingt sie schmeichelnd den Arm um des Vaters Nacken und bittet: / ›Laß mich, o teurer

Erzeuger, als Jungfrau genießen mein ganzes / Leben: den gleichen Wunsch hat ihr Vater erfüllt der Diana‹« (Ovid, *Metamorphosen* I, 484 ff.).

Und wenn auch der Autor der *Wanderjahre* sie durch den Namen – als geraubte Sabinerin und Gattin des Romulus wird Hersilia mit dem vergöttlichten Stadtgründer zugleich verehrt – an das Gesetz der Familie bindet, so gehört sie für den Erzähler zu den Entsagenden, nur daß sie ihren Ort *ailleurs* hat, anderswo, *neben* den anderen Kindern des Saturn, Vater und Sohn, »die sich auf dem Wechselweg vom Orkus zum Licht begegnen« (10, 745).

Für die Witwe August von Goethes, in der Wirklichkeit zurückgelassen von Vater und Sohn, gibt es eine solche Schonung nicht; es treibt sie als pilgernde Törin durch die Welt, ruhe- und hoffnungslos, von Weimar an den Rhein, von Frankfurt nach Wien und immer wieder zurück in das Haus am Frauenplan, auf der Suche nach der einzigen Liebe, verfolgt von Gerüchten und übler Nachrede.

DIE GESTALT: HELENA

> Mein Vaterland ist Spartas hochberühmte Stadt,
> Mein Vater ist Tyndareos: doch meldet auch
> Die Sage, daß in meiner Mutter Leda Schoß
> Sich Zeus geschwungen, borgend eines Schwans Gestalt,
> Der eines Adlers grimmen Klaun entfloh und sich
> Verstohlne Freuden haschte – lügt die Sage nicht:
> Man hieß mich Helena...[181]

Die Leserin, schon bereit, sich der verführerischen Übervertrautheit der Goetheschen Verse zu überlassen, hat, um Abstand zu gewinnen, die *Helena* des Euripides aufgeschlagen. Sie sieht eine Frau – sie wird wohl schön genannt werden müssen –, deren sich der Mythos bemächtigt hat. Jetzt sitzt sie als Schutzflehende auf der hell ausgeleuchteten Bühne einer während der Dionysien des Jahres 412 v. Chr. aufgeführten Tragödie, noch einmal, wieder einmal begehrt und bedrängt von einem Mann, Lebende und Idol zugleich. Von sich selbst weiß sie nur, daß Helena der Name ihrer sagenhaften Schönheit ist. Der Frau, die dort oben, auf der Bühne, umgeben von klagenden griechischen Frauen, vor dem Grabmal ihres toten Beschützers am Ufer des Nils sitzt, droht nach langen Irrfahrten über die Länder und Meere der alten Welt die eigene Geschichte ins Dunkel des Vergessens zu versinken. Sie muß sich vorstellen – oder die Schönheit, die den Namen Helena trägt –, um sich nicht selbst zu verlieren. Kaum weiß sie selber ja, ob sie eine sterbliche Frau ist, von ihrer Mutter Leda geboren, oder ein aus dem Ei geschlüpftes Kind des Zeus, eine Figur des

Mythos oder die Erfindung eines ihr unbekannten Erzählers. »Man hieß mich Helena ...«, sagt sie vor sich hin, sagt sie sich vor, als wäre es unendlich lange her, daß man ihr diesen Namen gab, als hätte sie der Mythos um ihre Wirklichkeit gebracht. Denn diese klagende Frau, eine Fremde in Ägypten, ihrem Gastland, wohin Hermes auf Geheiß der Götter sie entrückt hat, war einmal die Königin von Sparta, die Gemahlin des Menelaos; die von Paris nach Troja entführte schöne Helena dagegen war nichts als ein Trugbild. Die Frau auf der Bühne des Euripides hat den Botenbericht gehört über die Selbsttötung ihrer Mutter Leda, die, indem sie sich erhängte, den *häßlichen* Tod der Frauen starb, über den Tod ihrer Brüder, die Zerstörung Trojas und den Verlust unzähliger griechischer Heroen und stimmt nun mit dem Chor ihrer Frauen die Totenklage an, während schon Menelaos naht, der sie erkennen und nach Griechenland zurückführen wird. Vergessen hat sie vielleicht schon ihre erste Irrfahrt, überliefert in den *Historien* Herodots, ihre erste Entführung und Wiederherstellung. Von Theseus, dem ewigen Mädchenräuber, war sie nach Attika verschleppt, später aber von den Dioskuren, ihren Brüdern Kastor und Pollux, nach Sparta zurückgebracht worden, die aus der Verbindung mit Theseus stammende Tochter Iphigenie ihrer Schwester Klytemnästra überlassend. So wiederholt sie die Geschichte ihrer von Zeus in der Gestalt eines Schwans verführten Mutter Leda oder – von deren himmlischer Doppelgängerin, der Göttin Nemesis, die fliehend von dem göttlichen Vogel überwältigt wird und ein Ei gebiert, das Hirten der Leda übergeben. Vergessen hat sie vielleicht auch schon die Versammlung der Freier vor dem Palast ihres sterblichen Vaters Tyndareos, der sie verheiraten will an den Reichsten und Mächtigsten. Die in der *Bibliothek* des Apollodoros enthaltene Freierliste ist lang; sie verzeichnet die Namen vieler Heroen, unsterblich gemacht durch Homers *Ilias*. Nur der Rat des klugen Odysseus hatte verhindert, daß die Brautschau in einen Bruderkampf umschlug, und dazu geführt, daß Tyndareos seine Wahl treffen konnte. Es war Menelaos, dem das Ebenbild der goldenen Aphrodite zufiel. Man hieß sie Helena ...

Goethes »klassisch-romantische Phantasmagorie« setzt ein, wo das Drama des Euripides endet: Menelaos hat nach der Eroberung Trojas Helena nach Griechenland zurückgebracht.

> Bewundert viel und viel gescholten Helena
> Vom Strande komm' ich wo wir erst gelandet sind
> [...]
> Komm' ich als Gattin? komm' ich eine Königin?
> Komm' ich ein Opfer für des Fürsten bittern Schmerz
> Und für der Griechen lang' erduldetes Mißgeschick?
> Erobert bin ich, ob gefangen weiß ich nicht!
> Denn Ruf und Schicksal bestimmten fürwahr
>   die Unsterblichen
> Zweideutig mir, der Schöngestalt bedenkliche
> Begleiter
> (*Faust II*, V. 8488 f. und 8527 ff.).

Eine Schöngestalt von anmutiger Lebendigkeit hatte Goethe täglich um sich, Ottilie, die Schwiegertochter und Hausherrin am Frauenplan. Immer wieder habe ich mich gefragt, was es bedeutet, daß sie, mit Eckermann, die einzige ist, die den ganzen *Faust* kennt. Goethe hat die bereits versiegelte Reinschrift, wie sein Tagebuch bezeugt, im Januar 1832, also wenige Wochen vor seinem Tod, noch einmal geöffnet, um seiner Schwiegertochter *Faust II* vorzulesen: »Abends Ottilie. Faust ausgelesen« (7/1,

809), notiert er am 29. Januar 1832 ohne jeden Kommentar. Was immer an diesem Abend Ottilie von Goethe gesagt haben mochte, Eckermann würde es nicht überliefert haben, die Worte nicht, nicht den Klang der Stimme oder den Ausdruck des Gesichts. In Eckermanns *Gesprächen mit Goethe* und nahezu gleichlautend in den *Unterhaltungen mit Goethe* des Kanzlers von Müller werden die »anmutigen« Tischgespräche und Abendunterhaltungen in der Gegenwart Ottilie von Goethes häufig erwähnt, doch mit dem vieldeutigen Zusatz, es sei »davon wenig oder nichts geblieben« (39, 725).

In den 1826 niedergeschriebenen Entwürfen zum Helena-Akt ist mehrfach die Rede von einer Rückkehr ins Leben, wie sie der Mythos von Orpheus und Eurydike erzählt. Eine solche Rückkehr hat vielleicht auch Ottilie nach ihrem Sturz vom Pferd im selben Sommer erfahren: »Ich bleibe auf ewig entstellt und bin daher in meinem Innern in einer Art von Verzweiflung«, schreibt sie der Schwester Ulrike von Pogwisch.[182] Goethe scheut den »häßlichen Eindruck«,[183] als müßte er den Anblick des Gorgonenhaupts aushalten. »Der Lama«, bemerkt mit einer unüberhörbaren Bitterkeit Charlotte von Stein, »um sich keinen unangenehmen Eindruck zu machen, ließ ihr sagen, daß er sie erst sehen werde, wenn sie hergestellt sein würde, und dann sollte sie das Kleid anziehen, was sie zuletzt, als sie bei ihm war, trug.«[184] Er sei, gesteht er dem Kanzler von Müller, »hinsichtlich [seines] sinnlichen Auffassungsvermögens so seltsam geartet«, daß ihn Mißgestalten »höchlich perturbieren«.[185] Ottilie, ins Leben zurückgekehrt, darf, da ihre Schönheit wiederhergestellt ist, auch wieder vor Goethe erscheinen, der sie sieht, in einem leeren, hohlen abenteuerlichen Treiben, ohne wahre Leidenschaft, in einer immerwährenden

»Wut, aufgeregt zu sein«,[186] gefolgt von den »bedenklichen Begleitern« der schönen Frau. Seine anmutige Schwiegertochter war, wie jene höchste Schönheit, die er beschwört, »bewundert viel und viel gescholten«, eine unselige Liebende, flüchtiges Objekt des Begehrens einer Reihe von Freiern. Sie wußte, was es heißt, zum Bild gemacht zu werden.

Bei der Hochzeitsfeier der Thetis, zu der man sie nicht eingeladen hat, wirft Eris, die Göttin der Zwietracht, einen goldenen Apfel aus dem Garten der Hesperiden in den Festsaal: Er soll der Schönsten gehören. Den Streit der Göttinnen, Hera, Athene, Aphrodite, entscheidet ein junger trojanischer Hirte, Paris, zugunsten der Liebesgöttin, die ihm Helena verspricht, »das Mädchen aus Argos«, »die gleich war an Schönheit der goldenen Kypris«.[187] So ist es der Spruch eines Mannes, der aus einer Frau, sei es auch eine Göttin, *die Schönste* macht, ein Idol. Eckermann rühmt sich, Goethe habe, auf seine Anregung hin, »in die Erscheinung der Helena noch einen Zug hineingebracht, um ihre Schönheit zu erhöhen« (39, 387).

Ich versuche mir diesen Fünfundsiebzigjährigen vorzustellen, diesen Meister, der in seinem langen Leben mehr als einmal eine lebendige Frau, die ihm an einem ländlichen Himmel als »ein allerliebster Stern« aufgegangen war, zum Bild entwirklicht hat – für uns, und jetzt, auf einmal, mit einem so deutlichen Gestus des Triumphs vertrauten Freunden ankündigt, er habe Helena ohne weiteres auftreten lassen;[188] sie sei *wirklich* aufgetreten;[189] ihm selbst komme es wunderbar vor, daß seine poetische Konzeption als etwas unglaublich Wirkliches erscheine.[190] Er weiß, daß es ihm gelungen ist, den *einen* Augenblick festzuhalten, »in welchem der schöne Mensch schön« ist – in der idealen Wirklichkeit des Werks (19, 183 f.). Er muß den Eindruck gehabt haben, in den Anfang der Erfindung des Schönen zurückgekehrt zu sein. In Helena hat er die Frau als Erscheinung zum Erscheinen gebracht. Und ihre Schönheit erscheint ihm jetzt wirklicher als die einer ehemals geliebten Friederike auf der Schwelle des Pfarrhauses von Sesenheim.

Die Frau, wirklich gemacht, muß erscheinen: als Gestalt. In den Beschreibungen des Pausanias von Gemälden Polygnots, die sich in Delphi befunden haben sollen, erkennt Goethe die Verherrlichung der Helena. Inmitten der Zerstörung Trojas, mitten unter der Masse gefangener, trauernder Frauen sei sie im höchsten Glanze *erschienen*.

»Sie entzückt, indem sie Verderben bringt, das Alter wie die Jugend, entwaffnet den rachgierigen Gemahl; und, vorher das Ziel eines verderblichen Krieges, erscheint sie nunmehr als der schönste Zweck des Sieges, und erst über Haufen von Toten und Gefangenen erhaben, thront sie auf dem Gipfel ihrer Wirkung. Alles ist vergeben und vergessen; denn sie ist wieder da. Der Lebendige [sc. Menelaos] sieht die Lebendige wieder, und erfreut sich in ihr des höchsten irdischen Gutes, des Anblicks einer vollkommenen Gestalt« (18, 911).

Vor sich hatte er ein paar Blätter, Bleistiftumrisse auf weißem Papier, »Polygnots Gemälde in der Lesche von Delphi. Nach der Beschreibung des Pausanias restauriert von den Brüdern Riepenhausen« (18, 892). Die Leserin blickt auf die Abbildung der Verherrlichung der Helena in den *Ästhetischen Schriften* und wundert sich, wie Goethe in diesen klassizistischen, von griechischen Vasenbildern abgeschauten Umrißzeichnungen der jungen Tischbeinschüler eine das Bedürfnis nach konkreter Anschauung befriedigende Wiederbelebung jener bedeutenden Werke des Altertums hat sehen können. Sie sieht – nichts. Er aber *hat* gesehen;

er hat *gesehen*, daß die Wiederbelebung der Antike deren Vernichtung zur Voraussetzung hat. Er wird das monumentale Gemälde des holländischen Manieristen Maarten van Heemskerck aus der ersten Hälfte des 16. Jahrhunderts, *Die schöne Helena in den Romruinen*, nicht gekannt haben. Es zeigt, vor einer phantasmagorischen, hügeligen Ruinenlandschaft, die sich in eine blaue Wolkenferne verliert, einen bunten Figurenzug, eine Frau auf einem kostbar aufgezäumten Pferd mit roter Satteldecke, begleitet von einem Reiter in goldener Rüstung mit wehendem weißen Helmbusch, bewaffneten Fußsoldaten und Dienern, beladen mit vermutlich geraubten goldenen Statuen. Daß es sich um die Entführung Helenas handelt, verrät das auf sie wartende, festlich bewimpelte Schiff, auf dessen Großsegel das Parisurteil dargestellt ist. Über dem Schiff wölbt sich ein hoher Regenbogen, den eine wie ein riesiger Raubvogel herabstürzende dunkle Wolke zerteilt. Die allegorische Bedeutung dieser gedankenvollen Komposition müßte sich von diesem Zeichen einer bedrohten Versöhnung her erschließen. Auf dem heftig bewegten Riesengemälde van Heemskercks scheint alles in Aufruhr geraten zu sein, Himmel und Meer, die weit in die Landschaft verstreuten malerischen Ruinen antiker Tempel, das Menschengewimmel. Paris hat mit seiner Beute das Ufer schon fast erreicht; sein Schiff wird ihn und die schöne Helena – oder ihr Bild nach Troja bringen. Aber hinter ihnen wird noch gekämpft, um geraubte Frauen, geraubte Schätze. Und es wird wieder Krieg sein ... Nur Sie, die entzückt, indem sie Verderben bringt, blickt aus dem Bild heraus ins Unbestimmte: »was die Königin dabei / In tiefem Busen geheimnisvoll verbergen mag, / Sei jedem unzugänglich« (V. 9075 ff.). Vielleicht ist sie nichts als das Bild, das die Künstler aus den Trümmern der Antike gerettet haben und immer wieder beleben

Claude Lorrain (1600-1682): Die Entführung der Helena

müssen. Mag sein, daß Goethe, während er aus den spröden Umrißzeichnungen der Brüder Riepenhausen den *Sinn* der verlorenen Gemälde Polygnots wiederzugewinnen versuchte, sich auf seinen Weg zu den Müttern vorbereitete. Mit einem Mal, vor diesen so weit voneinander entfernten Verherrlichungen der Helena, ermesse ich die Entschlossenheit seines Willens zum Bild. Er wagt sich dabei vor in Räume, die keiner vor ihm betreten hat.

Die Wiederbelebung Helenas, *der Frau*, steht, eigentümlich unverborgen, von Anfang an im Zeichen der Gewalt.[191] Es ist die Wirklichkeit der *Gestalt*, die Faust begehrt, nicht das Mädchen aus Argos, die lockige Helena, von der Hesiod in seinen *Frauenkatalogen* berichtet. Der Mann Faust, ein beängstigend »gewaltger Besitzer« (V. 9501), will sich wieder-holen, was antiker Mythos und christliches Mittelalter vorgebildet haben, die Heroine der Griechen und die Dame des Minnesangs in *einer* Verkörperung.

> Wüßt' ich irgend mich zu finden?
> Zinne? Turm? geschloßnes Tor?
> Nebel schwanken, Nebel schwinden
> Solche Göttin tritt hervor!
>
> Aug' und Brust ihr zugewendet
> Sog ich an dem milden Glanz,
> Diese Schönheit, wie sie blendet
> Blendete mich Armen ganz
> (*Faust II*, V. 9234 ff.).

> Swenne ich eine bin, si schînt mir vor den ougen.
> Sô bedunket mich
> wie si gê dort her ze mir aldur di mûren.
> ir red und ir trôst entlâzent mich niet trûren.

swenn si will, sô füeret si mich hinnen
mit ir wîzen hant hô über di zinnen.

Ich wêne, si ist ein Vênus hêre, diech dâ minne:
wan si kann sô vil.
si benimt mir leide, fröide und al die sinne,
swenne sô si wil,
sô gêt si dort her zuo einem vensterlîne,
unde siht mich an reht als der sunnen schîne ...[192]

»Nove fiate già appresso lo mio nascimento era tornato lo cielo de la luce quasi a uno medesimo punto, quanto a la sua propria girazione, quando a li miei occhi apparve prima la gloriosa donna de la mia mente [...] Beatrice.« (Schon zum neunten Mal war seit meiner Geburt der Himmel des Lichts beinahe zu demselben Punkte wiedergekehrt, und zwar in seinem eigenen Kreislauf, als mir zum ersten Mal die verklärte Herrin meines Geistes erschien.)[193]

In den betörenden Liedern dieser betörten Männer ist die Dame die Er-Scheinende, ein fließendes Licht, das ungehindert durch Wolken, Nebel, Mauern bricht. Aber auch für die Leserin wird in der Liebesbegeisterung des Turmwächters, der als *alter ego* seines Herrn die Schönheit Helenas preist, *Minnesangs Frühling* wahrhaft lebendig. »Harrend auf des Morgens Wonne, / Östlich spähend ihren Lauf, / Ging auf einmal mir die Sonne / Wunderbar im Süden auf« (V. 9222 ff.). Sie liest und erinnert sich an Verse Gottfrieds von Straßburg, an die morgendliche Schönheit der blonden Isolde, die für Tristan »tagt«, und ganz allmählich beginnt sie die Zeitentiefe zu erahnen, die sich in dem Lied des Türmers zum ekstatischen Augenblick zusammenzieht, und entziffert in der erotischen Spiritualität des entrückten Sängers Spuren der viktorinischen Mystik, wie sie im 12. Jahrhundert von dem Augustiner Chorherrenstift St. Viktor am linken Seineufer in Paris ausgegangen ist, in einem Jahrhundert, das die Liebe als geistige Lebensmacht entdeckt hat. Die feurigen Pfeile der verwundenden Liebe haben den Schauenden so geblendet, daß er seine Wächterpflichten vergißt. Aber der Burgherr steht ihm nicht nach im *excessus mentis*, im Außer-sich-Sein, in der Bereitschaft der Nichtung des eigenen Selbst. In freiwilligem Gehorsam unterwirft er sich sogleich der uneingeschränkten Herrschaft der Schönheit, der »einzigsten Gestalt« – wie Hugo von St. Viktor der »alleinzigen« Liebe des Einen.[194]

Doch gibt es beim triumphalen Empfang Helenas durch Faust im inneren Burghof eines Geisterschlosses etwas, das stört, das verstört: Es lauert in diesem Exzeß des Frauenkults ein kaum zurückgehaltener Zug zur Gewalt, »zu erzwungenem Genusse« (V. 9795), und so endet das mittelalterliche Festspiel mit der Ankündigung eines Eroberungskrieges.

Die Verherrlichung der Dame bedeutet für diese zugleich ihre Entwirklichung, ihre Verwandlung in ein Bild, präfiguriert im Mythos von der »ägyptischen Helena«, auf den die Tragödie des Euripides zurückgeht. Der griechischen Helena ist in Memphis ein Heiligtum geweiht, der Tempel der »fremden Aphrodite«,[195] er erinnert an die Doppelexistenz jener Gestalt aller Gestalten, als Gattin des Menelaos und als *Idol*. Helena sei, erzählt Apollodoros, nach dem Willen des Zeus (bei Euripides ist es die eifersüchtige Hera) heimlich von Hermes nach Ägypten entführt worden; Paris aber habe ein »aus Wolken angefertigtes Bild« nach Troja gebracht:[196]

                                        ein lebendes
Gebilde, das mir ähnlich war, aus Ätherstoff:
So wähnt mich zu besitzen, die er nie besaß,
In eitlem Wahne Priamos' Sohn [...]
Mich selbst entrückte Hermes durch der Lüfte All,
Gehüllt in Wolken – Zeus vergaß der Tochter nicht –
und führte mich in König Proteus' Haus hierher,
Der ihm der weiseste von allen Menschen galt,
Auf daß mein Bett ich für Menelaos rein erhielt
(Euripides, *Helena*, V. 33 ff.).

Im Helena-Akt von *Faust II* treibt der Spielmeister Mephisto/Phorkyas mit der Verdoppelung der Gestalt ein teuflisches Spiel. Die von Faust »ins Leben gezogene« Heroine gerät dadurch in eine Sinnesverwirrung, in der sich das Ende des erneuerten Arkadien schon ankündigt.

»*Phorkyas.* Doch sagt man, du erschienst ein doppelhaft Gebild, / In Ilios gesehen und in Ägypten auch. *Helena.* [...] Selbst jetzo, welche denn ich sei, ich weiß es nicht [...] / Ich schwinde hin und werde selbst mir ein Idol« (V. 8874 ff.)

Ottilie, die Zuhörerin, wußte, was es bedeutet, verherrlicht zu werden, ohne in die Wirklichkeit einer Liebe eintreten zu können. Marianne von Willemer, verherrlicht als Suleika in den Gedichten des *West-östlichen Divan*, und zurückgelassen als Liebende mit der Hoffnung auf ein Wiedersehen, die sich nur im Gedicht erfüllte, hat es bis an den Rand des Selbstverlusts erfahren. Zweimal ist sie von der eigenen Lebensbahn abgelenkt worden: Sie war, fast noch ein Kind, mit einer reisenden Ballett- und Theatertruppe nach Frankfurt gekommen, Tänzerin, Sängerin, Schauspielerin, die zu bezaubern vermochte, wie Clemens Brentano bezeugt, ließ sich aber von dem zum zweitenmal verwitweten Bankier Johann Jacob von Willemer in sein Haus führen, wo sie dann Goethe begegnet. »Aber daß du, die so lange mir erharrt war, / Feurige Jugendblicke mir schickst, / Jetzt mich liebst, mich später beglückst, / Das sollen meine Lieder preißen / Sollst mir ewig Suleika heißen« (3/1, 74). Er habe, gesteht Goethe seinem Vertrauten, Eckermann, viele Jahre später, das Vorrecht seiner »geistigen Übermacht«, »ewige Jugend fortwährend geltend zu machen«, das Erlebnis einer »wiederholten Pubertät«, einer »temporären Verjüngung« (39, 656) während der Lebensphase der Suleikaliebe in hohem Grade genossen. Marianne hat, um sich leben zu fühlen in einem zwischen Dichtung und Wahrheit schwebenden Liebesspiel, nur wenige Spätsommerwochen gehabt, im September und Oktober 1814 und im August 1815, und viele lange Jahre der Erinnerung. Nach einem Wagenunfall bricht Goethe die geplante Reise in die Rhein- und Maingegenden im Jahr darauf ab. Es ist das Todesjahr von Christiane.

Im Februar 1832, wenige Wochen vor seinem Tod, schickt er der Freundin ein versiegeltes Paket mit ihren Briefen, »Blätter, die auf die schönsten Tage meines Lebens hindeuten«, schreibt er und bittet, sie »uneröffnet bei sich, bis zu unbestimmter Stunde, liegen« zu lassen. »Dergleichen Blätter geben uns das frohe Gefühl daß wir gelebt haben.«[197]

Die zum Idol gemachte Frau weiß, daß über das Verweilen im Augenblick der Liebe ein Tabu verhängt ist. Und so vermag Helena in den erotischen Raum, den Faust ihr zu eröffnen scheint, nicht wirklich einzutreten. Wie nah sie sei: dem anderen, dem Verführer, dem Eroberer wie dem Dichter, ist sie ein Bild. »Ich fühle mich so fern und doch so nah, / Und sage nur zu gern: da bin ich! da!« (V. 9411 f.)

Sie sagt es, aber im Wissen schon, daß es sich um einen schönen Traum handelt. »Es ist ein Traum, verschwunden Tag und Ort« (V. 9414).

»Ich war mir selbst ein Rätsel [...] [Es] schien mir alles wie ein beseligender Traum [...] ja sogar die unverkennbare Mitwirkung eines mächtigen höheren Wesens [...] ist in seiner Ursache so beglückend, daß man nichts tun kann, als es für eine Gabe des Himmels anzunehmen, wenn das Leben solche Silberblicke hat.«[198]

Fausts zweideutige Rede enthüllt die Wahrheit des erotischen Augenblicks: es ist ein Traum, von Mephisto/Phorkyas inszeniert, der sich in ein Kunstwerk verwandeln wird. So ist auch die berühmte Wechselrede von Faust und Helena Verführung und Verfügung:

»*Faust*. Und wenn die Brust von Sehnsucht überfließt, / Man sieht sich um und fragt – *Helena*. Wer mitgenießt. / *Faust*. Nun schaut der Geist nicht vorwärts nicht zurück, / Die Gegenwart allein – *Helena*. Ist unser Glück. / *Faust*. Schatz ist sie, Hochgewinn, Besitz und Pfand; / Bestätigung wer gibt sie? *Helena*. Meine Hand« (V. 9379 f.).

> *Behramgur*, sagt man, hat den Reim erfunden,
> Er sprach entzückt aus reiner Seele Drang;
> *Dilaram* schnell, die Freundinn seiner Stunden,
> Erwiederte mit gleichem Wort und Klang.
>
> Und so, Geliebte! warst du mir beschieden
> Des Reims zu finden holden Lustgebrauch,
> Daß auch Behramgur ich, den Sassaniden,
> Nicht mehr beneiden darf: mir ward es auch [...]
> (*West-östlicher Divan*; 3/1, 92)

Unter dem Zwiegespräch zwischen dem Burgherrn Faust und der Gestalt der schönsten Frau, deren Erscheinung er zum Erscheinen gebracht hat, verbirgt sich ein unaufhebbarer Gegensatz des Begehrens: der Augenblick als Da-Sein, den Helena – oder Marianne – staunend erlebt, und als ein Immer-schon-darüber-hinaus-Sein in einem selbsterschaffenen Arkadien, »und wär's ein Augenblick« (V. 9418), jenseits eines erfüllten Hier und Jetzt.

Goethe wird die schmerzhafte Diskrepanz zwischen den schicksalsergebenen Briefen Marianne von Willemers und seinem Schweigen gefühlt haben. »Jeder Scherz der mich ergetzte / Wird nun schuldenschwer und theuer« (3/1, 93). Aber er hatte sich, schon bereit zu eigener Entsagung, aus der jungen Frau seines Frankfurter Freundes, in der sich die freie Sinnlichkeit der Schauspielerin mit der Haltung der Dame auf's schönste vereinigte, seine Suleika gemacht. »Sie, die Geistreiche, weiß den Geist zu schätzen, der die Jugend früh zeitigt und das Alter verjüngt« (3/1, 224). Er brauchte »zur Belebung und Steigerung eines glücklichen Zustandes«, wie er ihn auf seiner Reise in die Landschaften seiner Jugend genießen wollte, »die Theilnahme geistreicher, liebender Freunde« (17, 261). Er wußte wohl, daß er auch jetzt, in einer Periode gesteigerter Produktivität, gekommen war, um wieder wegzugehen, daß er nicht wiederkommen würde, weil das *Wiederfinden* sich im Gedicht ereignete (3/1, 96 f.). Marianne, Anlaß und Gegenstand und Stimme des *Buchs Suleika*, Marianne in ihren beiden herbstlichen Sommern an Rhein und Main, kannte das dämonische Gesicht ihres Geliebten nicht, wiewohl sie die einzige war, die ihm »erwiederte mit gleichem Wort und Klang«.

Hast mir dieß Buch geweckt, du hast's gegeben:
Denn was ich froh, aus vollem Herzen, sprach,
Das klang zurück aus deinem holden Leben,
Wie Blick dem Blick, so Reim dem Reime nach.
(3/1, 92)

Sie konnte nicht wissen, daß er zum Augenblick, den sie doch gemeinsam im Leben und Lied verherrlichten, in einem ganz anderen Verhältnis stand als sie. Goethe besitzt im gegenwärtigen Augenblick zugleich die Vergangenheit, die sich in ihm spiegelt. Ich erinnere mich an eine seiner fast erschreckend hellsichtigen Selbstreflexionen – sie gehören zu den seltenen Augenblicken rückhaltloser Nähe, wie er sie bei Jacobi erlebte, Augenblicke, in denen sein »Inneres mit Gewalt hervor[brach]«: Es gebe in ihm, gesteht er im Anschluß an seine erste Begegnung mit dem Freund, eine sich oft wundersam äußernde »Empfindung der Vergangenheit und Gegenwart in Eins: eine Anschauung, die etwas Gespenstermäßiges in die Gegenwart brachte«, »im Gedicht immer wohltätig, ob sie gleich im Augenblick, wo sie sich unmittelbar am Leben und im Leben selbst ausdrückte, Jedermann seltsam, unerklärlich, vielleicht unerfreulich scheinen mußte« (14, 677 f.).
Er vermag »im Gegenwärtigen Vergangenes« zu genießen: Sein Garten an der Ilm wird vor seinen sehenden Augen zu einer geisterhaften Überschaulandschaft, aus der sich in »herrlichem Duftmorgen« die Wartburg erhebt und die Jagdgesellschaft des jugendlichen Herzogs am Fuß des Brocken sich versammelt. »Und da duftets wie vor Alters, / Da wir noch von Liebe litten, / Und die Saiten meines Psalters / Mit dem Morgenstrahl sich stritten« (3/1, 20 f.).
Der Frau, sie heiße Helena oder Marianne, bleibt nur das

Erinnern an den Augenblick: »Hier war ich glücklich, liebend und geliebt«, so schließt ein spätes Gedicht Marianne von Willemers, das sie 1824 Goethe als Geburtstagsgruß sendet (3/2, 1255). »Als ich diesen Sommer Heidelberg wiedersah, habe ich alle Orte besucht, die mir wert sind, und ihre Wirkung auf mich war unbeschreiblich wohltuend [...] Nur jene Lettern, fein gezogen an des lustgen Brunnens Rand, hatte die Hand der Zeit verwischt; für ihre Unsterblichkeit ist gesorgt, möge der Wunsch, den sie aussprachen, mein kurzes Leben ausfüllen.«[199]

Es ist der Wunsch, den in dem Wechselgesang *An des lust'gen Brunnens Rand* Suleika ausspricht, als sie ihre »Chiffer leis' gezogen« erblickt: »Bleibe! bleibe mir gewogen!« (3/1,91) Für Marianne fallen die Gegenwart als leere und die Vergangenheit als erfüllte Zeit auseinander, aber während sie auf die Wiederkehr des Geliebten schon kaum mehr wartet, muß ihr allmählich die Wirklichkeit ihrer Erinnerung entgleiten. Vielleicht hat sie immer nur in einem sehnsüchtigen Traum gelebt, weil ihr Dichter vielleicht nur einen Augenblick lang auch Goethe gewesen ist, ein liebender Geliebter. In Eckermanns *Gesprächen* blätternd, ohne ein deutliches Motiv zu haben, bin ich zufällig auf die Erzählung einer musikalischen Abendunterhaltung bei Goethe gestoßen, im Januar 1827, wo eine Dame der Weimarer Gesellschaft einige von Zelter vertonte Lieder vorträgt und Goethe sich zum Schluß des schönen Abends noch das Lied *Ach um deine feuchten Schwingen*, also einen der Beiträge Mariannes zum *Divan*, erbittet, ein Lied, bemerkt Eckermann, »welches gleichfalls die tiefsten Empfindungen anzuregen geeignet war«. Nachdem die Gesellschaft gegangen, sei er, erzählt Eckermann weiter, noch einige Augenblicke mit Goethe allein geblieben. »Ich habe, sagte er, diesen Abend die Bemerkung gemacht, daß diese Lieder des Divans gar kein Verhältnis mehr zu mir haben. Sowohl was darin orientalisch als was darin leidenschaftlich ist, hat aufgehört in mir fortzuleben; es ist wie eine abgestreifte Schlangenhaut am Wege liegen geblieben« (39, 197). Seine *Tag- und Jahreshefte* erwähnen den Namen Mariannes nicht.

Ich stelle mir diese junge Tänzerin, Sängerin vor, wie sie sich immer mehr werden fühlt – im Gedicht, wie sie die ganze Fülle ihrer Möglichkeiten zu ahnen beginnt, liebend lebend singend, um dann zurückzusinken in eine schattenhafte NichtWirklichkeit, losgelassen, aber nicht freigelassen.

Goethes stets nachträgliches Bedürfnis, sich zu seiner dämonischen Wirkung zu bekennen, hervorbrechend in seltenen Augenblicken der Nähe, rührt an ein tief in ihm verborgenes Wissen: daß er, was er zu lieben meint, immer schon als Gestalt sieht. Seine Liebe, ein unerklärliches Verwandlungsbegehren, ist wohltätig nur im Gedicht, als Literatur.

Das Moment der Gewalt, das untergründig das Verhältnis der Geschlechter beherrscht, zeigt sich aber auch an der Oberfläche des Textes. Denn wie die griechische Tragödie denkt Mephisto/Phorkyas den Geschlechtsunterschied in den Weisen, eine Frau zu töten.[200] Phorkyas, der Helena ironisch als Herrin begrüßt, beschimpft die Mädchen des Chors: »Erobert, marktverkauft, vertauschte Ware du!« (V. 8783). Und in dem tückischen Dialog mit Helena, der er den ganzen Katalog ihrer sagenhaften Freier in Erinnerung ruft, ihre Entführungen, Befreiungen, Liebschaften, erscheint auch sie nur als willen- und tatenlose Beute von Heroen und Abenteurern.

Auch die Schönste ist Besitz und muß einem »gewaltgen Besitzer« folgen, und »der sie ganz besaß / Zerstört sie lieber, fluchend jedem Teilbesitz« (V. 9061 f.). Durchaus glaubhaft klingt also Phorkyas' Drohung, auf Helena warte im Palast des Menelaos das Opferbeil, auf ihre Gefährtinnen der Tod durch Erhängen. »Sie stirbt einen edlen Tod; / Doch am hohen Balken drinnen, der des Daches Giebel trägt, / Wie im Vogelfang die Drosseln, zappelt ihr der Reihe nach« (V. 8927 ff; vgl. auch 9431 ff.). Was aus diesen Versen der Leserin entgegentritt, ist nicht die klassische Antike Winckelmanns, deren Kunstwerke in einer »idealen Wirklichkeit vor der Welt« stehen, aus »Wahl, Ordnung, Harmonie und Bedeutung« hervorgebracht (19, 184), sondern eine barbarische Vorwelt, deren Roheit sich im blutigen Ausgang der *Odyssee* unverhüllt zeigt.

Und der verständige Jüngling Telemachos sprach
                        zu den Hirten:
Wahrlich, den reinen Tod des Schwertes sollen die Weiber
Mir nicht sterben, die mich und meine Mutter so lange
Schmäheten und mit den Freiern so schändliche
                        Greuel verübten!
Sprach's; da band er ein Seil des blaugeschnäbelten Schiffes
An den ragenden Pfeiler und knüpft' es hoch am Gewölbe
Fest, daß die Hangenden nicht mit den Füßen
                        die Erde berührten.
Und wie die fliegenden Vögel, die Drosseln oder
                        die Tauben,
In die Schlingen geraten, die im Gebüsche gestellt sind;
Müde eilten sie heim und finden ein grausiges Lager:
Also hingen sie dort mit den Häuptern nebeneinander,
Alle die Schling' um den Hals, und starben des
                        kläglichsten Todes,

Zappelten noch mit den Füßen ein wenig, aber nicht lange (*Odyssee* XXII, 461 ff.).

Als der Regisseur seinen Figuren das Schicksal ankündigt, das in der Tragödie des Euripides die gefangenen Troerinnen erwartet – »Vom Jammergeschrei der Frauen, die an fremde Herrn / Das Los gekettet, hallt Skamandros' Feld zurück« (*Die Troerinnen*, V. 28 ff.) – wechselt der Schauplatz: Faust wird zum neuen Besitzer *der Gestalt*; die Schönste ergibt sich dem Besten. Während Mephisto/Phorkyas Erscheinen und Verschwinden der Helena inszeniert, folgt die Leserin einem Vernichtungsgeschehen, das als dunkler Kontrapunkt den verführerischen Wohlklang der Goetheschen Verse begleitet. Es ist ein 3000 Jahre währender Krieg der Heroen, »von Troja's Untergang bis zur Einnahme von Missolunghi«[201] (wo 1824 der am griechischen Freiheitskrieg beteiligte Lord Byron den Tod fand, an den die Gestalt des Euphorion erinnern soll), von Eroberung zu Eroberung, von Zerstörung zu Zerstörung. Hat nicht, fragt sie sich, der griechische Tragiker in seiner *Hekabe*, den *Troerinnen*, den *Schutzflehenden* wie in der *Helena* auch jenen anderen Krieg gesehen, den die Geschichtsschreibung nicht verzeichnet, das Schicksal der Frauen?

> Doch ihr, speerschwingender Troer
> Unglückliche Fraun,
> Ihr armen verlassenen Bräute,
> Ilion raucht: laßt hallen die Klage!
> Wie die Mutter um flatternde Vöglein bang
> Ihr Lied anhebt, will ich den Gesang
> Anstimmen, ein anderes Lied,
> Als welches ich einst,
> Auf des Priamos' Zepter stützend die Hand,

Und mit phrygischem Takt hellstimmig den Chor
Anführend, erhob zu den Göttern
(*Die Troerinnen*, V. 142 ff.).

Hat nicht das Jammergeschrei der verschleppten, vergewaltigten Frauen seine Bühne erfüllt? Der alte Magier scheint es nicht gehört zu haben. Ihn »reizt die schöne Gestalt«. Und er will das WERK. Er habe, schreibt Goethe, die »dreitausendjährige Helena« »mit einem gewaltsamen Anlauf endlich zum übereinstimmenden Leben gebracht«, und so möge sie nun »im Zeitmoment solidesziert endlich verharren«.[202] Die vergegenwärtigte »einzigste Gestalt« soll dauern, so, ins Werk gesetzt.

»Im Zeitmoment solidesziert« ..., »mit einem gewaltsamen Anlauf ... zum Leben gebracht«. – Die Leserin denkt an den Täter Faust, einen Todbringer eher als einen Bewahrer von Leben. »In Stahl gehüllt, vom Strahl umwittert, / Die Schar die Reich um Reich zerbrach, / Sie treten auf, die Erde schüttert, / Sie schreiten fort, es donnert nach« (V. 9450 f.). Sie denkt an den arkadischen Dichter, in den er sich verwandelt, nachdem er sich Helena gewonnen hat: »Gelockt auf sel'gem Grund zu wohnen, / Du flüchtetest ins heiterste Geschick; / Zur Laube wandeln sich die Thronen, / Arkadisch frei sei unser Glück!« (V. 9570 ff.) Aber dann sieht sie das Schlußtableau dieses faustischen Arkadien: Helena »umarmt Faust, das Körperliche verschwindet, Kleid und Schleier bleiben ihm in den Armen. [...] Helenens Gewande lösen sich in Wolken auf, umgeben Faust, heben ihn in die Höhe und ziehen mit ihm vorüber« (7/1, 384 f.). Und es kommt ihr eine der anrührendsten Stellen der *Ilias* in den Sinn: Der um den erschlagenen Freund trauernde Achill liegt »am Gestade des weitaufrauschenden Meeres« von einem »der Seel' Unruhen zerstreuenden« Schlummer umfangen, als »die Seele des jammervollen Patroklos, / Ähnlich an Größ' und Gestalt und lieblichen Augen ihm selber« zu ihm tritt und ihm seinen eigenen Tod ankündigt. Aus dem Schlaf auftauchend »streckt er verlangend die Händ' aus, / Aber umsonst; denn die Seele, wie dampfender Rauch, in die Erde / sank sie hinab hellschwirrend«. Der Schatten des Toten oder sein Traum hat in Achill nur die Sehnsucht erneuert und läßt ihn zurück ohne Trost; denn der Tod ist bei Homer endgültig, das absolute Nichtsein, »das Verhängnis [...] / das Verhaßte, das schon dem Gebornen bestimmt ward« (*Ilias* XXIII, 78 ff.), der Sturz hinab in die Tiefe, »wo Tote / Nichtig und sinnlos wohnen, die Schatten / verstorbener Menschen« (*Odyssee* XI, 475 f.).

Goethe, noch der von seiner Liebe Verlassene, fühlt sein Herz noch schlagen und merkt, daß er noch leben und lieben will: »Ist denn die Welt nicht übrig?« Vermag er nicht, noch unter Tränen, das Bild der Geliebten in sich zu erneuern? Im gestaltenlosen Himmel Gestalten zu erblicken, Luftgebilde wohl, nicht festzuhalten, aber Erleichterung des Herzens: *Aussöhnung?* Erkennt er nicht in den wechselnden Gestalten der Wolken das ewige Gesetz der Verwandlung? Den alten Dichter der Marienbader *Elegie* erwartet nicht der Tod, sondern die himmlische Schönheit seiner Beatrice: »Sie tritt an's Himmelstor, / Zu ihren Armen hebt sie dich empor.«

> Wie leicht und zierlich, klar und zart gewoben,
> Schwebt, Seraph gleich, aus ernster Wolken Chor,
> Als glich es ihr, am blauen Äther droben,
> Ein schlank Gebild aus lichtem Duft empor:
> So sahst du sie in frohem Tanze walten
> Die Lieblichste der lieblichen Gestalten
> (*Elegie*; 2, 458 f.).

Faust, den die aus der Hülle der schönen Helena gebildete Wolke im *Hochgebirg* niedersetzt, wird den nächsten Schauplatz seines Gangs durch die »Reiche der Welt und ihre Herrlichkeiten« betreten: *Herrschaft*. Die Wolkenbilder, die er beobachtet, wie der Autor in seiner durch Howard angeregten Witterungslehre, lassen den symbolischen Sinn der Wolkenerscheinungen erkennen. »Die Sonne zeigte sich im Mittag, der Wind war Nordwest und sodann ereignete sich das aufsteigende Spiel, Stratus verwandelte sich in Kumulus, Kumulus in Zirrus, wie wir in vorigen Tagen das niedersteigende beobachtet hatten [...] Das alte Spiel vom Auflösen und Verkörpern der Wolken, ohne Resultat« (25, 221).

Faust, dem Beobachter auf seinem Felsplateau, zeigen die Metamorphosen der Wolkenbilder phantasmagorische Frauengestalten, wie sie ihm wechselnd erschienen und verschwunden waren, die letzte, Gretchen, als jugenderstes, längstentbehrtes höchstes Gut deutet voraus auf die Schluß- und Erlösungsszene des letzten Akts, spielend wie dieser in »Bergschluchten, Wald, Fels«.

Nach Osten strebt die Masse mit geballtem Zug,
Ihr strebt das Auge staunend in Bewunderung nach.
Sie teilt sich wandelnd, wogenhaft, veränderlich.
Doch will sich's modeln. Ja! Das Auge trügt mich nicht! –
Auf sonnbeglänzten Pfühlen herrlich hingestreckt,
Zwar riesenhaft, ein göttergleiches Fraungebild,
Ich seh's! Junonen ähnlich, Leda'n, Helenen,
Wie majestätisch lieblich mir's im Auge schwankt.
Ach! Schon verrückt sich's! formlos breit und aufgetürmt,
Ruht es in Osten, fernen Eisgebirgen gleich
Und spiegelt blendend flüchtger Tage großen Sinn.
Doch mir umschwebt ein zarter lichter Nebelstreif

Noch Brust und Stirn, erheiternd, kühl und schmeichelhaft.
Nun steigt es leicht und zaudernd hoch und höher auf,
Fügt sich zusammen. – Täuscht mich ein entzückend Bild,
Als jugenderstes, längstentbehrtes höchstes Gut?
Des tiefsten Herzens frühste Schätze quollen auf,
Aurorens Liebe, leichten Schwung bezeichnet's mir,
Den schnellempfundnen, ersten, kaum verstandnen Blick,
Der, festgehalten, überglänzte jeden Schatz.
Wie Seelenschönheit steigert sich die holde Form,
Löst sich nicht auf, erhebt sich in den Äther hin,
Und zieht das Beste meines Innern mit sich fort
(V. 10044 ff.).

Den staunenden Augen des Schauenden spiegeln die Wolken, als hätten sie sich in Natur zurückverwandelt, die Bilder der Schöngestalten, die er ins Leben gezogen hat – aus dem Reich der Mütter, wo in ewiger Metamorphose, wechselnd vom Leben zum Tod und vom Tod ins Leben Bilder auf- und niederschweben. Die Mütter sind jenes »Irgendwiebeschaffene«, für das Timaios in einem Platonischen Dialog über die Entstehung der Welt keinen Ausdruck weiß.

»Demnach wollen wir die Mutter und Aufnehmerin alles gewordenen Sichtbaren und durchaus sinnlich Wahrnehmbaren weder Erde, noch Luft, noch Feuer noch Wasser nennen, noch mit dem Namen dessen, was aus diesen und woraus diese entstanden; sondern wenn wir behaupten, es sei ein unsichtbares, gestaltloses allempfängliches Wesen, auf irgendeine höchst unzugängliche Weise am Denkbaren teilnehmend und äußerst schwierig zu erfassen, so werden wir keine irrige Behauptung aussprechen« (*Timaios*, 51b).

Die Leserin, diese philosophische Be-Redung und Be-Schreibung des Ur-Anfangs im mütterlichen Raum und die Szene *Finstere Galerie* vor sich, versucht sich vorzustellen, wie Goethe den Gang zu den Müttern bewerkstelligt hat. In einer mimetischen Aneignungsleistung ohnegleichen überzieht auch er, wie der griechische Vorgänger, den Raum der Mütter mit einem dichten Gewebe von Negationen und wiederholt damit einen uralten Akt der Enteignung.[203] Denn das Worin allen Werdens, *chora*, die Amme, bringt ja von sich aus nichts hervor, sie tritt, wie es sich Timaios zurechtgelegt hat, »aus ihrem eigenen Wesen durchaus nicht heraus«; »ihrer Natur nach ist sie für alles Ausprägungsstoff, der durch das Eintretende in Bewegung gesetzt und umgestaltet wird und durch dieses bald so, bald anders erscheint« (50b-c).

Im Winter 1830, erzählt wieder Eckermann, habe Goethe ihm zum Nachtisch einen hohen Genuß bereitet, »indem er mir die Szene vorlas, wo Faust zu den *Müttern* geht«. Begreiflicherweise empfindet er vieles als rätselhaft und verlangt Erläuterungen, aber Goethe habe sich »in seiner gewöhnlichen Art« in Geheimnisse gehüllt, so daß er sich nach »wiederholter ruhiger Betrachtung dieser merkwürdigen Szene« schließlich seine eigene Ansicht habe entwickeln müssen. Goethe habe nur erwähnt, daß er der Überlieferung fast nichts verdanke, nur eben den Wink, daß es in der griechischen Antike Muttergottheiten gegeben habe, »das Übrige ist meine eigene Erfindung«, habe er gesagt. Das von Eckermann ausführlich wiedergegebene Gespräch behält die Leserin im Sinn, während sie die Deutung des mit dem Denken des alten Goethe so vertrauten Gehilfen bedenkt. Diese Deutung verrät eine seltsame Nähe zu der *Timaios*-Stelle, dann scheint es mir aber wieder, daß sie das Ein-Gedenken Platons in ein sich dem Denken Entziehendes gewalttätig überschreitet, als wollte Eckermann das dämonische Selbstbewußtsein des alten Werk-Meisters bestätigen. Die Mütter, schreibt er, seien »*das schaffende und erhaltende Prinzip*«, von denen alles ausgehe, »was auf der Oberfläche der Erde Gestalt und Leben hat«. Und so müsse auch zu ihnen »als geistige Natur« alles zurückkehren, »was zu atmen aufhört. Im »endlosen Raum ihres Aufenthaltes« schweifen »wolkenartig hin und her« alle Formen des Vergangenen und Zukünftigen, »und der Magier muß also in ihr Reich gehen, wenn er durch die Macht seiner Kunst über die Form eines Wesens Gewalt haben und ein früheres Geschöpf zu einem Scheinleben hervorrufen will. Die ewige Metamorphose des irdischen Daseins, des Entstehens und Wachsens, des Zerstörens und Wiederbildens, ist also der Mütter nie aufhörende Beschäftigung. Und wie nun bei allem, was auf der Erde durch Fortzeugung ein neues Leben erhält, das *Weibliche* hauptsächlich wirksam ist, so mögen jene schaffenden Gottheiten mit Recht *weiblich* gedacht werden« (39, 374 f.). Die Wörter, die ihm in die Feder kommen, um seine Ansicht auszudrücken: Macht, Gewalt, sagen mehr, als Eckermann zu denken vermöchte. Es findet eine Entwendung statt oder eine Verwendung.

In den von Erinnerungen durchfluteten Raum der Mütter dringt der Bildner gewaltsam ein und bemächtigt sich der Geschichten und Gestalten, die sie leidend und wissend bewahren.

»Das Übrige ist meine eigene Erfindung«, habe er gesagt, vielleicht mußte er es sagen, denkt die Leserin und erinnert sich dabei an Bettina von Arnims der alten Frau Rat abgelauschte Darstellung von Goethes Kindheit. Der Erfinder des Gangs zu den Müttern hat als »klein, kleiner Knabe« einen Blick in jenen tiefen Grund, vor dem Faust schaudert, tun können; er hatte teilgenommen an der »Gestaltung, Umgestaltung, / Des ewigen Sinnes ewige Unterhaltung«, die dort vor sich geht (V. 6287 f.) – auf seinem Schemel vor dem Sessel Elisabeth Goethes, der Erzählerin. »Tausend Gedanken«, schreibt die Bettine, seien ihr gekommen, während nun sie, auf ihrem Schemel vor der Mutter saß und mit ihr die Kindergeschichte Johann Wolfgangs, erzählend und zuhörend, ins Leben zog. Ein wenig bedaure ich es, daß sie gerade an dieser Stelle sich das freie Assoziieren versagt, aus Angst, es könnte »unbedeutend« sein. Vielleicht wäre ein anderer Grund des Schaffens und Bildens erkennbar geworden als die Gewalt der Kunst: die Liebe.

»Die Mutter«, schreibt sie, habe sich einen Anteil an seiner Darstellungsgabe zuschreiben wollen. »Denn einmal, sagte sie, konnte ich nicht ermüden zu erzählen, so wie er nicht ermüdete zuzuhören, Luft, Feuer, Wasser und Erde stellte ich ihm unter schönen Prinzessinnen vor, und alles was in der ganzen Natur vorging, dem ergab sich eine Bedeutung, an die ich bald fester glaubte als meine Zuhörer [...] da war kein Mensch so eifrig auf die Stunde des Erzählens mit den Kindern wie ich [...] Da saß ich, und da verschlang er mich bald mit seinen großen schwarzen Augen«. Und Die junge Bettine hört von einem Gartenfest am Geburtstag der Mutter, wo der kleine Wolfgang, als Schäfer verkleidet, vor dem Sessel, »auf dem sie Abends wenn sie erzählte zu sitzen pflegte, und der darum der Mährchensessel genannt wurde«, eine Preisrede auf die Erzählerin hält, »ein schöner bekränzter Knabe unter den blühenden Zweigen eines alten Birnbaums«.[204]

Der Führer des zum Bilderraub entschlossenen Faust, Mephisto, überschreitet selbst die Schwelle zum Reich der Mütter nicht. Sein Wissen aber, das dem Regisseur des Spiels um *die Gestalt* Helena zur Verfügung steht, hat seinen Grund dort unten. Der alte Magier, Goethe, hat mit der oder dem Phorkyas nun allerdings eine ihm ganz eigene Figur erfunden, ein gespenstisches Mischwesen, zwiegeschlechtlich, Un-Gestalt, ein Scheusal neben der Schönheit, aber auch eine verhüllte sinnende Frau (V. 8676 f.), eine Melancholia, wie die träumende Manto im Tempel der Persephone.

Der Phorkys des Mythos ist ein Meergreis, Vater der schrecklichen Gorgonen und Phorkyaden, aber auch der leuchtenden Hesperiden, wachend am Eingang »zu einer Nacht, die goldene Früchte birgt«.[205] Mephisto/Phorkyas, der Spielmeister der großen Phantasmagorie des Dritten Akts, kennt den Raum der Mütter, in dem die Bilder bewahrt werden, und die männliche Zeit, durch die die in sich kreisende Metamorphose der Gestalten und Formen in eine Ökonomie des Begehrens hineingezogen wird. Für Faust gibt es den Augenblick gelebter Liebe nur hypothetisch: »Mein Auge sollte hier genießen, / Doch immer weiter strebt mein Sinn« (V. 7289 f.). »Dasein ist Pflicht und wär's ein Augenblick« (V. 9418). Und so behält am Ende Mephisto recht: Das Verschwinden Helenas ist Grund und Anlaß für das Werk, der Verzicht auf den Augenblick, Entsagung, die Bedingung des Überdauerns im Werk. »Halte fest!« ruft Phorkyas Faust zu, der nur Helenas Kleid und Schleier noch in den Armen hält:

> Die Göttin ist's nicht mehr die du verlorst,
> Doch göttlich ist's. Bediene dich der hohen
> Unschätzbar'n Gunst und hebe dich empor,
> Es trägt dich über alles Gemeine rasch
> Am Äther hin
> (V. 9949 ff.).

Sie muß verschwinden, aber als Verschwundene anwesend sein – wie oft schon bin ich dieser Gedankenfigur begegnet!

Dem Zauber des Augenblicks entzieht sich der Mann Faust, aber den »Drang, Vergangenes als Lebendiges zu erretten«, stillt er in der Kunst.[206] Wer die Schönheit besaß, der vermag sie – als Bild, als Schein sich wieder zu holen, »neu verherrlicht«, wie in Goethes Festspiel von 1808: *Pandoras Wiederkunft*. Denn »sie steiget hernieder in tausend Gebilden, / Sie schwebet auf Wassern, sie schreitet auf Gefilden, / Nach heiligen Maßen erglänzt sie und schallt, / Und einzig veredelt die Form den Gehalt« (*Pandora*, V. 673 ff.). So waren Beatrice und Laura ihren Dichtern erschienen und verschwunden, um wiederzukehren als Scheingestalten, als Trostbringerinnen. Vielleicht, denkt die Leserin, hat Goethe, nachdem ihm dort eine »temporäre Verjüngung« widerfahren war (39, 656), auf eine dritte Reise an den Rhein, Main und Neckar verzichtet, damit er die Wiederkunft Suleikas beim Aufgang und Untergang der Sonne begrüßen konnte, »früh wenn Tal, Gebirg und Garten / Nebelschleiern sich enthüllen«, und am Abend: »Dankst du dann, am Blick dich weidend, / Reiner Brust der Großen, Holden, / Wird die Sonne, rötlich scheidend, / Rings den Horizont vergolden« (2, 700).

Die Dichter behalten Kleid und Schleier zurück, die Erinnerung an den Besitz der Schönheit, ihnen erschienen »in Jugend-, in Frauen-Gestalt« (*Pandora*, V. 678), und aus dem Schmerz um die Verschwundene machen sie sich, uns, wie Orpheus, eine »Welt aus Klage«, in »der / alles noch einmal da [ist]: Wald und Tal und Weg und Ortschaft, Feld und Fluß und Tier«.[207]

Sei immer tot in Eurydike –, singender steige,
preisender steige zurück in den reinen Bezug.
Hier, unter Schwindenden, sei, im Reiche der Neige,
Sei ein klingendes Glas, das sich im Klang schon zerschlug.

Sei – und wisse zugleich des Nichts-Seins Bedingung,
den unendlichen Grund deiner innigen Schwingung,
daß du sie völlig vollziehst dieses einzige Mal.[208]

Helena, Bild nur und Schein, verschwindet und kehrt ins Schattenreich zurück, aus dem Faust sie heraufgeholt hatte. Aber ihr Schrei, seit ich ihn zum erstenmal gehört habe, klingt in mir nach, ohne daß ich zu sagen wüßte, warum ich ihn nicht mehr vergessen kann: »Persephoneia nimm den Knaben auf und mich« (V. 9944).

> Ihr beschwingten, lieben Jungfraun,
> Töchter ihr des Erdengrunds,
> Sirenen:
> Kämt ihr doch zu meinen Klagen
> Mit der Flöte oder Syrinx oder Leier,
> Zolltet Tränen, welche in mein Weinen stimmen,
> Klag zur Klage, Lied zum Lied!
> Sendetest du Totenchöre,
> Meine Klage zu begleiten,
> Schattengöttin:
> Unter Tränen sänge ich dir,
> Die Verblichenen zu ergötzen,
> Einen Päan bittrer Klagen
> In dein dunkles Reich hinab!
> (Euripides, *Helena*, V. 166 ff.)

Die Sirenen begleiten die Schattengöttin, um mit ihrer Kunst den Verstorbenen »die Bitterkeit des Todes« zu mildern und zu verwandeln,[209] erzählt der Mythos, aber die Leserin hört in der Strophe der mit der »ägyptischen Helena« des Euripides trauernden Frauen nur die Klage. Goethes Helena ist wirklich eine Scheingestalt. Der alte Magier und sein mephistophelischer Regisseur haben das Erscheinen der Erscheinung inszeniert, und so kann am Ende *die Gestalt* nicht wirklich verschwinden. Sie ist ja nie dagewesen. Durch die Klage der verängstigten trojanischen Mädchen und Frauen um Helena hindurch aber werden die Stimmen des antiken Chors vernehmbar, die uralte Klage der Frauen: »Siehst du nichts? schwebt nicht etwa gar / Hermes voran? Blinkt nicht der goldne Stab / Heischend, gebietend uns wieder zurück / Zu dem unerfreulichen, grautagenden, / Ungreifbarer Gebilde vollen, / Überfüllten, ewig leeren Hades. [...] Schwestern ach! wir sind gefangen, / So gefangen wie nur je« (Faust II, V. 9116 ff.).

Persephone? – Zu dem geplanten Abstieg Fausts in die Unterwelt hat sich Goethe ein paar Stichworte notiert: »Faust wünscht sie entschleyert zu sehen« (7/1, 664). War es das, was Mephisto in der finsteren Galerie meint? »Schauderts dich?« Die Leserin erinnert sich an das ästhetisch-erotische Experiment Werthers, der eine Frau im Naturzustand zu sehen begehrt, dem aber die nackte weibliche Schönheit einen schauerlichen Eindruck macht (16, 30). Werther hat das Reale gesehen, den Tod.

Ich denke an die mädchenhafte Tänzerin Marianne, die, wenige Tage nach der Begegnung mit ihrem Dichter, die Frau Johann Jacob von Willemers wird, seine dritte. Goethe mag sich vielleicht nicht ganz ohne konkreten Anlaß im Frühling seiner Suleika-Liebe an sein frühes Drama *Proserpina* erinnert haben. Es fallen ihm dabei einige Überlegungen zu einer Ästhetik des Gesamtkunstwerks ein. Die Aufführung des Stücks wird begünstigt durch einen neu für das Weimarer Theater gewonnenen Dekorateur, »der durch perspectivische Mittel unsere kleinen Räume ins Gränzenlose zu erweitern, durch charakteristische Architektur zu vermannigfaltigen [...] wußte« (17, 266). So vermag der Dichter-Direktor auf seiner eingeschränkten Bretterbühne »Vergangenheit und Gegenwart in Eins« zu empfinden.

In dem Schleiertanz der Königin der Unterwelt, die sich zurückverwandelt in die reizende Nymphe, die sie gewesen ist vor ihrer Entführung, nur mit Blumen bekränzt, die sich »zu gar mannigfaltigem pantomimischen Ausdruck« bald verhüllt, bald entschleiert: in der »beweglichen Zierlichkeit« dieser Gestalt erkennt die Leserin das Bild Suleikas. Und sie fragt sich, ob es dies Bild noch ist, das wir auf dem »unbewegten Tableau« des Schlusses sehen sollen. »Indem nämlich Proserpina in der wiederholten Huldigung der Parzen ihr unwiderrufliches Schicksal erkennt, und, die Annäherung des Gemahls ahnend, unter den heftigsten Gebärden in Verwünschungen ausbricht, eröffnet sich der Hintergrund, wo man das Schattenreich erblickt, erstarrt zum Gemälde, und auch sie die Königin zugleich erstarrend als Teil des Bildes« (19, 711 f.).

Die Quelle Arethusa will Demeter über das Schicksal der Tochter trösten: »traurig ist sie zwar noch, noch jetzt von erschrockenem Antlitz, / Königin aber doch, die Größte doch in dem finstren / Reiche, gebietend Ehgemahl doch des Fürsten der Tiefe« (Ovid, *Metamorphosen* V, 506 ff.).

Über die Wirklichkeit ihrer Ehe und das Leben von Marianne wissen wir sehr wenig, weniger als über andere Frauen, die Goethe geliebt hat, obwohl sie die einzige ist, die ihm hat antworten können. Willemer nennt sie Mignon und ist sich sicher, ihr volles Vertrauen zu besitzen.[210] Aber es mag wohl sein, daß sich für Goethe in diesem Frauenschicksal das der Schwester erneuert hat. Das Monodrama *Proserpina* war ein halbes Jahr nach dem frühen Tod Cornelia Schlossers entstanden. Wir sehen »eine öde felsige Gegend, Höhle im Grund, auf der einen Seite ein Granatbaum mit Früchten«. Ich höre die Klage einer entführten, vergewaltigten Frau. »O Mädchen! Mädchen! die ihr einsam nun, zerstreut an jenen Quellen schleicht, die Blumen auflest, die ich, ach! Entführte! aus meinem Schoße fallen ließ, ihr steht und seht mir nach wohin ich verschwand.« Sie betrachtet voller Mitleid die ewigen Qualen der Titanen, die trostlose Geschäftigkeit der Danaiden, deren Faß ewig leer bleibt. »Leer und immer leer! ach! so ists mit dir auch mein Herz!« Sie ruft ihre Mutter Demeter und ihren Vater Zeus an und genießt einen Augenblick der Hoffnung, aber verfällt, wie es ihr bestimmt ist, durch den Genuß eines der Granatäpfel auf ewig dem Hades. »Du bist unser«, rufen die Parzen ihr zu und verneigen sich vor ihrer Königin. Proserpina verwünscht die Umarmungen Plutos: »wie zehnfach haß ich dich, Abscheu und Gemahl«. »Gib mir das Schicksal einer Verdammten! Nenn es nicht Liebe!« (5, 65 ff.). Es war dieser Schrei Proserpinas / Persephoneias, dem Helena antwortet, weiß ich jetzt.

»Zu allem diesen ist noch ein Wunderbares zu offenbaren: in ihrem Wesen lag nicht die mindeste Sinnlichkeit. Sie war neben mir heraufgewachsen und wünschte ihr Leben in dieser geschwisterlichen Harmonie fortzusetzen und zuzubringen. [...] Als ich nach Wetzlar ging schien ihr die Einsamkeit unerträglich; mein Freund Schlosser, der Guten weder unbekannt noch zuwider, trat in meine Stelle. Leider verwandelte sich bei ihm die Brüderlichkeit in eine entschiedene und, bei seinem strengen gewissenhaften Wesen, vielleicht erste Leidenschaft« (14, 790).
Helena, die wieder und wieder Entführte, läßt sich von dem Regisseur Mephisto/Phorkyas führen: »Vor allem aber folgen will ich dir zur Burg; / Das andre weiß ich; was die Königin dabei / In tiefem Busen geheimnisvoll verbergen mag, / Sei jedem unzugänglich. Alte! geh voran« (V.

Kupferstich von Gian Giacomo Caraglio (um 1500-1570), nach Rosso Fiorentino (1494-1540): Pluto und Proserpina

9074 ff.). Helena, indem sie erscheint, ist ihrer Bestimmung schon gefolgt, ewiges Objekt männlichen Begehrens und männlicher Gewalt sein zu müssen. Daß ihre klassischen Verse den Klageruf der Proserpina nicht übertönen, ist das Geheimnis dessen, der sie zur Erscheinung gebracht hat.

BETTINES LIEBE[211]

> De Minne es al!
> (Hadewijch)

> Die Liebe ist das All.
> (Bettina von Arnim)

Io

Ich habe nicht geahnt, daß ich ihr in *Goethes Briefwechsel mit einem Kinde* wiederbegegnen würde: Correggios *Io*. Aber ich sehe jetzt das Bild wieder vor mir, von dem Bettina von Arnim sich eine Kopie hat machen lassen. Ich sehe wieder das sinnberückende Blau der Wolken, zu denen die schöne nackte Nymphe hinaufstrebt mit weit zurückgebeugtem Kopf und verlangend geöffneten Armen, als wäre es ein liebend zu ihr herab sich neigendes Antlitz. Immer wieder bin ich, im Wiener Kunsthistorischen Museum, zurückgekehrt zu dem schmalen Hochformat, etwas wie Scham verdrängend angesichts dieser genießerisch zur Schau gestellten weiblichen Hingabe unter den Augen des göttlichen Mannes. Das war nicht die fliehende, von Jupiter überwältigte Nymphe, von der Ovids *Metamorphosen* erzählen, sondern ein seliger Augenblick. Die Betrachterin in ihrer Berliner Wohnung mag in dem bläulichen Dunst, den winkenden Zweigen, der dicken Wolkentatze im Schoß der Io, in dieser von Eros beseelten Natur ihre eigene Liebessprache entziffert haben. Ich aber habe versucht, mir Ovids Erzählung in Erinnerung zu rufen, denn mir war mit einemmal die schreckliche Zweideutigkeit des schönen Bildes aufgegangen, die von ihm ausgehende Verführung durch den Zauber der Kunst. Zug um Zug fiel mir ein, was der Maler weggelassen hatte: die Rache der Juno, die Verwandlung der schönen Nymphe in eine Kuh, der vor der eigenen Stimme schaudert und die, als sie in den Wellen des Flusses, wo sie so oft gespielt, ihre Hörner erblickt, in wilder Verstörung vor sich selber flieht, vom Wahnsinn getrieben durch die Welt irrt, bis sie schließlich an den Ufern des Nils zusammenbricht, »zurückgebogenen Halses / hob – was allein sie vermag – zum Himmel empor sie das Antlitz, / und mit Seufzen und Tränen und klagentönendem Muhen / schien mit dem Gott sie zu hadern, zu flehn um ein End' ihrer Leiden« (Ovid, *Metamorphosen* I, 729 ff.). Die *Metamorphosen* wissen von keinem seligen Augenblick, nur von Gewalt, von der Verlorenheit einer Frau, die erfährt, was es bedeutet, der Liebe eines Gottes ausgesetzt zu sein.

*

Im Sturm ihres Schmerzes um den Verlust Goethes – die Nachricht von seinem Tod erreicht sie in Berlin erst mit einer Verspätung von ein paar Tagen – flüchtet Bettina von Arnim zu ihrem Spiegel, wie sie es seit frühester Jugend in Augenblicken unerträglicher Trauer immer wieder getan hat. »Ich schluchzte, ich suchte vor schneidendem Schmerz nach irgend einem Antlitz dem ich klagen könne, und weil ich allein war so kniete ich auf den Tisch vor dem Spiegel, da sah mein blases Antliz heraus mit duncklen glühenden Augen so schmerzlich sah das Auge mich an daß ich vor Mitleid mit mir selbst in Thränen ausbrach.«[212] Hilfe suchend im eigenen Auge, sieht sie sich, eine schmale Mädchengestalt unter den mächtigen alten Eichen von Bukowan, dem böhmischen Landgut der Geschwister Brentano, angeweht von einer ihrer kleinen Ekstasen, und beschreibt das Bild, als läse sie es ab aus ihrer Erinnerung: »In Böhmen; am Waldesrand auf der Höhe da harrtest Du meiner, und wie ich Dir entgegen kam den steileren kürzeren Weg kletternd, da standest Du fest und ruhig wie eine Säule, der Wind aber, der Bote des herannahenden Wetters, raste gewaltig und wühlte in den Falten Deines Mantels« (AP, 55). Und mit dem Bild des Mannes, zu dem eine junge Frau, die sie selbst ist, hinaufstrebt, kommen Verse, der Monolog der Iphigenie. Sie stellt sich aufrecht vor ihren Spiegel und beginnt zu deklamieren: »Heraus in Eure Schatten, rege Wipfel, des alten heiligen dicht belaubten Haines« – und es ist ihr, als ob Goethe ihr zuhöre.

»Ich emfand deutlich die Begeistrung der Begeistrung – ich fühlte mich in der Liebe, gebettet wie in einer Wolke aufwärts schwebend, eine göttliche Gewalt trieb diese Wolke entgegen dem Ersehnten, dem zur Liebe Begeisternden. – und zwar in der Verklärung seines eignen Wercks« (AP, 70).[213]

Bei der unerwarteten Wiederbegegnung mit dem Bild Correggios in Bettines Goethe-Buch war mir, als könnte ich die Beseligung der Io verstehen: Correggio, der Maler der irdischen Liebe, hat den Augenblick festgehalten, wo das Liebesverlangen einer Frau sich das Bild ihrer Liebe erschafft, ihren Gott. Aber ich höre zugleich durch die hymnische Sprache der begeisterten Bettine die Klage der wahnsinnigen Nymphe; denn die von dem *Kind Bettine* überspielten Zeiten der Entbehrung, der Dürre, des Verstummens haben in dem Briefwechsel, der keiner ist, Spuren hinterlassen. Ich werde also von einem zur Liebe Begeisternden sprechen müssen, der selbst Liebe nicht hat: Goethe. In einer erstaunlich einfühlsamen Stelle von Rilkes *Aufzeichnungen des Malte Laurids Brigge*, deren Pathos mir früher sehr fremd gewesen ist, heißt es von Bettines Liebe, sie sei die Grenze von Goethes Größe gewesen.

»Diese Liebende ward ihm auferlegt, und er hat sie nicht bestanden. Was heißt es, daß er nicht hat erwidern können? Solche Liebe bedarf keiner Erwiderung, sie hat Lockruf und Antwort in sich; sie erhört sich selbst. Aber demütigen hätte er sich müssen vor ihr in seinem ganzen Staat und schreiben was sie diktiert, mit beiden Händen, wie Johannes auf Patmos, knieend.«[214]

»Wie herrlich ist diese Bettine Arnim; einmal bin ich einer Frau begegnet, die ein Stück weit so war. Damals geriet ich in eine unbeschreibliche Bewunderung und merkte das Wort von der sensualité de l'âme vor, die seit Sappho eine von den großen Verwandlungen war, durch die die Welt langsam wirklich wird. Und nun sehe ich in der Bettine, daß es das schon ganz und gar gegeben hat (während Goethe es anstaunte und nicht glaubte und sich erschreckt fühlte dadurch) [...] Ich hätte wohl ihre Briefe beantworten mögen; das wäre wie eine Himmelfahrt geworden, ohne Scham, vor aller Augen.«[215]

Nein, Goethe hat diese Liebe nicht erwidert, die grammatische Form der Verneinung in ihrer vollen Bedeutung genommen. Aber manchmal frage ich mich jetzt, ob seine Kälte nicht eine geradezu idiosynkratische Empfindlichkeit verrät gegenüber einem weiblichen Dasein, das sich nicht als Erscheinung im Werk stillstellen läßt, und eines Liebesgeists, von dem er nicht berührt sein will. Während ich dies schreibe, merke ich, daß ich meinen ersten Widerstand gegen das aus dem eigenen Ergriffensein sich speisende Liebeswerben Bettina von Arnims nicht überwunden habe. Ich habe damals die taktlose Abwehr des Fürsten von Pückler-Muskau noch nachempfinden können, der sich als ein Instrument mißbraucht fühlt, auf dem sie ihre aus sich selbst erzeugte Begeisterung spielt. Leidenschaft wolle er sich wohl gern gefallen lassen, »aber nicht die dithyrambische Raserei einer achtzehnjährigen Bachantin, mit bloßer Gehirnsinnlichkeit« (AP, 238).

»Deine Briefe wandern mit mir, sie sollen mir dort [sc. in Karlsbad] dein freundliches liebevolles Bild vergegenwärtigen. Mehr sage ich nicht denn eigentlich kann man dir nichts geben weil du dir alles entweder schaffst oder nimmst. Lebe wohl und gedencke mein«, heißt es in einem der wenigen eigenhändigen Briefe Goethes, adressiert an eine »Demoiselle Bettine Brentano bey Herrn Geh. R. von Savigny« und mit einem Amor-Petschaft gesiegelt (A 2, 679). Goethe wehrt eine Liebe ab, die ihn nicht meint, eine Egozentrik, die, vielleicht, ihm ein Zerrbild der eigenen zurückspiegelt. Lange Zeit habe ich selbst Bettines Schreiben nur als den Versuch eines an seiner eigenen Gestaltlosigkeit leidenden Ichs, sich in der Liebe zu verwirklichen, gelesen, eine Art Verwechslung des magischen Denkens des Kindes mit der Liebe als dem Erkennen, das sich im andern erkennt. In Bettines Begriff der Eigenmacht habe ich vor allem das Moment der Verweigerung gesehen, das Überspringen jeder Vermittlung, und es schien mir folgerichtig, daß ihre Beziehungsromane einstimmig blieben.[216] Irgendwann, spät erst, habe ich in dem, was ihr fürstlicher Briefpartner »bloße Gehirnsinnlichkeit« nennt, die Umrisse einer Philosophie der Liebe entdeckt.

Das war Ende der 90er Jahre, während der Zeit meiner Zusammenarbeit mit Heike Schmitz, deren Buch über die Sturm- und Geisteswut und das Schreiben der Frauen mit einem entschlossenen Nein einsetzt.

»Nein! Auch wenn sie wüten, toben, rasen, ›sich gebärden‹, der ›condition seconde‹ verfallen, jenem zweiten Zustand, in dem sie ihre ganze ›gute Erziehung‹ verlieren, so will ich ihnen doch nicht weiter mit all jenen Begriffen des Pathologischen, Hysterischen, Krankhaften nachspüren! ›Nein!‹ habe ich gesagt und mit dieser Arbeit begonnen. Nicht ihrer angeblichen Gestörtheit will ich nachgehen, sondern dem, was sie treibt, umtreibt, anfällig macht, in Bewegung bringt und den Weg ihres Schreibens zu bestimmen scheint.«[217]

In unserem letzten gemeinsamen Seminar ging es um Bettina von Arnim, die, hätte sie hundert Jahre später gelebt, von ihrer Familie vermutlich einem Dr. Charcot übergeben worden wäre. Wir aber versuchten, eine junge Frau zu verstehen, die sich selbst spricht, irrend zwischen der Liebe, die sie hat, und der Liebe, die sie ist, und nach und nach wurden in dem abweichenden Gebaren Bettines die Spuren all jener anderen Liebenden, Irrenden ablesbar, der Mystikerinnen und Hysterikerinnen, zerrissen wie sie zwischen Stummheit, Verzweiflung und Ekstase, getrieben von demselben sturmwütigen Geist wie eine Frau aus Brabant, die in der ersten Hälfte des 13. Jahrhunderts gelebt haben muß, Hadewijch, teilhaftig der *Schwarzkunst* der Frauen, jener Einheit von LebenLiebenSchreiben,[218] wie eine späte Nachfolgerin, Ingeborg Bachmann, eine Erotomanin, die nie davon Gebrauch gemacht hat.

Mignon

> Ich lese jetzt zum zweitenmal den Wilhelm Meister, als ich ihn zum erstenmal las, hatte mein Leben Mignon's Tod noch nicht erreicht, ich liebte mit ihr, wie ihr, waren die andern in der Geschichte des Buchs mir gleichgültig, mich ergriff alles was die Treue ihrer Liebe anging, nur in den Tod konnt' ich ihr nicht folgen (A 1, 680).

Die rückhaltlosen Geständnisbriefe der jungen Bettine Brentano an den Bruder Clemens und an den späteren Schwager und preußischen Justizminister Friedrich Carl von Savigny offenbaren ein unglückliches Bewußtsein, das im Schwindel einer sich stets neu erzeugenden Unordnung lebt. Die äußere Exzentrik ihres Verhaltens rührt aus der schmerzlichen Erfahrung, daß sie für ihre Schwermut keine Sprache hat und in ihrer Begeisterung sich nicht mitteilen kann. Während es dem älteren Bruder gelingt, sei es auch mit einem verwilderten Werk, in die kulturelle Ordnung einzutreten, erfährt sie ihre Existenz als ein ohnmächtiges Taumeln zwischen Selbstgewißheit und Selbstzweifel, zwischen Ich-Natur und Ich-Kultur. Immer wieder schlägt die absolute Unruhe, die sie ist, um in eine quälende Lähmung der geistigen und seelischen Kräfte, wo sie auf etwas wartet, dem sie keinen Namen geben kann.[219]

»Ganze lange Perioden meines Lebens gehen so einseitig durch, daß ich an allen Gaben eines gütigen Genius verzweifeln müßte. Diesen entgegen setzen sich momentane Berührungen einer ungeheuren Welt in meiner Brust. [...] Wenn einmal eine Glut vom Himmel fällt, die die Ketten schmilzt, aber den Sklaven nicht verletzt, dann könnte es kommen, daß ich – ich alle einzelnen Blätter eines zurückgehaltenen Frühlings mit bedächtiger Sorgfalt entwickle, daß kein Tautropfen verloren geht – bis dahin werde ich unverständlich bleiben, (mir selber), nicht geachtet, wie ich es verdiene, wirklich bizarr, verloren und zerrissen.«[220]

Als Clemens Brentano der sechzehnjährigen Schwester *Wilhelm Meisters Lehrjahre* zu lesen gibt, ist für Bettines immerwährende rastlose Begier (A 4, 14) jener Augenblick gekommen: »Da besann ich mich auf nah und fern; da war nichts was mir angehörte; da konnte ich nichts erfassen mir nichts dencken was mein seyn könnte; da trat zufällig oder wars in den Wolcken geschrieben, die Gestalt dieses Mannes hervor« (AP, 125).

Dreißig Jahre später, in der Phase, die der Niederschrift ihres Goethebuchs vorausgeht, umkreist sie in träumerischer Erinnerung diesen Augenblick. Wie damals versenkt sie sich selbst in einen schlafähnlichen Zustand, um sich die erste Berührung durch die Bücher Goethes zu vergegenwärtigen, den Ursprung ihrer Liebe:

»Lasse Dir erzehlen wie ich meine Jugendtage verbrachte; Blind, Taub, stumm für alles [...] früh vor tag in den Wald zu laufen, ein paar Hände voll thauiger Kräuter zu holen, scheu flüchtig und Blitzschnell wie ein Reh, daß mich keiner bemerken oder vermissen solle, das that ich manchmal an solchen Tagen wo ich meiner Sehnsucht keinen Rath wußte; das war mir gleichsam ein Ersatz für das Streben nach ihm und ich fühlte mich dann in etwas beschwichtigt. – auf seine Bücher die ich immer lesen wollte, legte ich vor Liebe meine glühende Wange, mit meinen Armen schloss ich einen Kreiß um sie, und so schlief ich einen süssen Schlaf« (AP, 123 f.).

Schlafend erfindet sie sich neu: das Kind Bettine, dessen Bild ihr im Spiegel mit der Gestalt Mignons verschmilzt. Das erste Spiegelerlebnis im Haus der Großmutter, Sophie von La Roche, macht das im Kloster erzogene, mit sich selbst gänzlich unbekannte Kind zur Liebenden.

»Es war mir eine große Überraschung, wie ich im dreizehnten Jahr zum erstenmal mit zwei Schwestern, umarmt von der Großmutter, die ganze Gruppe im Spiegel erblickte. Ich erkannte alle, aber die eine nicht, mit feurigen Augen, glühenden Wangen, mit schwarzem, fein gekräuseltem Haar, ich kenne sie nicht, aber mein Herz schlägt ihr entgegen, ein solches Gesicht hab' ich schon im Traum geliebt, in diesem Blick liegt etwas, was mich zu Tränen bewegt, diesem Wesen muß ich nachgehen, ich muß ihr Treue und Glauben zusagen; wenn sie weint, will ich still trauern, wenn sie freudig ist, will ich ihr still dienen, ich winke ihr, – siehe, sie erhebt sich und kommt mir entgegen, wir lächeln uns an, und ich kann's nicht länger bezweifeln, daß ich mein Bild im Spiegel erblickt« (A 2, 471).

Sie habe damals, erzählt sie dem Fürsten Pückler, ihr Spiegelbild geküßt, habe mit heiliger Ehrfurcht vor sich selbst gestanden, schaudernd vor der Liebe, die ihr aus dem Spiegel entgegenblickte, und sie habe sich dieser Liebe, die sie als sie selbst erkannt, in tiefer Demut unterworfen. Es mag strittig sein, ob sich das, was Bettina von Arnim zum Schreiben drängt: ihre Liebe, auf die Tradition mittelalterlicher Frauenmystik zurückführen läßt. Es ist in der Tat auszuschließen, daß sie von den flämischen Beginen, ihren Vorgängerinnen gleichwohl, auch nur gehört hat. Aber unterhalb der schriftlichen Überlieferung muß, über die Jahrhunderte hinweg, wie oft auch verdrängt und bedroht vom völligen Vergessen, ein Liebeswissen lebendig geblieben sein, das darauf wartete, zur Verkörperung, d. h. zur Sprache zu kommen. Bettines Philosophie der Liebe speist sich aus diesem Wissen und ist (aus)gezeichnet durch eine unaufhebbare Ungleichzeitigkeit. Ihr Pathos, ihr Überschwang, die Uferlosigkeit ihres Wortschwalls gehören weder zur Epoche des Erlebens noch des Schreibens ihrer Liebesromane. Ihre hymnische Prosa, die mit unzähligen Fühlfäden das eigene Ich umgarnt, die Sprache des *Kindes Bettine*, beschwört eine Stimmung reiner Immanenz: Nichts gibt es für diese Schreibende als die Liebe, die in der Liebe lebt. Aber sie bedarf, um sich lebendige Liebe zu fühlen, um ihr eigenes Ich als Liebe genießen zu können, eines unerreichbaren Objekts der Sehnsucht.

> »Wenn man aber in der Liebe den Geliebten lieben will, so muß man alles, was nicht Liebe ist, ausschließen und Liebe genießen mit ganzem Verlangen, mit seinem ganzen Wesen und willens sein, das der Liebe eigene Erschaudern zu tragen, das Liebende in der Liebe erfahren. Dazu müssen sich alle Kräfte und Adern bereit finden und die Augen unverwandt darauf gerichtet sein, und Liebe soll die Flut wonniger Liebesfluten durchfluten. So müßte Liebe in der Liebe leben.«[221]

Bettine Brentano wird ihren Dichter heiraten, Achim von Arnim, den Freund des Bruders, sie wird versuchen, »menschlich zu leben wie andre«,[222] auf dieser mühseligen Erde (A 4, 167); sie wird sieben Kinder zur Welt bringen und in der Welt erhalten. Aber das Kind Bettine lebt sein inneres Liebesleben weiter, in unwandelbarer Hingabe an diese heimliche Liebe in der Liebe, die es sich vor dem Spiegel gelobt hat, entschlossen, ihre heilige Richtung zu halten und nicht zu klagen, wenn sie keine Gegenliebe findet, von Goethes Kälte sich nicht beirren zu lassen. »*Ich* bin nichts, ich habe nichts, dessen Du begehrst; kein Morgen weckt Dich, um nach mir zu fragen; kein Abend leitet Dich heim zu mir; Du bist nicht bei mir daheim. Aber Vertrauen und Hingebung hab' ich in dieser Innenwelt zu Dir; alle wunderbaren Wege meines Geistes führen zu Dir« (A 2, 432).

Sie sucht sich Goethe zu nähern, zunächst über die Vermittlung der »Frau Rat«, seiner Mutter. Als sie im Haus der Großmutter die Briefe entdeckt, die der junge Goethe dieser geschrieben hatte, zwischen 1772 und 1775, mit den versteckten Hinweisen auf seine Liebe zu ihrer Mutter, Maximiliane von La Roche,[223] begrüßt sie den Fund als ein günstiges Omen. In der Begeisterung Elisabeth Goethes findet ihre eigene ein willkommenes Echo. Im Brentano-Kreis geht man davon aus, daß Bettine die Erzählungen von Goethes Mutter zu einer geheimen Biographie des Sohnes verarbeiten werde.

Von der Familie wird indes Bettines Goethe-Begeisterung als unschicklich betrachtet, und sie muß die Erlaubnis zu einem Besuch in Weimar ihrem ältesten Bruder und Vormund, Franz, abtrotzen. Erst im Frühjahr 1807 und noch einmal im Herbst desselben Jahres kommt es zu einer Begegnung mit Goethe anläßlich einer Geschäftsreise ihres Schwagers Jordis, auf der ihn die beiden Schwestern, Lulu und Bettine, begleiten, beide junge Frauen in Männerkleidung. Wie obsessiv der Wunsch, ihn zu sehen, gewesen sein muß, läßt ein Brief Elisabeth Goethes an ihre Schwiegertochter Christiane ermessen:

»Da hat doch die kleine Brentano ihren Willen gehabt, und Goethe gesehen – ich glaube im gegen gesetzten fall wäre sie Toll geworden – denn so was ist mir noch nicht vorgekommen – sie wolte als Knabe sich verkleiden, zu Fuß nach Weimar laufen – vorigen Winter hatte ich ofte eine rechte Angst über das Mägchen – dem Himmel sey Danck daß sie endlich auf eine musterhafte art ihren willen gehabt hat.«[224]

Goethes Tagebuch vom 23. April 1807 verzeichnet nur ihren Namen, ebenso wie die *Paralipomena* zum *Faust*: Bettine. Die Besucherin aber macht sich von dieser Begegnung ihr Bild, in das sie sich, vom ersten Augenblick an, buchstäblich hineinschreibt, um es über all die Jahre der Entfernung und Entbehrung hin festhalten zu können.

»Ich wundre mich, daß ich so ruhig war bei ihm, bei ihm allein, daß ich auf seiner Schulter lag; und beinah schlief, so still war die Welt um mich her, und er ließ sichs Gefallen und war auch still, und war so ehrend in dem wenigen was er zu mir sprach. ich trag einen Ring von ihm am Mittelfinger der rechten Hand, es ist eine kleine Figur in einen blauen Stein geschnitten die ihre Haare löst, oder bindet« (A 4, 49).

Den Ring faßt sie auf als eine Art Gelöbnis: Zeugnis abzulegen von Goethes *Herrlichkeit*. Goethe habe sie, ihr den Ring ansteckend, an seine Biographie erinnert, schreibt sie dem Bruder. – Sie wird Goethes Leben nicht schreiben, aber ihr eigenes Liebesleben in ihm. Das Bild ist, in seinem ersten noch zeichenhaften Entwurf schon vollständig: die kindliche Gebärde des Sich-Anschmiegens, der Schlaf, der Entrückung vorausgehend, und die erotische Metapher des gelösten oder gebundenen Haares.

Goethe seinerseits scheint eine fast verletzend deutliche Grenze zu ziehen, die Bettine vergeblich zu durchbrechen versucht. In den wenigen, nicht immer von eigener Hand geschriebenen Briefen, die sie ihm dann entlockt, erkundigt er sich angelegentlich nach Clemens Brentano und Achim von Arnim, den Dichterkollegen, oder bedankt sich in betont gesuchten Wendungen für die Geschenke, die sie in das Haus am Frauenplan schickt: seltene Früchte, Stoffe, Kleider, Shawls für Christiane und August, Dokumente zur Judenemanzipation in Frankfurt, Anekdoten, die Kopie eines Selbstportraits von Dürer, die sie für ihn hat anfertigen lassen, an den Hausherrn – Liebesgaben.

»Sie haben, liebe kleine Freundinn, die sehr grandiose

Manier uns Ihre gaben immer recht in Masse zu senden« (A 2, 593).

»Man kann sich mit Dir, liebe Bettine, in keinen Wettstreit einlassen, du übertriffst die Freunde mit Wort und That, mit Gefälligkeiten und Gaben mit Liebe und Unterhaltung; das muß man sich denn also gefallen lassen und dir dagegen soviel Liebe zusenden als möglich und wenn es auch im Stillen wäre.
Deine Briefe sind mir sehr erfreulich sie erinnern mich an die Zeit wo ich vielleicht so närrisch war wie du, aber gewiß glücklicher und besser als jetzt« (A 2, 662).

»Deine Briefe machen mir viel Freude, fahre fort an mich zu dencken und mir etwas von deinem wunderlichen Leben zu sagen. Besonders aber suche dem Albrecht Dürer auf die Spur zu kommen [das Bild war nicht zum erwarteten Zeitpunkt in Weimar angekommen]. Lebe recht wohl« (A 2, 654).

Während der Arbeit an *Dichtung und Wahrheit* bittet Goethe die Freundin darum, die Erzählungen seiner Mutter über seine Kindheit und Jugend für ihn aufzuschreiben.

»Da du doch nicht aufhören wirst mir gern zu schreiben und ich nicht aufhören werde dich gern zu lesen; so könntest du mir noch nebenher einen grosen Gefallen thun. Ich will dir nämlich bekennen daß ich im Begriff bin meine Bekenntnisse zu schreiben [...] in jedem Fall bedarf ich deiner Beyhülfe. Meine gute Mutter ist abgeschieden [...] Nun hast du eine schöne Zeit mit der theuren Mutter gelebt, hast ihre Mährchen und Anecdoten wiederhohlt vernommen und trägst und hegst alles im frischen belebenden Gedächtniß. Setze dich also nur gleich hin und schreibe nieder was sich auf mich und die Meinigen bezieht und du wirst mich dadurch sehr erfreuen und verbinden. [...] Liebe mich bis zum Wiedersehn« (A 2, 689).

Die *Paralipomena* zu *Dichtung und Wahrheit* lassen erkennen, daß Goethe geplant hatte, Bettinas Brieferzählungen in seine Autobiographie einzuarbeiten, die »wunderbaren Auszüge aus einer Hauschronik«, »wie sie von einer jungen Familienfreundin aufgefaßt im liebenden Herzen verwahrt und endlich in Schriften niedergelegt wurden« (14, 985).[225] Bettinas Notizenbuch vom November 1810 ist wirklich ein *Evangelium iuventutis* mit diesem wunderbaren Eingang, der ein ganz neues Kapitel in der Geschichte der Kindheit eröffnet: »Die Himmel dehnen sich so weit vor mir, alle Berge, die ich je mit stillem Blick maß, heben sich so unermeßlich, die Ebenen, die noch eben mit dem glühenden Rand der aufgehenden Sonne begrenzt waren, sie haben keine Grenzen mehr. In die Ewigkeit hinein. – Will denn sein Leben so viel Raum haben?« (A 2, 378 f.)

Im Sommer 1810 taucht Bettine für kurze Zeit in dem Kreis jugendlicher Goethe-Verehrerinnen in dem böhmischen Badeort Teplitz auf; Goethes Tagebuch vom 11. August verzeichnet einen gemeinsamen Spaziergang. Für die junge Frau, die sich in diesem Sommer mit Achim von Arnim verlobt, gewinnt die eher zufällige Begegnung den Charakter einer anfänglichen Berührung, an der sich ihre Sehnsucht immer wieder neu entzünden kann. Im Frühjahr 1811 heiratet sie Arnim und verbringt mit ihm gemeinsam ein paar Wochen in Weimar. Gegen Ende ihres Aufenthalts kommt es zu einem bislang ungeklärten, offenbar sehr häßlichen Streit mit Christiane, woraufhin Goethe die Beziehung zu den Arnims abbricht, Bettines Briefe nicht mehr beantwortet und alle Bitten um ein Wiedersehen zurückweist.

»Von Arnims nehme ich nicht die mindeste Notiz, ich bin sehr froh, daß ich die Tollhäusler los bin« (Goethe an Christiane, 5. 8. 1812). Das am selben Tag verfaßte Epigramm gilt ebenfalls Bettine und Achim von Arnim, den »Zudringlichen«: »Was nicht zusammen geht, das soll sich meiden! / Ich hindr euch nicht, wo's euch beliebt, zu weiden: / Denn ihr seid neu und ich bin alt geboren. / Macht, was ihr wollt; nur laßt mich ungeschoren!« (Zit. nach A 2, 836 f.)

Erst 1824 nimmt Goethe Bettines Besuch wieder an, läßt sich ihren Entwurf zu einem Goethe-Denkmal in Frankfurt überreichen und stimmt dessen Ausführung zu.[226] Aber bereits zwei Jahre später endet eine erneute Wiederbegegnung, die letzte, mit einer ebenfalls ungeklärten Mißstimmung.

Im September 1824 schreibt Goethe an den Herzog von Sachsen-Weimar: »Diese leidige Bremse ist mir als Erbstück Meiner guten Mutter schon viele Jahre sehr unbequem. Sie wiederholt das selbe Spiel das ihr in der Jugend allenfalls kleidete wieder, spricht von Nachtigallen und zwitschert wie ein Zeisig. Befehlen Ew. H. So verbiet ich ihr in allem Ernst Onkelhaft jede weitere Behelligung. Ohne hin sind Höchst Dieselben vor Treibereyen hier und sonst nicht einmal sicher zu stellen« (zit. nach AP, 431).

Am 15. März 1832, also wenige Tage vor seinem Tod, empfängt Goethe Bettines Sohn Siegmund. Er ist laut Eckermann, »der letzte Fremde, den Goethe gastfreundlich bei sich bewirtete«; »das Letzte was er geschrieben, waren einige Verse in das Stammbuch des gedachten jungen Freundes« (39, 495). Siegmund von Arnim überbringt dem alten Goethe einen Brief, der das lebenslange Heimweh Bettines zum Ausdruck bringt.

»Wenn du wüßtest, wie sehr weh du mir thust; in mein Leben kann ich hereinsehen wie ins klare Wellenspiel, aber in die Arme, die mich einzig mit Liebe umfaßt haben, darf ich mich nicht denken; die wahrheit, die einzige, die den Werth ihrer Verwirklichung in sich trägt, ist aufgehoben von dir selbst, der doch Athem ihrem Leben eingehaucht« (A 2, 747).

Ich blicke zurück auf das, was ich gerade geschrieben habe: es ist eine arme Chronik; sie dokumentiert mit erschreckender Deutlichkeit die Asymmetrie einer Beziehung, die für den Einen so gut wie nichts, für die andere aber so gut wie alles bedeutet hat. In einem Brief aus dem Sommer 1810 erzählt Bettine, wie sie mit ihrer Freundin Günderrode, »die den unseeligen Tod starb«, Goethes Winckelmann-Studie gelesen habe und wie sie an der Stelle, »wo es heist von den Griechen: Weh dem der in die Unterwelt geht, ohne Jupiter Olymp gesehen zu haben (nehmlich die Stadue)«, sich vorgenommen hätten, »daß wir beide zusammen das Leben nicht verlassen wollten, ohne das Herrliche genoßen zu haben, doch sie hat den Vorsaz gebrochen« (A 4, 115). Bettina von Arnim ist ihm treu geblieben, denke ich und sehe sie auf einmal, eine sinnende Frau, vor dem Modell ihres Goethedenkmals, den Blick in eine unbestimmte Ferne gerichtet.[227] Ich sehe eine Marmorstatue, von der eine große Kälte ausgeht. Sie aber sieht daran vorbei, als lauschte sie der eigenen Stimme, ihrer lebenslangen Liebesrede, kreisend um ein Berührungserlebnis, das nie stattgefunden hat. »Als ich ihn zum erstenmal las, hatte mein Leben Mignon's Tod noch nicht erreicht ... mich ergriff alles was die Treue ihrer Liebe anging, nur in den Tod konnt ich ihr nicht folgen. – Jetzt fühl ich daß ich weit über diesen Tod ins Leben gerückt bin.« Lebend schreibend erfindet sich Bettina von Arnim *ihre* Liebe.

Sonette

An den Suleika-Gedichten des *Divan* und den 1807 entstandenen Sonetten hat Bettina von Arnim, wenn auch nicht, wie sie wähnt, als Geliebte, so doch als Anregende ersichtlich Anteil. Und so sendet Goethe, in einer Regung von Dankbarkeit vielleicht, der jungen Verehrerin, die darin nicht gemeint ist, eine eigenhändige Abschrift zweier Sonette zu, ohne Begleitschreiben, ohne Widmung: *Mächtiges Überraschen* und *Abschied*. Die Geschichte dieses Tauschs von frei sich ergießender und gebundener Liebesrede spiegelt das Mißverhältnis unterschiedlicher Ordnungen des Lebens, Liebens und Schreibens. Dieses Mißverhältnis wird in dem eigentümlich selbstherrlichen Gestus des den Sonetten vorangestellten Mottos auch thematisch. »Liebe will ich liebend loben, / Jede Form sie kommt von oben« (2, 250). Bettine, der keine Form von oben kommt, ruft nur auf, alle Erscheinungen des »inneren glühenden Lebens der Natur«, die seine Worte ihrem *liebenden Herzen* eröffnet haben: »Was Himmel und Erde großes hat: Sonne Wolken Bliz Donner Regenbogen Nebel und Erdbeben zerrißne Tempel und stehende Wasserstrudel und Felsen: alles steht da in hoher heiliger Ordnung und dieß alles wird doch nur bewegt durch ein *einzig* lebend und *liebend* Herz« (A 2, 579). Aber wird dieses Herz den erreichen, der sich in der Form verschanzt? »Das Allerstarrste freudig aufzuschmelzen / Muß Liebesfeuer allgewaltig glühen« (2, 258). Diese Frau, die sich in die Erinnerungen einer Liebenden einlebt und -denkt und -schreibt, hat es der Leserin nicht leicht gemacht. Denn das Liebesfeuer des *Kindes Bettine* hat etwas Irrlichterndes in seiner Ort- und Zeitlosigkeit. Die Schreibende ist tief hinabgestiegen in den Brunnen ihrer Vergangenheit, um das Bild, das ihr zuerst im Spiegel der Großmutter erschienen ist, heraufzubeschwören, das Gesicht, das sie schon im Traum geliebt hat, die *eine* »mit feurigen Augen, glühenden Wangen, mit schwarzem, fein gekräuselten Haar«.

In Goethes Sonett erkennt sie diese eine wieder, sieht sich das »blaue Couvert« aufbrechen und fühlt sich, hingegeben an den Rhythmus der Goetheschen Verse, »in Göttlichem Glanz wiedergebohren« (A 2, 584). Das mächtige Überraschen des Bergstroms ist ihr eigenes; aber auch die dämonische Wildheit der Bergnymphe Oreas; sie sieht sich, wie sie sich, getrieben vom Sturmwind, Fels und Wald mit sich reißend, in die Tiefe stürzt, in die rauschende Flut. Das Sonett, aber, das ich lese, überschreibt die Begeisterungen eines eigenwilligen jungen Mädchens: allein »auf einem Fels, von allen Winden und reißenden Ströhmen umbraußt« (A 2, 575), »wenn mich wieder die Berge umgeben, die Wetterbäche vor mir nieder stürzen, Wald und Gebürg ertöhnen« (A 2, 579). Für mich ist das Gedicht das Ergebnis einer Enteignung, für die Schreibende die Beglaubigung des von ihr beschworenen Wunsch-Ichs. Sie ist, im Schlußvers des Sonetts, zur Ruhe gekommen wie die wilde Nymphe, ein stiller Bergsee: »Sie schwankt und ruht, zum See zurückgedeichet; / Gestirne, spiegelnd sich, beschaun das Blinken / Des Wellenschlags am Fels, ein neues Leben« (2, 250).

Goethe hat sich, wieder einmal, auf seine Weise, hinter ein Bild zurückgezogen, um einer andrängenden Wirklichkeit auszuweichen, denn er hat etwas geahnt von der anderen Liebe der jungen Bettine Brentano, die in sein Leben eingebrochen war mit der Wut einer Bacchantin, von den wilden Naturandachten des Kindes Bettine. Sie aber kümmert sich nicht darum, daß ihre freien Phantasien überschrieben werden, gebändigt in der Form. Sie überläßt Goethe ihre Bilder wie ihre Liebe. Kaum erinnert sie sich

Andrea Mantegna (1431-1506): Tanzende Muse, um 1497

mehr, was sie ihm geschrieben hat, nicht an den Kuß, mit dem sie nicht scheiden will, nicht an ihre Trostgedanken, »daß ich nicht verlieren kann was ich liebe, und wenn es auch noch so weit entfernt ist«, daß das, was einmal recht erkannt und begriffen ist, nicht wieder verlorengehen kann, nicht an ihre Abschiedsphantasie.

»So wie der Freund Anker löst nach langer Zögerung und endlich scheiden muß; wird die letzte Umarmung was ihm hundert Küße und Worte waren, ja mehr noch, ihm werden die Ufer die er in der Entfernung ansieht, was ihm der lezte Anblick war, Und wenn nun endlich auch das blaue Gebirg verschwindet, so wird ihm seine Einsamkeit seine Erinnerung alles, so ist das treue Gemüth beschaffen das Dich lieb hat, das bin ich! die Dir von Gott gegeben ist als ein Damm, über welchen Dein Herz nicht mit dem Strohm der Zeit schwimmen soll, sondern ewig jung in Dir bleibt und ewig geübt in der Liebe« (A 2, 581).

Abschied
War unersättlich nach viel tausend Küssen
Und mußt mit Einem Kuß am Ende scheiden,
Nach herber Trennung tiefempfundnem Leiden
War mir das Ufer, dem ich mich entrissen,

Mit Wohnungen, mit Bergen Hügeln, Flüssen,
So lang' ich's deutlich sah, ein Schatz der Freuden;
Zuletzt im Blauen blieb ein Augenweiden
An fernentwichnen, lichten Finsternissen.

Und endlich, als das Meer den Blick umgrenzte,
Fiel mir zurück in's Herz mein heiß Verlangen;
Ich suchte mein Verlornes gar verdrossen.

> Da war es gleich als ob der Himmel glänzte;
> Mir schien, als wäre nichts mir, nichts entgangen,
> Als hätt' ich alles, was ich je genossen
>
> (2, 253 f.).

Bettines Schreiben ist eine Übung in der Liebe, ihrem seligen Wahn. Sie sagt sich vor, daß sie nichts erwarten soll »von jenen Luftschlössern, die die Wolken eben im Safran und Purpurfeld der aufgehenden Sonne auftürmen«, sagt sich vor, immer wieder, daß »dies Lieben und Aufflammen« »nichtig und nichts« ist, daß »all' die Berge bis zur blauen Ferne« keine Antwort für sie haben, wenn sie »auch noch so begehrend fragt« (A 2, 160 ff.). Sie wehrt sich gegen die Einsicht, daß vor dem Dichter der Sonette ihre Liebe nichts und nichtig ist; denn es verlangt sie nach dem Echo ihrer Liebesrede, wirklicher für sie als ihre eigene. Sie erkennt sich in der Liebenden des Sonetts *Sie kann nicht enden*:

> Wenn ich den blauen Umschlag dann erblickte,
> Neugierig schnell, wie es geziemt dem Weibe,
> Riß' ich ihn auf, daß nichts verborgen bleibe;
> Da läs' ich was mich mündlich sonst entzückte.
>
> *Lieb Kind! Mein artig Herz! Mein einzig Wesen*
>
> (2, 255 f.).

Und wenn sie auch nicht, wie ich jetzt, ihren Brief vom Sommer 1807 vor sich hatte, wo sie sich, bis zur Sinnestäuschung, in ihre Lieblingshaltung hineinphantasiert: auf dem Boden sitzend, den Kopf im Schoß Goethes, redend, redend ..., so wird sie doch diese Verse als nachträgliche Bestätigung ihrer Traumrede verstanden haben. Es wird ihr, stelle ich mir vor, nicht schwergefallen sein zu verdrängen, daß die Verse, die ihren Brief zitieren, sich an eine Minna Herzlieb oder Silvie von Ziegesaar wenden.

»Die Antwort aber, die ich mir in Ihrem Nahmen gebe, spreche ich mit Bedacht aus, mein Kind! Mein artig gut Mädgen! Liebes Herz! sag ich zu mir, und wenn ich denn bedenk daß Sie vielleicht wirklich es sagen könnten wenn ich so vor Ihnen stände, dann schaudre ich vor Freude und Sehnsucht zusammen« (A 2, 576).

»Warum muß ich denn wieder schreiben?« fragt sie sich. »Einzig um wieder mit Dir allein zu seyn, so wie ich gern kam in Weimar um mit Dir allein zu seyn, zu sagen hab ich nichts damals hatte ich auch nichts zu sagen, aber ich hatte Dich anzusehen und innig froh zu seyn, und war Bewegung in meiner ganzen Seele« (A 2, 580 f.). Und dann liest sie und hört, was sie begehrt vor allem anderen, den Widerklang ihrer eigenen Stimme.

> Warum ich wieder zum Papier mich wende?
> Das mußt du, Liebster, so bestimmt nicht fragen:
> Denn eigentlich hab' ich dir nichts zu sagen:
> Doch kommt's zuletzt in deine lieben Hände.
> [...]
> So stand ich einst vor dir, dich anzuschauen
> Und sagte nichts. Was hätt' ich sagen sollen?
> Mein ganzes Wesen war in sich vollendet
> (2, 255).

Er hat wirklich erwidert mit gleichem Wort und Klang, seine Verse den Briefen Bettines sich anschmiegend, als wäre sie gemeint, und kaum je ist mir das Herrschaftliche der Form so schmerzhaft deutlich geworden wie hier, wo es so vollkommen »natürlich« *erscheint*. Goethe hatte die Liebe nicht – er hatte die Form, und Bettine Brentano hat es von allem Anfang an gewußt. »Und wenn Du stehst als ein Gott auf dem Altar und wenn sie alle rufen Du bist herrlich! herrlich! wir opfern Dir; und wenn Dein Sinn wäre von Stein wie Dein Bildniß, so müßte ich doch rufen umarme mich weißer Cararischer Stein« (A 2, 581).

> Du siehst so ernst, Geliebter! Deinem Bilde
> Von Marmor hier möcht' ich dich wohl vergleichen;
> Wie dieses gibst du mir kein Lebenszeichen;
> Mit dir verglichen zeigt der Stein sich milde.
> [...]
> Kurz! um der Worte mehr nicht zu verschwenden,
> So will ich diesen Stein so lange küssen,
> Bis eifersüchtig du mich ihm entreißest
> (2, 252).

Goethe hatte die Liebe nicht, aber er brachte sie zur Erscheinung – im Werk: »Doch stets erscheine, fort und fort, die frohe, / Süß, unter Palmenjubel, wonneschaurig, / Der Herrin Ankunft mir, ein ew'ger Maitag« (2, 259).

In *Goethes Briefwechsel mit einem Kinde* aber beraubt Bettina von Arnim nun ihrerseits den Dichter. In ihrer Aneignung des Sonetts *Freundliches Begegnen* verwandelt sich die musterhafte Liebe eines hohen Paares in eine der wilden Phantasien des Kindes Bettine: »Im weiten Mantel bis ans Kinn verhüllet / Ging ich den Felsenweg, den schroffen, grauen / [...] Auf einmal schien der neue Tag enthüllet: / Ein Mädchen kam, ein Himmel anzuschauen, / So musterhaft wie jene lieben Frauen / Der Dichterwelt. Mein Sehnen war gestillet. / [...] In meiner Hülle konnt' ich mich nicht halten, / Die warf ich weg. Sie lag in meinen Armen« (2, 250 f.). Das Kind will nichts wissen von der Form der Sonette und nichts von den lieben Frauen Petrarcas. Es stürzt sich aus den Bergschluchten seines Böhmergebirges »wie ein Stoßvogel« auf die Gestalt dieses Mannes, von der es beim ersten Erwachen seines Geistes sich hat ergreifen lassen, und in die Schlußverse des Gedichts: »Du nahmst mich vor Dich an die Brust und schlugst die Arme um mich, in Deinen Mantel mich einhüllend« (AP, 56 f.).

Noch immer kann ich die Abwehr verstehen, Goethes und so vieler Späterer, gegen die sturmwütigen Sprachergüsse dieses ruhelos irrenden Kindes auf der Suche nach der anfänglichen Berührung, gegen die beunruhigende Grundlosigkeit von Bettines Schreiben. Aber immer wieder auch spüre ich darin doch auch das heimliche Wirken jener Schwarzkunst der Frauen, die wirklichmachende Kraft, die sich Raum aus Worten schafft, worin alles Bedeutung hat, weil alles mit allem sich liebend berührt.

> »Ich weiß nicht, was ich davon verstand, aber es war, als würde mir feierlich versprochen, dieses alles einmal einzusehen.«[228]

Pückler

> Mir ist ganz klar daß ich durch sie die Vermittlung zum Göttlichen suche. (AP, 261)

Gegen Ende ihres Trauerjahrs um Arnim, um die Jahreswende 1831/32 macht Bettina von Arnim im Salon Rahel Varnhagens die Bekanntschaft des Fürsten Hermann von Pückler-Muskau, der, von einer mehrjährigen Reise nach England, Irland und Frankreich zurückgekehrt, mit seinen *Briefen eines Verstorbenen* sich als Reiseschriftsteller einen Namen gemacht hatte. Ein Außenseiter von etwas dandyhaftem Auftreten, geistreich und oft von irritierender Exzentrizität wie sie selbst, läßt der Fürst sich willig von ihr umwerben. Und Bettine stürzt sich in diese Beziehung, als ahnte sie schon, daß Pückler ihr den Zugang zu ihrer eigenen Geschichte eröffnen würde. »Die Thüre die ich nie gefunden hätte hast du gesprengt«, wird sie ihm wenig später schreiben (AP, 104). In ihrem ersten Brief legt sie das Motto ihrer Korrespondenz fest: »Es giebt in der Geistigen Welt nichts als Liebe« (AP, 10). Was sie meint, noch ehe sie es begriffen hat – es ist von allem Anfang an ihre Goethe-Liebe. Wie um sein Vermächtnis mit dem fürstlichen Freund zu teilen, schenkt sie Pückler nach Goethes Tod den Ring, den sie bei ihrem ersten Besuch in Weimar von dem Dichter erhalten hatte.

In der Nacht von Goethes Tod, am 26./27. März 1832, schreibt sie, in einem Zustand zwischen Traum und Wachen, den ersten einer Reihe tagebuchähnlicher Briefe an Pückler, die aber Goethe zum eigentlichen Adressaten haben. Mit diesem Brief beginnen ihre Erinnerungen an ihr Goethe-Erlebnis. Aber sie braucht das lebendige Gegenüber, den anderen Mann, ihren Fürsten; sie braucht ihn als Zeugen dessen, was in ihr vorgeht.

»Lasse es Dir gefallen daß ich Dir noch einmal die Melodieen meiner schönsten Lebenswege vorsinge und zwar im begeisterten Rhythmus des augenblicklichen Genusses, wo die Lebensquellen von Geist und Sinne in einander strömen und so einander erhöhen daß alles Bedeutung gewinne, daß nicht allein das erfahrne; sichtbar fühlbar werde, sondern auch das unsichtbare ungehörte erkannt und erhört werde« (AP, 45).

Sie braucht die Vorstellung einer lebendigen Berührung, kauernd zwischen den Knien des Angeredeten, seinen Fuß in ihren Händen, um von einer Liebe sprechen zu können, die den Geliebten neu gebiert, die ganz ihr eigenes Werk wäre. Redend gebärend, entreißt sie dem Tod den Gegenstand ihrer Liebe.

Bereits Anfang April 1832 bittet sie Goethes Nachlaßverwalter, den weimarischen Kanzler von Müller, um die Rückgabe ihrer Briefe und sucht dabei zugleich Rechenschaft abzulegen von der Weise, wie sie die Todesnachricht aufgenommen hat: »Gewiß hat der Tod von Goethe mir einen tiefen Eindruck gemacht, und einen unauslöschlichen; aber keinen traurigen wenn ich die aufrichtige Wahrheit im Wort nicht auszudrücken vermag, so glaub ich doch ihr am nächsten zu kommen wenn ich sage einen Glorreichen Eindruck. – Auferstanden von den Toden aufgefahren gen Himmel«. Sie habe, erzählt sie, »grade in den Tagen seiner Auflösung vom Morgen bis in die Nacht an ihn« geschrieben und sich »dabei so ganz ins Kindliche einheimische Verhältniß zu ihm hereingeschrieben«, derart daß sie auf einer Abendgesellschaft, wo man bereits im Bilde gewesen sei, in einer wunderbaren Stimmung der Heiterkeit unbefangen von ihrer Liebe zu Goethe gesprochen habe. Alle Anwesenden seien dadurch in eine feierliche Rührung versetzt worden. Niemand habe sie aufzuklären gewagt. Um Mitternacht sei sie nach Hause gekommen und habe die Zeitung mit der Nachricht auf ihrem Bett gefunden. »So ruhig wie die Erde das Saamenkorn nahm ich diese Nachricht in mich auf, ich schlief gleich sanft darüber ein wie die Erde auch wohl schläft und die ganze Natur, bei der Emfängniß eines zum frischen Lebenskeim bestimmten Saamens; in der Nacht erwachte ich abwechselnd: sprach mit ihm seelig feierlich, schlief wieder erwachte wieder fühlte mich ihm näher und so ging es bis gegen den Tag, wo ich die Emfindung hatte als wär er neu in mir erzeugt« (A 4, 287 ff.).

Der Schreibenden sicher unbewußt, enthält dieser Brief an den Kanzler den vollen Umriß ihres Schreibprojekts: die Gestalt des vom »Feuergeist der Liebe« begeisterten Kindes an der Hand seines fürstlichen Freundes und Mittlers und seiner Liebesgeschichte mit einem Unsterblichen, die es schlafend erfindet. »Aber Deiner Liebe mit Göthe, Deinem mystischen Geisterverhältniß mit dem Unsterblichen folge ich mit heiliger Andacht«, schreibt ihr Pückler (AP, 103), dem sie ganz zu Recht ihr Buch widmen wird: *Goethes Briefwechsel mit einem Kinde*.

Teplitz

> Die Liebe tut alles sich zu lieb und doch verläßt der Liebende sich selber und geht der Liebe nach (A 2, 571).

Obwohl ich weiß, daß Bettine die flämische Mystikerin Hadewijch nicht hat lesen können, berührt es mich seltsam, wenn diese ihre Sendschreiben an die mit ihr befreundeten Beginengemeinschaften mit »liebes Kind« oder »liebes Herz« beginnt oder wenn sie in einer ihrer Lehrbriefe die Liebe preist als selbstgenügsame Gebärerin.

»Die größte ungenannte Stunde [der Liebe] ist, was der höchsten Natur der Liebe gleich ist, wo sie aus sich selbst entspringt und wo sie mit sich selbst ihre Werke vollbringt. Alles Genügen ist nun in ihrer Natur beschlossen. Sie ist so sehr sich selbst genug, daß, sollte sie auch keiner in Liebe lieben, ihr Name allein ihr in der glorreichen Natur ihres Selbst genug an Liebeswonnen böte.«[229]

Die Stunde der Liebe ist für Bettina von Arnim gekommen in der Nacht, wo sie über der Nachricht von Goethes Tod »sanft« einschläft und aufwachend »die Empfindung hatte als wär er neu in [ihr] erzeugt« (A 4, 289) und könnte nun als Liebe in ihrer Liebe leben. Von dieser Stunde an schreibt sie, im Dauerzustand einer Begeisterung, die, im Unterschied zu den Erfahrungen der Mystikerinnen der Frühzeit, Tod und Entbehrung nicht an sich heranläßt, an einer *Lie-*

besgeschichte, von der sie nichts weiß als dies: »daß die Liebe die einzige Gebärerin ist« (A 2, 571). Sie sieht sich und den Freund, ein Bild, wie sie es immer wieder herbeiphantasieren wird. Sie hat nichts verloren, weil sie alles mit sich selbst vollbringt. Sie braucht nur zu zitieren, um sich zu hören im Wechselgespräch mit dem Dichter der Sonette: »Dort im Park zu Weimar gingen wir Hand in Hand unter den dichtbelaubten Bäumen, das Mondlicht fiel ein, Du gabst mir viele süße Namen, es klingt noch in meinen Ohren: lieb Herz! mein artig Kind!« (A 2, 554).

In ihrem *Miroir des simples âmes*, dem Spiegel der einfachen Seelen, läßt Marguerite Porète, die wegen Häresie 1310 auf der Place de Grèves in Paris im Angesicht einer riesigen Volksmenge verbrannt worden ist, Amour, die Liebe, eine Exempelgeschichte erzählen: von einem Edelfräulein, das in Liebe zu einem fernen König entbrennt, von dessen Vortrefflichkeit sie gehört hatte. Und als sie erkannte, daß dieser Loingprés, der Fernnahe, ihr im Innern so nahe, aber äußerlich so weit entfernt war, überlegte sie bei sich, wie sie ihren Kummer durch ein Bild dieses Königs mildern könnte, nach der »Vorstellung, in der sie ihn liebte, und gemäß der Zuneigung, von der sie ergriffen war«.[230] Ceste amour loingtaigne ... qui luy estoit si prouchaine – wie hätte Bettine die Vorgängerin gefeiert, hätte sie von ihrer Liebe zu dem Loingprés gewußt!

»Und das ist die Gewalt der Liebe, daß alles Wirklichkeit ist was vorher Traum war, und daß ein göttlicher Geist dem in der Liebe Erwachten das Leben erleuchte wie der junge Tag dem aus der Traumwelt Erwachten. Liebe ist Erkenntnis, und der ist Besitz« (A 2, 530). Schreibend in der Kraft der *redene*, mit der Hadewijch, die Vorgängerin, begabt war, einem vernünftigen Von-Sinnen-Sein, oder einer begeisterten Vernunft, vollbringt Bettine ihre Liebeswirklichkeit und bringt sich selbst noch einmal in ihrer Lebendigkeit zur Welt,[231] indem sie, alles was sich in ihrer »Erinnerung als heiliges Eigenthum darbietet«, wirklich noch einmal erlebt (AP, 69). Und warum soll sie nicht, wie ihr Dichter »sehnsüchtigster Gewalt / Ins Leben ziehn die einzigste Gestalt«? (*Faust II*, V. 7438 f.). Denn sie sieht ihn ja, und sie sieht sich selbst, wieder und wieder.

»Hier aus den Bergschluchten hervor wag ich's und komme ungerufen unerwartet, wie manchmal sonst auf Deinen Wegen; im Böhmer Gebirg wo ich wie ein Stoßvogel auf dem vorragenden Gefelß über Dir hing, weißt Du noch? – und wie ich dann niederkletterte« (AP, 43).

»In Böhmen; am Waldesrand auf der Höhe da harrtest Du meiner und wie ich Dir entgegenkam den steileren kürzeren Weg kletternd, da standest Du fest und ruhig wie eine Säule, der Wind aber, der Bote des heranrückenden Wetters, raste gewaltig und wühlte in den Falten Deines Mantels. Und dann kam ich zu Dir, Du nahmst mich vor Dich an die Brust und schlugst die Arme um mich, in Deinen Mantel mich einhüllend« (AP, 55 f.).

Sie empfängt Goethes Kuß und, geborgen in seinem Mantel, überläßt sie sich dem *Minnesturm* und genießt den eigenen »heisen erkenntnißvollen Liebesgeist« (AP, 135). »Ich stehe so ruhig da, und seh dem leidenschaftlichen Treiben in mir zu, und bin gar nicht darüber entsetzt. ich seh wie dieß Wesen, meine Seele, sich dem gewaltigen Sturm anvertraut, wie es sich dem peitschen der Wellen preißgiebt, wie es mit ihnen steigt und stürzt« (AP, 131). Sie sieht dem Treiben ihrer Geistesraserei zu, bis sie so ganz »versunken und verschlungen ist im Abgrund der Minne«, daß sie selbst Liebe geworden ist und sich selbst »empfindet im Überflusse der Seligkeit«,[232] im Zustand der beglückten Seele

»nach trauter, süßer Gemeinschaft« mit dem Geliebten, »seine Linke unter dem Haupt der Braut, um sie an seiner Brust ruhen und schlummern zu lassen«.[233] Daß sie, in der Stunde der ersten Begegnung, an Goethes Schulter geschlafen habe, das bleibt für alle Zeit, ihre *Seligkeit* (AP, 131). »Ich 18jähriges Kind (denn daß ich ein Kind war wie heute weißt Du wohl)«, schreibt die fast Fünfzigjährige an den Bruder im Sommer 1834, »hab auf Goethes Schoos gesessen und bin gleich an seinem Herzen eingeschlafen vor seliger Ruh« (A 4, 303).

Und zwischen Schlaf und Wachen, in der Dämmerung als dem einzigen Element, wo sie sich selbst lebt (AP, 212), beginnt sie zu reden – oder soll ich sagen: zu singen? – von den seligen Augenblicken eines von der ganzen Natur angenommenen Kindes, dessen Frühlingsgarten sie so, redendsingendschreibend, immer neu wieder betreten kann, Liebe, die sich in allem, was ihr darin begegnet, selbst erkennt.

> Bi den nuwen jare
> Hoept men der nuwer tide
> Die nuwue bloemen sal brenghen
> Ende nuwe bliscap mennichfout.[234]

»Aber da war ein hoher Baum mit feinen phantastischen Zweigen, breiten Samtblättern, die sich wie ein Laubdach ausdehnten; oft lag ich in seiner kühlen Umwölbung und sah hinauf wie das Licht durch ihn äugelte, und da lag ich mit freier Brust in tiefem Schlaf; ja mir träumte von süßen Gaben der Liebe, gewiß! sonst hätte ich den Baum nicht sogleich verstanden, da ich erwachte. Weil eben die reife Frucht sich von seinen Zweigen gelöst hatte und im fallen auf meine Brust ihr Saft mich netzte; dies schöne dunkle überreife Blut der Maulbeere, ich kannte sie nicht, ich hatte sie nie gesehen, aber mit Zutrauen verzehrten sie meine Lippen wie Liebende den ersten Kuß verzehren. Und es gibt Küsse von denen fühl' ich, sie schmecken wie Maulbeeren« (A 2, 455).

Die überdeutliche Unstimmigkeit dieser Erzählung eines vom Eros erweckten Kindes hat etwas zutiefst Verstörendes; denn ihr zugrunde liegt ein Wissen um die Nähe von Eros und Thanatos, das die Schreibende *trotzig* verdrängt. Sie scheint vergessen zu haben, was sie mit Clemens, dem poetischen Führer ihrer frühen Jahre, sicher gelesen hatte: die traurige Geschichte von Pyramus und Thisbe, die sich, getäuscht von einem grausamen Zufall, unter einem Maulbeerbaum den Tod geben. Und die vom Blut der Liebenden getränkte Wurzel »färbte mit Purpurs Schwarz die hangenden Beeren«. Die Götter erhören die Bitte der sterbenden Thisbe: »Aber du, o Baum, der nun deckt mit den Zweigen des Einen / kläglichen Leib und bald wird decken die Leiber von Beiden, / halte das Zeichen fest und habe du immer die dunkle / trauermahnende Frucht, dem Doppeltod zum Gedenken« (Ovid, *Metamorphosen* IV, 127 und 159 ff.).

Bettina von Arnim macht aus dem Kind des *Briefwechsels mit Goethe* eine Gestalt des Lebens. Für den Fernnahen, den sie redend verführen will, einzutreten in die hängenden Gärten ihrer Kindheit, erinnert sie sich an ein lang zurückliegendes Ereignis, den Kuß, den im Garten der Großmutter ihr Herder einst gegeben hatte. »Herder sah mich so feierlich an, nachdem er mich geküßt hatte, daß mich ein Schauer befiel; der rätselhafte Name Psyche, dessen Bedeutung ich nicht verstand, versöhnte mich einigermaßen mit ihm« (A 2, 513).

»Aus dem einzigen Wort Psyche, das den Schmetterling und die Seele bedeutet, sind hundert sinnreiche Anwendungen in Kunst und Dichtkunst entsprossen, deren eine

die andere erklärt hat. Wenn Amor und Psyche beide als Kinder einander küssen, meint man nicht, in diesem Augenblick, im ersten Gefühl ihrer unschuldigen Liebe sproßten beiden die Flügel?«[235]
Jetzt erst, erinnernd, schreibend, wird ihr bewußt, daß dieser Kuß der träumerischen Mimesis des Kindes Name und Bedeutung gegeben hatte: Sehnsucht nach dem Geist, Begeisterung, die begeistet. Beflügelt von der Sehnsucht des Kindes, wiederholt Bettina von Arnim die Dämmerungszustände des jungen Goethe, wo vor dem empfänglichen Auge *Scheinbilder* auftauchen, schwankend zwischen Wahrheit und Unwahrheit, der Sprache nicht zugänglich. Zugleich flüchtig und voller Bedeutung, lassen sie die gegenwärtige und die vergangene Zeit in geheimnisvolle Konstellationen treten.

Sie erinnert sich an die Begeisterung des Kindes bei einer kühnen nächtlichen Fahrt auf einer Eisscholle treibend im Main, schauend, genießend. »Am fernen Horizont schimmerte ein dunkles Rot, ein trübes Gelb, und milderte die Finsternis zur Dämmerung« (A 2, 498 f.).

»Wir sehen auf der einen Seite das Licht, das Helle, auf der andern die Finsternis, das Dunkle, wir bringen die Trübe zwischen beide, und aus diesen Gegensätzen, mit Hülfe gedachter Vermittlung, entwickeln sich, gleichfalls in einem Gegensatz, die Farben« (23/1, 81).
Alle ihre Sinne ruft sie auf, das Auge zuerst, wie der Autor der *Farbenlehre*: »Das Auge hat sein Dasein dem Licht zu danken. [...] und so bildet sich das Auge am Lichte fürs Licht, damit das innere Licht dem äußeren entgegentrete« (23/1, 24). Aber sie gibt diesem Anrufen ihre eigene Richtung. »In was empfindet sich der Geist, durch was besitzt er sich, als nur dadurch, daß er die Liebe hat?« (A 2, 466) Sie erinnert sich an eine Nacht im Freien, allein auf dem

Rochusberg, den Ferngeliebten herbeiphantasierend. »Dort kamst Du her, durch den flüsternden Wald, von milder Dämmerung umflossen, und wie Du ganz nahe warst, das konnten die müden Sinne nicht ertragen, der Thymian duftete so stark; – da schlief ich ein, und es war so schön, alles Blüte und Wohlgeruch. Und das weite, grenzenlose Heer der Sterne und das flatternde Mondsilber, das von Ferne zu Ferne auf dem Fluß tanzte« (A 2, 170).

Das Kind Bettine ist eins mit Allem. Seine Sinne haben Geist; sein Geist hat Sinne. So ist sein Begreifen auch: Sehen, Hören, Schmecken, Tasten oder – Liebe. Jede seiner kleinen *Liebesbegebenheiten* schließt in sich die selige Wahrheit allgegenwärtiger, allantwortender Liebe. Denn »die Liebe ist das All« (A 2, 465). Zwischen dem Kind und der Natur ist keine Grenze, nur Berührung, geistige Erotik. »Ich will geliebt sein, oder ich will begriffen sein, das ist eins« (A 2, 447).

Der mimetische Zauber des Kindes, den Bettina von Arnim schreibend sich wieder-holt, ist der einer Erinnerung; diese aber bedarf des andern, um wahr zu sein. »O sieh doch, das Buch der Erinnerung blättert sich ja grade in *Deiner* Gegenwart an diesen merkwürdigen Stellen auf« (A 2, 458). Die merkwürdigste Stelle, die sich da aufblättert – die Schreibende liest sie jedesmal neu. Sie erzählt von einer geist- und sinnbetörenden Selbst-Berührung im zauberischen Licht einer Mondnacht. Berührt von Mondenstrahlen, wacht das Kind auf und läßt sich in den Garten verlokken, zum Springbrunnen.

»Dort stand ich und sah, wie der von den Lüften bewegte Wasserstrahl hinüber und herüberschwankte und wie die Mondenstrahlen das bewegte Wasser durchwebten, und wie der Blitz mit zingelnder Eile silberne Hieroglyphen in die wogenden Kreise schrieb; da kniete ich in den feuchten Sand und beugte mich über dies schwindelnde Lichtweben, und lauschte mit allen Sinnen, und mein Herz hielt still, und ich nahm es an, als ob mir diese schwindenden Strahlenzüge etwas hinschrieben.«

Ihr ist, als könnte sie die Liebessprache der Natur verstehen, als wäre sie, liebend begreifend auch begriffen geliebt, und so geht sie in der Vorfreude auf eine wirkliche Berührung mit dem Liebesgeist dieser Mondnacht durch die stillen Gänge des Klosters zu ihrem Bett zurück. »Da öffnete leise ich das Fenster dem Mondlicht, und ließ es meine Brust anstrahlen, – ja, mich umarmte in jenen glücklichen, glückbringenden Momenten ein freudegeistiges Gefühl, groß, allumfassend, es umarmte von außen mein Herz; mein Herz fühlte sich umfaßt von einer liebenden Gewalt, der es sich anschmiegte im Schlummer, der von dieser Gewalt aus über mich kam« (A 2, 485). Die Schreibende blickt zurück auf dieses entzückte und entzückende Kind und erlebt es noch einmal, wie es ist, wenn eine voll ist von jenem abenteuerlichen Mondscheingefühl, »daß etwas geschehen werde, wie es noch nie dagewesen sei, ja wie es sich die verarmte Vernunft des Tages nicht einmal vorstellen könne«.[236] Wenn nicht der Mund schwärmt, sondern der ganze Körper erregt ist »von einer ganz unbekannten Sinnlichkeit, die nicht die Sinnlichkeit einer Person ist, sondern die des Irdischen, des in die Empfindung Dringenden überhaupt, die plötzlich enthüllte Zärtlichkeit der Welt, die unaufhörlich alle unsere Sinne berührt und von unseren Sinnen berührt wird«.[237] Es ist eine Mondnacht, wie sie viel später, noch einmal Robert Musil hat beschreiben können, in der die liebenden Geschwister dem Augenblick der Vollendung ihrer Liebe ganz nahe zu sein scheinen, aber, als hätte ein höheres Gebot sie getroffen, begreifen, daß »die Gebärden des Fleisches ihnen unmöglich geworden« sind.[238]

In Bettina von Arnims Teplitz-Fragmenten verhindert nur das »Gebot der Sitte« die Vereinigung der liebenden Frau mit ihrem Gott, und es zeugt von Bettines Gefühlstakt, daß sie auf die Veröffentlichung dieses Textes verzichtet hat – zugunsten dessen, was bei Musil »Fragment eines anderen Lebens« heißt.[239]

Die Gestalt des Kindes, in das die schreibende Bettine sich hineinphantasiert, um durch seinen Liebeszauber den Ferngeliebten zu rühren, scheint das Geheimnis eines anderen Lebens zu kennen, in der Ununterscheidbarkeit von vollkommener Selbstentäußerung und vollkommener Selbstermächtigung. Das Kind hört die Stimmen der Bäche, die Klagen des Schilfs an den Ufern des Mains und »in den fernen Wäldern das Seufzen der Tiere um Erlösung« (A 2, 189).

Es gibt einen an der Jahreswende 1840/41 geschriebenen, aber nicht abgeschickten Brief des damals zum Studium in Berlin weilenden Turgenjew an Bettina von Arnim: ... »Das Sie selig sind und es sein werden, das Sie wahr sind und frei – die Bürgschaft davon ist uns in ihrer Liebe, ja – in ihrem Mitleid zur Natur, die ja, von den Menschen verlassen, trauert [...] wie jener Bach, dem Sie einst zuriefen: ›Kind! was weinst du? Was fehlt dir?‹ – Da er so ängstlich in dem Schilf murmelte. Darum haben Sie nie die Natur *beschrieben*: Ich möchte sagen – die Natur hat sich unter Ihrer Feder in Worte verwandelt: was das Wort bedeutet, was es Göttliches in sich hat – was Kunst was Form heisst – haben Sie uns erst gelehrt« (zit. nach A 1, 914).
Das Kind lauscht dem Gesang der Nachtigall, und »dazu trugen die Winde die Töne einer fernen Musik herüber, deren allumfassende Harmonie wie ein in sich abgeschloßnes Geisteruniversum erklang, wo jeder Geist alle Geister durchdringt, und alle jedem sich fügen« (A 2, 474). Und es

beginnt selbst zu singen, in Zuständen mimetischen Außersichseins, wie es die provenzalische *Scala divini amoris*, ein mystischer Traktat aus dem Anfang des 14. Jahrhunderts, als *Descenamen* beschreibt, einstimmend in die Musik der Welt. »Wie ich vor zehn Tagen da oben saß auf dem Rheinfels, und der Wind die starken Eichen bog, daß sie krachten, und sie saus'ten und braus'ten im Sturm, und ihr Laub, getragen vom Wind, tanzte über den Wellen. – Da hab' ich's gewagt zu singen; da war's keine Tonart – da war's kein Übergang – da war's kein Malen der Gefühle oder Gedanken, was so gewaltig mit in die Natur einstimmte: es war der Drang, eins mit ihr zu sein« (A 2, 190). Das Kind teilt mit dem Dichter der *Scala* das Wissen, daß nur die Liebe ihm die Kraft verleiht, im »allumrauschenden Ocean der Harmonie« (AP, 54) nicht zu versinken,[240] seine Goethe-Liebe:

»Mit den Streiflichtern und ihren blauen Schatten, mit den Nebelwolken die am Berg hinziehen, mit dem Vögelgeräusch im Wald, mit den Wassern die zwischen Gestein plätschern, mit dem Wind, der dem Sonnenlicht die belaubten Äste zuwiegt; mit diesen vergleich ich Dich gern [...] Ach da Du nirgends bist, und doch da bist, weil ich Dich mehr empfinde als alles andere; so bist Du gewiß in diesem tausendfachen Echo meines Gefühls« (A 2, 445).

ER KAM UND BLIEB: ECKERMANN

Er kam ...

»Weimar, Dienstag den 10 Juni 1823

Vor wenigen Tagen bin ich hier angekommen, heute war ich zuerst bei *Goethe*. Der Empfang seiner Seits war überaus herzlich und der Eindruck seiner Person auf mich der Art, daß ich diesen Tag zu den glücklichsten meines Lebens rechne« (39, 39).

Der Ankömmling, ein noch junger Mann von 31 Jahren, hatte einen weiten Weg hinter sich. Johann Peter Eckermann, der Hausierersohn aus Winsen an der Luhe, war gewöhnt an Arbeit und Armut. Aufgewachsen zwischen Deichen in den Elbniederungen, je nach der Jahreszeit beschäftigt mit dem Sammeln von angespültem Schilf, von Ähren, Holz und Eicheln, mit Ackerarbeit und Kühehüten; bestimmt, den Vater auf seinen Wanderungen über die Dörfer der Heide zu begleiten, besucht er nur periodenweise die Schule und lernt nur notdürftig lesen und schreiben. »Unter solchen Zuständen und Beschäftigungen [...] erreichte ich mein vierzehntes Jahr, und man wird verstehen, daß von hier bis zu einem vertrauten Verhältnis mit *Goethe* ein großer Schritt und überall wenig Anschein war. Auch wußte ich nicht, daß es in der Welt Dinge gebe wie Poesie und schöne Künste« (39, 19).

Eckermann, der wie Goethe auf die Geschichte eines »bedeutend gewordenen Kindes« zurückblickt, erzählt in der Einleitung zu seinen *Gesprächen mit Goethe* sein Leben, als wäre es eine Legende, eine Vita, die ganz im Zeichen der *imitatio* steht und ihre Beglaubigung erhält durch die Institution einer Kirche, der Religion der Kunst. Am Anfang dieser Vita steht ein Erweckungserlebnis: Der »in freier Natur in reiner frommer Unschuld« (39, 798), doch »ganz ohne alle geistige Kultur und Kenntnisse« großgewordene Junge (39, 27) sieht auf einmal auf einem Paket Tabak, das sich sein Vater von einer seiner Wanderungen mitgebracht hatte, das Markenzeichen, ein Wappen mit einem Pferd. »Dieses Pferd erschien mir als ein sehr gutes Bild, und da ich zugleich Feder und Tinte und ein Stückchen Papier zur Hand hatte, so bemächtigte sich meiner ein unwiderstehlicher Trieb es nachzuzeichnen.« Er beginnt, von den Eltern unbemerkt, zu zeichnen. »Als ich fertig war, kam es mir vor, als sei meine Nachbildung dem Vorbilde vollkommen ähnlich und ich genoß ein mir bisher unbekanntes Glück« (39, 19). In diesem Augenblick entscheidet sich das Schicksal von Goethes Eckermann. Der junge Ährenleser und Hütejunge aus Winsen an der Luhe hat an diesem Abend in der Hütte seiner Eltern den Ruf der Kunst, der von sehr weit her, von unten sozusagen, an ihn ergangen war, gehört, und er hat eine Wahl getroffen, ohne irgendeinen Begriff zu haben von dem, was sie bedeutete. Er glaubt an das Glück, das er zeichnend, *nachbildend*, empfindet. Er ist »aus dem geringsten Stande« und »an das *Einfache* gewöhnt« (39, 772); sich zu bescheiden, ist ihm zur Natur geworden; so ist er bereit zu jeder Entbehrung, zu jedem Opfer – das des Selbst eingeschlossen. Denn die Erweckungsgeschichte, die er erzählt, verrät, was vielleicht der Schreibende selbst nicht weiß: daß er sich unter ein höchst bedenkliches Gesetz beugt, das der Ähnlichkeit. Das Glück des Autors der *Gespräche* wird darin bestehen, nachbildend einem Vorbild vollkommen ähnlich zu werden.

Zunächst hat er noch einen langen Weg vor sich: Die

Nachzeichnungen des Arme-Leute-Kindes werden herumgereicht. »Die Aufmerksamkeit höherer Personen« fällt auf ihn, er erhält einen Freitisch, und man läßt ihn am »Privatunterricht der wenigen vornehmen Kinder« des Ortes teilnehmen. Ein Justizbeamter nimmt ihn als Gehilfen zu sich; er durchläuft, in der Folge der französischen Besatzungspolitik, als »Mairie-Sekretär« verschiedene Präfekturen, schließt sich 1813 als Freiwilliger einem Jäger-Corps an, macht den Winterfeldzug gegen den Marschall Davoust mit, durch Mecklenburg, Holstein und Hamburg, marschiert im Sommer 1814 über den Rhein durch Flandern und Brabant, wo ihm »vor den großen Gemälden der Niederländer eine neue Welt« aufgeht, kehrt nach der Auflösung seines Corps im Herbst in seine Heimat zurück, denkt noch immer an eine Ausbildung als Maler und »machte mitten im Winter 1815 den fast vierzigstündigen Weg durch die öde Heide bei tiefem Schnee einsam zu Fuß, und erreichte in einigen Tagen glücklich Hannover«, muß aber nach einiger Zeit »dem Drange der Umstände [nachgeben] und, auf die künstlerische Laufbahn Verzicht leistend«, eine Stelle bei einer »mit der Kriegs-Kanzlei in Verbindung stehenden Kommission« annehmen (39, 22 ff.). Über den »gefeierten Helden des Tages«, Theodor Körner, entdeckt er, spät erst, die Literatur, verfaßt selbst ein Gedicht, das er auf eigene Kosten drucken läßt. Der günstige Eindruck, den es macht, verschafft ihm Bekanntschaften, man empfiehlt ihm das Studium »unserer großen Dichter«, Klopstock, Schiller, bis er – und dies wird sein zweiter Erweckungsaugenblick, der das Glück des ersten in der Wiederholung übertrifft – auf die Gedichte Goethes stößt. »Es war mir, als fange ich erst an aufzuwachen und zum eigentlichen Bewußtsein zu gelangen; es kam mir vor als werde mir in diesen Liedern mein eigenes mir bisher unbekanntes Innere zurückgespiegelt.« (39, 28) Fortan liest und denkt und spricht und – träumt er nur noch von Goethe, macht dabei die Erfahrung, daß ihm zum wirklichen Verständnis alle Voraussetzungen fehlen und holt, als bereits Fünfundzwanzigjähriger, unterstützt von Stipendien und Freitischen, aber weiterhin im Dienst seiner Kommission einen rudimentären Gymnasialunterricht nach, geht zum Studium nach Göttingen, muß aber, ans »Ende [seiner] pekuniären Hülfsmittel« gelangt, die Universität verlassen, bezieht eine ländliche Wohnung in der Nähe von Hannover, schreibt dort ein paar theoretische Abhandlungen, seine *Beyträge zur Poesie mit besonderer Hinweisung auf Goethe*, die in der Unterscheidung von naiver und sentimentaler Dichtung gründen, und schickt diese, wie zuvor schon ein Exemplar seiner Gedichte mit einer kleinen Skizze seines Lebens- und Bildungsgangs an Goethe mit der Bitte »um einige empfehlende Worte an Herrn von Cotta« (39, 36 f.).

»Es lebte nun in mir kein anderer Trieb, als ihm einmal einige Augenblicke persönlich nahe zu sein; und so machte ich mich denn zur Erreichung dieses Wunsches gegen Ende des Monats Mai auf, und wanderte zu Fuß über Göttingen und das Werratal nach Weimar.

Auf diesem wegen großer Hitze oft mühsamen Wege hatte ich in meinem Innern wiederholt den tröstlichen Eindruck, als stehe ich unter der besonderen Leitung gütiger Wesen, und als möchte dieser Gang für mein ferneres Leben von wichtigen Folgen sein« (39, 38).

Er war aufgebrochen mit wenig Gepäck, so stelle ich es mir vor, zu Fuß von Hannover nach Weimar, bei sommerlicher Hitze. Der, nach dessen Nähe er sich sehnte, hatte das Zeugnis seiner Eignung, die *Beyträge*, studiert, aber der Pilger konnte nicht wissen, daß man und wie sehr man ihn erwartete im Haus am Frauenplan. Goethe verfolgt seit einiger Zeit ein Hauptgeschäft, »meinen literarischen Nachlaß zu sichern und eine vollständige Ausgabe meiner Werke wenigstens einzuleiten! Es würde mir dies ganz unmöglich sein, wenn sich nicht hübsche junge Leute zu mir gesellten, die sich an mir herauf gebildet haben, mich völlig verstehen, meine Absichten durchdringen und sich anschicken, an meiner statt auf Stoff und Gehalt, der noch so reichlich daliegt, verständig-geistreich zu wirken.«[241] Und so schickt er denn Eckermanns Abhandlung an Cotta, am Tag nach dessen Antrittsbesuch mit einer etwas zweideutigen Empfehlung. Er sehe sich, schreibt er, nach jungen Männern um, »denen man Redaktion von Papieren übertragen könnte, welche selbst zu leisten man wohl die Hoffnung aufgeben muß«. »Nun beobachte ich längst einen jungen Eckermann aus Hannover, der mir viel Zutrauen einflößt.« »Ew. Hochwohlgeboren« »werden beurteilen, ob es [Eckermanns Manuskript] zu Ihren Zwecken tauglich sei.«[242] Um zu prüfen, ob der junge Mann aus Hannover, der zu ihm nach Weimar gepilgert war, anderen Arbeiten gewachsen sein würde, nicht nur durch die »Klarheit und Freiheit der Handschrift besticht,«[243] stellt Goethe ihm zwei übrigens sehr aufwendige Probeaufgaben: 1. aus den Jahrgängen 1772 und 1773 der *Frankfurter gelehrten Anzeigen* Goethes nichtgezeichnete Rezensionen herauszufinden, 2. zu den ersten elf Heften von *Kunst und Altertum* nicht nur ein Inhaltsverzeichnis anzulegen, sondern auch »[aufzusetzen], welche Gegenstände nicht als abgeschlossen zu betrachten sind, damit es mir vor die Augen trete, welche Fäden ich wieder aufzunehmen und weiter fortzuspinnen habe« (39, 42 f.). Eckermann, der allerdings Goethes Art und Denkungsweise kennt, besteht die Proben. Und der Meister hat den hübschen jungen Gesellen gefunden, der »wie eine Ameise« seine verstreuten Gedichte zusammensucht, der »sammelt, sondert, ordnet und den Dingen mit großer Liebe etwas abzugewinnen [weiß]«,[244] der »mit löblicher Geduld [seine] alten, hoffnungslos zugeschnürten Manuskripten-Massen« durchsieht und zur Freude des Meisters »manches darin [findet] wohl wert erhalten und mitgeteilt zu werden, so daß man das übrige nun mit Beruhigung verbrennen kann«.[245]

Hatte ich etwas anderes erwartet? Kannte ich nicht Leo Kreutzers Abrechnung mit dem Klassiker aus dem Ende der 70er Jahre? Das Eckermann-Kapitel trägt die polemische Überschrift *Inszenierung einer Abhängigkeit*.[246] Aber jetzt, zwischen Eckermanns *Gesprächen*, den Kommentaren dazu, Goethes Briefen, den Briefen von Eckermanns Verlobter Johanne Bertram, die mehr als zehn Jahre auf die Gründung eines gemeinsamen Hausstands warten muß, um dann nach nur zwei kurzen Ehejahren bei der Geburt eines Sohnes zu sterben, Eckermanns Briefen an die junge Weimarer Sängerin und Schauspielerin Auguste Kladzig, seine Freundin, den von Houben zusammengetragenen Dokumenten, hin- und hergehend, spüre ich etwas von dem elbischen Wesen, das Thomas Mann Goethe zuschreibt. *Von den elben wird entsen vil manic man ...*[247] Auszuhalten war dieses Wesen wohl nur von einem, den ein fast übermenschliches Vertrauen beseelt und die absolute Liebe zur Kunst.

Die Dokumente widerlegen Kreutzers Polemik nicht: Es handelt sich um eine, wenn nicht vorbedachte, so mit einer geradezu unheimlichen *mauvaise foi* verfolgte Strategie der Ausbeutung, die Eckermann mit einer gespenstischen Deutlichkeit im Traum vorwegnimmt. Er habe die ganze Nacht von Goethe geträumt, erzählt er der Verlobten in einem Brief vom Oktober 1821. »Ich faßte immer seine Beine um, aber er hatte dicke Unterhosen um; er sagte, er könne anders nicht mehr warm werden. Er war schon sehr alt, aber mich hatte er sehr lieb, er holte mir auch aus der

Kammer eine ganze Hand voll Birnen, die er auch schälte.« Der Traum-Goethe schätzt Eckermanns Talent so hoch wie sein eigenes, was dem Träumer »übertrieben« vorkommt, aber er fragt dann doch, wie er es anfangen müsse, »einst gleichen Ruhm« zu haben wie Goethe jetzt, »er aber sagte, es sey gefährlich, mir das zu sagen und ließ mich darüber im Unklaren; er brachte dann das Gespräch auf andere Dinge und ging mit mir in den Garten. Auch der Großherzog von Weimar und andere große Männer waren bey ihm, aber die ließ er im großen Saale, wo ich sie aus der Ferne, wenn sich die Thür öffnete, auf und abgehen sah; ich war in seiner Stube und bey mir war er die größte Zeit.«[248]

Im Traum erfährt Eckermann eine Nähe, die sich zugleich entzieht (die dicken Unterhosen); er wird mit frischem Obst beschenkt (wie in der Tat ihm Goethe später Trauben oder Gebäck hinreicht und besonders guten Wein mit ihm trinkt); auch sein literarischer Ehrgeiz erhält Nahrung, aber diese besteht nur aus Wörtern (in der Wirklichkeit weiß später Goethe zu verhindern, daß Eckermann zu eigener literarischer Arbeit kommt, sein Ruhm aber werden die *Gespräche mit Goethe* sein); die vornehmen und einflußreichen Besucher Goethes sieht er nur aus der Ferne (was sich auch im wörtlichen Sinn erfüllen wird). Mit schlafwandlerischer oder mephistophelischer Sicherheit bindet Goethe den jungen Eckermann aus Hannover, der ihm, wie er sofort sieht, ganz verfallen ist, an sich: Er vereitelt immer wieder, unter dem Vorwand, Eckermann müsse sich selber erst ein symbolisches Kapital bilden, d. h. Kenntnisse erwerben, Sprachen lernen etc., eine existenzsichernde Mitarbeit seines Gehilfen bei der einen oder anderen literarischen Zeitschrift, so daß dieser allmählich den Anschluß an die zeitgenössische Literaturentwicklung verliert. Er läßt ihm auch ohnehin durch immer intensivere Einbeziehung in seine literarische Produktion, die Erörterung des Fortgangs einzelner Arbeiten, die Redaktion von Briefwechseln, die Zusammenstellung von Maximen (z. B. für die *Wanderjahre*) und die Vorbereitung der Nachlaßausgabe keine Zeit für eigene Schreibprojekte. In seinen Gesprächen bildet Eckermann die oft über Tage und Wochen hindurch verfolgten Besprechungen einzelner Abschnitte Goethescher Werke nach:

»Vor einigen Tagen kommunizierte er mir die Anfänge einer Fortsetzung von Wahrheit und Dichtung [...]. Das bereits Ausgeführte erscheint mir nun so vortrefflich und der Inhalt des Schematisierten von solcher Bedeutung, daß ich auf das Lebhafteste bedaure, eine so viel Belehrung und Genuß versprechende Arbeit ins Stocken geraten zu sehen und daß ich Goethe auf alle Weise zu einer baldigen Fortsetzung und Vollendung treiben werde« (39, 119).

Der »getreue Eckart«, wie Goethe seinen Gehilfen in den letzten Jahren seines Lebens nennt, mit dem er hofft, »bis ans Ende wirksam auszudauern«,[249] läßt, um »für die unterbrochene und seit Jahren ruhende Arbeit neue Lust und Liebe zu erregen«, seinem Meister einige *Notizen* zugehen, »damit es ihm vor Augen trete, was vollendet ist und welche Stellen noch einer Ausführung und anders weiten Anordnung bedürfen« (39, 120). Der Leserin, für die ihre letzte Lektüre von *Dichtung und Wahrheit* noch nicht weit zurückliegt, wird mit einem Mal ganz deutlich, was sie da liest: das Grundmuster aller späteren Interpretationen des Lili-Kapitels.

»Die Anlage des Ganzen hat sehr viel vom Roman. Zartes, anmutiges, leidenschaftliches Liebesverhältnis, heiter im Entstehen, idyllisch im Fortgange, tragisch am Ende durch ein stillschweigendes gegenseitiges Entsagen, schlingt sich durch vier Bücher hindurch und verbindet diese zu einem wohlgeordneten Ganzen. Der Zauber von Lilis Wesen, im Detail geschildert, ist geeignet jeden Leser zu fesseln, so wie er den Liebenden selbst dergestalt in Banden hielt, daß er sich nur durch eine wiederholte Flucht zu retten im Stande war« (39, 119).

Es handelt sich ja gar nicht um ein Gespräch, sage ich mir plötzlich, sondern um eine Nachgestaltung, ich muß es genauer sagen: um eine literarische Nachgestaltung, die, vielleicht kaum weniger als die Werke des Vorbilds, unseren Begriff des Klassischen geformt haben. Und es wundert mich nun nicht mehr, daß gerade Nietzsche »Goethes Unterhaltungen mit Eckermann« dem »Schatz der deutschen Prosa« zurechnet,[250] ein Buch, das wie kein anderes »eine Stimmung produktiven Genießens«, wie man sie in Höhenluft kennt, zu erregen gemacht sei.[251] Denn es berühren einander in dieser klassischen Prosa ein Literatur gewordenes Leben und ein anderes, für das die Literatur Leben ist. In der Entsagung sind sie eins: Eckermann ist darin geübt, von Jugend an. Die Devise seines Bildungs- und Lebensgangs ist der Verzicht auf das Leben – um eines höheren Lebens willen. Und so speist sich wohl auch die mimetische Einfühlungsarbeit Eckermanns, die in seinen Notizen zum Ausdruck kommt und die wir in der romanhaften Erzählung einer von Anfang an unmöglichen Liebe wiederfinden, aus dem Motiv der Entsagung.

Aber es ist vor allem der zweite Teil des *Faust*, dessen Vollendung Goethe und – wir Eckermann zu verdanken haben. Vom Winter 1829 an umkreisen die Gespräche einzelne Szenen und Figuren, und es entsteht ein heimliches Einverständnis zwischen dem Meister und seinem ersten Zuhörer und Leser. Das reine Glück, das, wie es in einem Nachlaßfragment heißt, »eine höhere Resignation zu begleiten pflegt«, »eine Art von Eroberung deren Besitz und Genuß uns keine Zukunft zu entreißen« vermöchte (39, 877) – Eckermann läßt es in den dem Fortgang der Arbeit am *Faust* gewidmeten Abschnitten seines Buches immer wieder aufleuchten.

»Sonntag, den 27, Dezember 1829
Heute nach Tisch las Goethe mir die Szene vom Papiergelde. [...] Indem Goethe die herrliche Szene las, freute ich mich über den glücklichen Griff, daß er das Papiergeld von Mephistopheles herleitet und dadurch ein Hauptinteresse des Tages so bedeutend verknüpft und verewigt.

Kaum war die Szene gelesen und manches darüber hin und her gesprochen als Goethes Sohn herunterkam und sich zu uns an den Tisch setzte. [...] Von unserer gelesenen Szene verrieten wir nichts, aber er selbst fing sehr bald an, viel über preußische Tresorscheine zu reden und daß man sie über den Wert bezahle. Während der junge Goethe so sprach, blickte ich den Vater an mit einigem Lächeln, welches er erwiderte und wodurch wir uns zu verstehen gaben, wie sehr das Dargestellte an der Zeit sei« (39, 370 f.).

Das Verfahren der Darstellung in dieser Szene ist, denkt die Leserin, von Eckermann wirklich wunderbar gewählt: Produktion von Bedeutung durch Zufall und Analogie, ganz so, wie es Goethe auch hätte machen können. Und doch ist es Eckermanns Text, der sich darin als Autor zum Verschwinden bringt, aber als Vertrauter, anerkennend, anerkannt sich kenntlich macht. Und Goethe? Ach, er weiß, was er an diesem von weither Gekommenen, der nicht mehr weggehen kann, hat. »Eckermann versteht am besten, literarische Produktionen mir zu extorquieren durch den sensuellen Anteil, den er an bereits Geleistetem, bereits Begonnenem nimmt. So ist er vorzüglich Ursache, daß ich den Fausten fortsetze.« Dieses Geständnis findet sich in Kanzler von Müllers *Unterhaltungen mit Goethe*.[252]

Daß Goethe weiß, was er an Eckermann hat, ist vielfach bezeugt – durch ihn selbst. »Sein zartes und zugleich lebhaftes, man möchte sagen leidenschaftliches Gefühl ist mir von großem Werth«, schreibt er an Carlyle im Sommer 1831. Er könne ihm bis dahin Unveröffentlichtes, bei dem großen zeitlichen Abstand ihm auch Fremdgewordenes »vertraulich mittheile[n], da er denn die schöne Gabe besitzt, das Vorhandene, als genügsamer Leser, freundlich zu schätzen und doch auch wieder nach Gefühl und Geschmack zu Forderndes deutlich auszusprechen weiß.«[253] – Das Ausmaß des Abhängigkeitsverhältnisses, das Goethe errichtet und in dem Eckermann sich eingerichtet hatte, ist mir erst nachträglich zum Bewußtsein gekommen, denn in den *Gesprächen* bleibt dessen materielle Seite nahezu vollkommen ausgespart. So habe ich mir die Briefe von Eckermanns Verlobter geholt. Johanne Bertram, in Hannover zurückgelassen, eine kleine Erbschaft aufzehrend, immer wieder bereit, trotz ihrer beschränkten Mittel dem Geliebten in finanziellen Notsituationen auszuhelfen, sieht mit jedem Jahr, das Eckermann in Weimar verweilt, die Hoffnung auf einen gemeinsamen Haushalt schwinden. Und allmählich wird auch die Leserin hineingezogen in einen qualvollen Austausch von leider nur allzu berechtigten Klagen oder Anklagen und Beschwichtigungen.

»Ich möchte so gern etwas von Deinen Werken wieder producirt sehen, damit Du immer mehr bekannt würdest; denn daß Du *Göthe* behülflich, weiß ja niemand und erfährt keiner. Ja wenn ich denken könnte, daß *Göthe* Dich reichlich dafür belohnte, so wäre ich zufrieden, aber davon haben wir noch keine Proben ... Bitte erzähle mir in Deinem nächsten Briefe, wie Deine häuslichen Angelegenheiten eingerichtet sind. Wohnst Du nun in *Göthens* Haus und ißt und trinkst Du mit ihm u. s. w. Mich solls wundern, was diesen Sommer für Dich Gutes herauskommen wird oder ob dies nur wieder ein Hinhalten seyn wird. Unbegreiflich ists und bleibts für mich, daß *Göthe* nicht besser für Deine feste und sichere Existenz sorgen kann.«[254]

»Meine Stellung wird sehr gut werden. Ich müßte ganze Bogen schreiben um Dir dieß deutlich zu machen. Vertraue mir nur und sey vergnügt.«[255]

Es ist und bleibt unbegreiflich, daß Goethe nicht für eine feste und sichere Existenz seines Eckermann gesorgt hat. Er *hat* es nicht getan. Eckermann, wohlweislich, hat sein *Hanchen* im Unklaren darüber gelassen, wie er lebt. Denn er ist zwar, zunächst gelegentlich, in den letzten Jahren wohl nahezu täglich, bei Goethe zu Tisch, wird bei gemeinsamen Landpartien von ihm freigehalten, aber er wohnt nicht im Haus am Frauenplan, sondern in kleinen Stuben zur Untermiete und verdient seinen Lebensunterhalt als Deutschlehrer im Pensionat eines Professor Melos, das vor allem von jungen Engländern, zu deren Reiseprogramm Weimar gehörte, besucht wurde. Dort hat er auch, wenn er nicht zu Goethe geladen war, seinen Freitisch. Eine verläßliche Freundin hat er in Ottilie von Goethe, die ihm regelmäßig Privatstunden vermittelt mit den jungen Goetheverehrern aus England, die zu ihrem Zirkel gehören. Von Goethe erhält er für seine Arbeit kein Honorar; es ergibt sich auch in der großherzoglichen Verwaltung keine Stelle für ihn; so bleibt es, wie Johanne Bertram bitter bemerkt, für ihn bei der »Ehre«[256] – und bei dem Doktortitel, den, aus Anlaß des fünfzigjährigen Dienstjubiläums von Karl August 1825 die Universität Jena Riemer und Eckermann verleiht. Denn auch das Testament Goethes, das Eckermann zum Herausgeber seines literarischen Nachlasses macht (es wird im Mai 1831 von Goethe und Eckermann gemeinsam unterzeichnet) stellt für diesen keine Existenzsicherung dar, sondern macht ihn von der Großzügigkeit des Verlegers und Ottiliens abhängig. Goethes nachgelassenes Werk umfaßt noch zwanzig Bände, die erst 1842 fertig vorliegen, so daß Eckermann nach dem Tod seines Meisters noch ein volles Jahrzehnt in dessen Dienst tätig ist.

Eckermann stirbt, so arm, wie er es als Kind gewesen ist, im Winter 1854.

»Gott hat sich nach den bekannten imaginierten sechs Schöpfungstagen keineswegs zur Ruhe begeben, vielmehr ist er noch fortwährend wirksam, wie am ersten. Diese plumpe Welt aus einfachen Elementen zusammenzusetzen und sie jahraus jahrein in den Strahlen der Sonne rollen zu lassen, hätte ihm sicher wenig Spaß gemacht, wenn er nicht den Plan gehabt hätte, sich auf dieser materiellen Unterlage eine Pflanzschule für eine Welt von Geistern zu gründen. So ist er nun fortwährend in höheren Naturen wirksam, um die geringeren heranzuziehen.
Goethe schwieg. Ich aber bewahrte seine großen und guten Worte in meinem Herzen« (39, 749 f.).

Bei diesem Schluß der *Gespräche* hat die Leserin das Gefühl, nicht mehr Eckermanns Buch, sondern ihn selbst zu lesen, und es überkommt sie eine sonderbare Beklommenheit. Er brauchte, denkt sie, die Gesetze der Pädagogischen Provinz nicht in sich aufzunehmen; er trug sie doch schon in sich: Ehrfurcht, Liebe, Demut ... Ich aber muß, wenn ich die rückhaltlose, hingabebereite Sehnsucht Eckermanns nach dem Geist, der sich für ihn in der höheren Natur des Weimarer Meisters ganz wörtlich verkörperte, verstehen will, die Engherzigkeit Goethes, wie sie sich in seiner Beziehung zu Eckermann zeigt, vergessen.

... und blieb

Als Johann Peter Eckermann aus Winsen an der Luhe am 10. Juni 1823 Goethes Haus am Frauenplan in Weimar betritt, kommt sein »unaussprechlicher Drang vorwärts« zur Ruhe; er hat gefunden, wonach er sich sehnte: Seine *Nähe*. Er gibt dieser Nähe einen körperlichen Ausdruck, der die Leserin an die Andachten Bettine des Kindes erinnert und, seltsamerweise, an die Haltung der Figurengruppen auf antiken Grabstelen.

»Wir saßen lange beisammen, in ruhiger liebevoller Stimmung. Ich drückte seine Knie, ich vergaß das Reden über seinem Anblick, ich konnte mich an ihm nicht satt sehen. [...] Es war mir bei ihm unbeschreiblich wohl; ich fühlte mich beruhigt, so wie es jemandem sein mag, der nach vieler Mühe und langem Hoffen endlich seine liebsten Wünsche befriedigt sieht« (39, 40 f.).

So überwältigend ist in Eckermann der Wille, sein Bedürfnis nach Nähe in einen Besitz zu überführen, daß er die zwei Jahre zuvor geträumte Warnung vor der inneren Kälte Goethes vergißt. Er weiß schon, daß er bleiben wird, daß er dieses Wohlgefühl der Nähe Goethes gegen nichts auf der Welt mehr würde eintauschen wollen. Er verläßt sich auf dieses Gefühl, das ihm sagt, »daß er es überaus gut mit mir im Sinne habe« (39, 41). »Mir ist«, sagt er, und es ist eine Art Bekenntnis, »als hätte ich erst seit der kurzen Zeit zu leben angefangen, die ich in Ihrer Nähe bin.« »Ihr seid ein wunderlicher Christ, sagte Goethe lachend; tut, was Ihr wollt, ich will Euch gewähren lassen« (39, 113). Eckermann nicht, aber der Leserin ist dieses goethische Lachen unheimlich. Aber auch wenn ihm Goethes Ansichten über das Dämonische schon bekannt gewesen wären – viel später erst, im Februar 1831, als er ihn über »dieses unaussprechliche Welt- und Lebensrätsel« reden hört, kommt es ihm vor, »als würden vor gewissen Hintergründen unsers Lebens die Vorhänge weggezogen« (39, 452) –, hätte er sich in seinem Nähegefühl wohl nicht beirren lassen. Der Ankömmling ist ein Liebender, der mit dem Bild, das er in seinem Innern aufgestellt hat, leben will, bereit zu jeder Entsagung, jeder Entbehrung. Und, vielleicht, denkt die Leserin, entbehrt er nichts, seit er die Schwelle mit dem guten Vorzeichen »eines freundlichen Willkommenseins« überschritten hat: SALVE (39, 39).[257]

Und wie er diese Nähe beschwört! Als hätte er die Briefe des jungen Goethe gelesen, macht er die Dämmerung zum heimlichen Raum des innigsten Miteinanderseins des Meisters mit seinem Vertrauten.

»In der Dämmerung war ich ein halbes Stündchen bei Goethe. Er saß auf einem hölzernen Lehnstuhl vor seinem Arbeitstisch; ich fand ihn in einer wunderbar sanften Stimmung, wie einer der von himmlischem Frieden ganz erfüllt ist, oder wie einer der an ein süßes Glück denkt, das er genossen hat und das ihm wieder in aller Fülle vor der Seele schwebt. Stadelmann [Goethes Diener] mußte mir einen Stuhl in seine Nähe setzen« (39, 58).

»Oh meine Freundinn [...] was ist Schönheit? Sie ist nicht Licht und nicht Nacht. Dämmerung; eine Gebuhrt von Wahrheit und Unwahrheit. Ein Mittelding. In ihrem Reiche liegt ein Scheideweg so zweydeutig.«[258]

»Ein wunderbaares liebes Dämmerlicht schwebt über allem. Ich habe viel gefroren und was das beste ist auch viel geschlafen. Jetzt schläffst du auch! vielleicht wachst du einen Augenblick auf und denckst an mich. Ich bin ruhig dencke an dich, und von dir aus an alles was ich liebhabe.«[259]

Wie er es im Traum ahnungsvoll vorweggenommen hatte,

nimmt Eckermann im Lebenskreis Goethes teil »an den geistigen und leiblichen Genüssen eines höheren Daseins« (39, 503). Die Nähe Goethes ist nährend; die Früchte, die seine Hände dem Jüngeren reichen, Liebesgaben, werbend und bindend. »Biscuit und schöne Trauben wurden zum Nachtisch aufgetragen«. [...] Er verteilte sie und reichte mir eine sehr reife über den Tisch. »Hier, mein Guter, sagte er, essen Sie von diesen Süßigkeiten und seien Sie vergnügt. Ich ließ mir die Traube aus Goethes Händen wohlschmecken und war nun mit Leib und Seele völlig in seiner Nähe« (39, 289).

Hier muß die Leserin unwillkürlich an die Lotophagen-Episode der *Odyssee* denken: als die Inselbewohner die Gefährten des Odysseus von der »honigsüßen Frucht des Lotos« kosten lassen, vergessen diese über dem gemeinsamen Genießen mit dem männlichen Naturvolk der Lotophagen die Heimkehr. In der homerischen Erzählung wird für einen Augenblick eine teilnehmend genießende, nicht tödliche »Erotik des Mannseins« wirklich, ein inselhafter Ort der Nähe, wo die Männer aus Griechenland bleiben wollen.[260]

Die Klarsicht von Eckermanns Traumbewußtsein mag auch den Meister gelegentlich überrascht haben. Im Herbst 1827 begleitet Eckermann Goethe auf einer kleinen Reise nach Jena, wo man ihnen im Gasthof *Zum Bären* »ein geräumiges Zimmer nebst einem Alkoven mit zwei Betten« gibt. »Die Sonne war noch nicht lange hinab, der Abendschein lag auf unsern Fenstern, und es war uns gemütlich, noch eine Zeitlang ohne Licht zu sitzen« (39, 631). In der Intimität des gemeinsamen Nachtquartiers erzählt Eckermann Goethe »einen merkwürdigen Traum aus [seinen] Knabenjahren«, wie ihm ein junger Vogel, an dem er »mit ganzer Seele hing«, davongeflogen sei, er ihn aber – und der Erzähler gerät hier in eine fast halluzinatorische Wiederholung der Bilder seines Knabentraums – mit Futter habe locken können und wie nach dem Aufwachen »buchstäblich Alles« geschehen sei, wie er es im Traum gesehen habe. »Wir wandeln Alle in Geheimnissen«, kommentiert Eckermanns Goethe den Traum und leitet damit ein wundersames Zwiegespräch ein mit wechselseitigen Bekenntnissen über die magnetischen Kräfte von Liebenden, die in einer Erinnerung des alten Mannes an die ersten Zeiten seiner Liebe zu Charlotte von Stein ausklingen, einer so zauberischen Vergegenwärtigung eines Gleichklangs der Sehnsucht, daß es den Erzähler und den Zuhörer mit einemmal verstummen läßt, »und so gingen wir denn in unserem Alkoven sehr bald zu Bette« (39, 637). Eckermann aber wird gespürt haben, daß es die »Fühlfäden« seiner Seele gewesen sind, die Goethe dies Geständnis entlockt haben. – Aber auch, daß er selbst, ein mit einem kostbaren Geheimnis Beschenkter, auf solche Gespräche in der Abenddämmerung nie mehr würde verzichten können.

Und nie mehr wird er verzichten können auf die sich mit der Nahrungsaufnahme verbindende Wahrnehmungserziehung, die Goethe ihn *genießen* läßt. »Ich will Sie doch, sagte er, zum Nachtisch noch mit etwas Gutem traktieren. Mit diesen Worten legte er mir ein Blatt vor, eine Landschaft von Rubens. [...] Möchten Sie mir wohl sagen, was Sie sehen?« Auf Eckermanns Bildbeschreibung folgt nun ein sokratisches Lehrgespräch über Rubens' Landschaftsdarstellung, das dem das Sehen Lernenden zu der überraschenden Einsicht verhilft, daß die Verteilung von Licht und Schatten bei Rubens nicht nach physikalischen, sondern nach ästhetischen Gesichtspunkten erfolgt sein muß, so daß das Bild zwar Wahrheit hat, aber nicht der Wirklichkeit entspricht, daß das erscheinende Wahre das Auge täuscht. »Das ist eben der Punkt, erwiderte Goethe mit einigem Lächeln. Das ist es, wodurch Rubens sich groß erweiset und an den Tag legt, daß er mit freiem Geist *über* der Natur steht und sie seinen höheren Zwecken gemäß traktiert. Das doppelte Licht ist allerdings gewaltsam [...] der kühne Griff des Meisters« (39, 603).[261]

Allmählich, je mehr sich die »Fühlfäden seiner Seele« in dieser Nähe verweben, verschmilzt sein eigenes Leben mit dem Goethes. »Von seinen *Wahlverwandtschaften* sagt er, daß darin kein Strich enthalten, der nicht erlebt, aber kein Strich so, *wie* er erlebt worden. Dasselbe von der Geschichte in Seesenheim« (39, 385). Das ist nicht nur einer der »klassischen« Sätze, die in der Goetheforschung kanonisch geworden sind, er wird wohl auch für die *Gespräche* gelten. Der ihn, nachträglich, aufschrieb, Eckermann, hatte den Satz sich ganz zu eigen gemacht als Vorschrift für sein eigenes Leben – sich einverleibt wie die schönen Trauben, die Goethe ihm über den Tisch reichte ... Er vergegenwärtigt sich, in einer unvergleichlichen Mimesis der Erinnerung, die »Sommerluft von Sesenheim« (39, 667). Und während er, auf einer Fahrt nach Ettersberg von einem Aussichtspunkt aus den Blick auf das breite Tal der Unstrut »in der heitersten Morgensonne« genießt – »Wir verzehrten indes ein paar gebratene Rebhühner mit frischem Weißbrot und tranken dazu eine Flasche sehr guten Wein, und zwar aus einer biegsamen feinen goldenen Schale, die Goethe, in einem gelben Lederfutteral, bei solchen Ausflügen gewöhnlich bei sich führt« ... – ist ihm, als überblicke er, wie der junge Goethe und sein herzoglicher Freund, »die Reiche der Welt und ihre Herrlichkeiten« (39, 626).

Am 27. Oktober 1823 notiert Goethe in sein Tagebuch: »Eckermann [...] Gab ihm das neuste Gedicht zu lesen. Alsogleich sehr feine Bemerkungen darüber« (39, 1049). Die karge Eintragung läßt nichts erkennen vom Pathos dieses Augenblicks, den Eckermann als eine sein vertrautes Verhältnis zu Goethe besiegelnde Gabe erlebt: er ist der erste, der die Marienbader *Elegie* lesen darf, und gehört mit Zelter und Wilhelm von Humboldt zu den wenigen Freunden Goethes, denen sie gezeigt wird, ein Gedicht, schon äußerlich von allen anderen unterschieden, nämlich »eigenhändig mit lateinischen Lettern auf starkes Velinpapier geschrieben und mit einer seidenen Schnur in einer Decke von rotem Maroquin befestigt«. In den *Gesprächen* erscheint der zunächst alltägliche Vorgang, die Vorlage eines gerade entstandenen Textes zur Lektüre und Beurteilung, als eine vom Dichter für seinen Eckermann sorgfältig vorbereitete Inszenierung, die diesen in seiner Rolle bestätigt. »Stadelmann brachte zwei Wachslichter, die er auf Goethes Arbeitstisch stellte. Goethe ersuchte mich, vor den Lichtern Platz zu nehmen, er wolle mir etwas zu lesen geben. Und was legte er mir vor? Sein neuestes, liebstes Gedicht, seine *Elegie von Marienbad*« (39,61).

Die Szene wird zwei Wochen später wiederholt – er solle ihm »darüber weissagen«, hatte Goethe, wie um die Feierlichkeit des Augenblicks aufzuheben, gesagt –, und wieder werden die angezündeten Kerzen auf dem Arbeitstisch erwähnt; für Eckermann wiederholt sich das Glück des günstigen Augenblicks, und den Abend beschließt, wie beim erstenmal, ein »herzliches Händedrücken« (39,62). »Er reichte mir seine liebe Hand und ich ging« (39,76). Die Leserin, durch die Notiz im Tagebuch Goethes aufmerksam geworden, fragt sich, warum Eckermann seinen ersten spontanen Eindruck Goethe nicht mitgeteilt haben will, zumal ihm die verstörende Trostlosigkeit der *Elegie* offenbar aufgefallen war. Aber die *Gespräche* geben die sehr feinen Bemerkungen nicht als direkte Rede, sondern als inneren Monolog. »Das Gedicht wälzte sich stets um seine eigene Achse und schien immer dahin zurückzukehren woher es ausgegangen. Der Schluß, wunderbar abgerissen, wirkte durchaus ungewohnt und tief ergreifend« (39, 62).

So sehr berührten die Fühlfäden seiner Seele wohl schon die innersten Gefühlsregungen Goethes, daß er eine Wiederkehr des leidenschaftlichen Zustandes, in dem das Gedicht entstanden war, fürchtete. Er mag also seinen Eindruck zurückgehalten haben. In der Erinnerung aber, indem sich die beiden Lektüreaugenblicke zusammenschließen, wird die Sorge um den geliebten Dichter erzählbar. Während es ihm, lesend, auf einmal so vorkommt, »als seien die ausgesprochenen Gefühle stärker, als wir sie in anderen Gedichten Goethes anzutreffen gewohnt sind«, hört er diesen im Nebenzimmer, wo der Diener Stadelmann ihm ein verordnetes Pflaster auf die Brust legt, leise klagen, und beim Fortgehen gesteht ihm der Diener, daß er »sich über seinen Herrn erschrocken« habe (39, 75 f.).

Der dunkle Molltonklang der *Elegie* findet aber wohl auch in Eckermanns Seele einen heimlichen Widerhall. Er liebt selbst, und er darf nicht hoffen. In seinen nachgelassenen Tagebüchern ist seine jugendliche Freundin gegenwärtig. Er sitzt im Theater, um sie spielen zu sehen. »Auguste sah so gut aus und so einfach, ich erquicke mich besonders an dem reinen Glanz ihrer Stirn und Augen. Ich glaube oft aus der Ferne ihren Blick zu empfinden« (39, 851; vgl. auch 859).

Es ist eine Wirkung aus der Ferne, aus großer Ferne, denkt die Leserin, während sie Eckermanns Briefe an Auguste Kladzig liest. Sie denkt, daß das junge Mädchen da oben auf der Bühne, dessen väterlicher Beschützer Eckermann geworden war, ihm vielleicht erscheint als eine Reinkarnation von Goethes *Euphrosine*, der frühverstorbenen Schauspiel-Schülerin des Meisters, so daß Auguste, so sehr sie in Eckermanns Weimarer Existenz hineinwirkt, doch immer auch eine Gestalt aus der Liebes-Geschichte Goethes bleibt: »dort regt sie sich in wechselnden Gestalten« (2, 459) – ein *Luftgebild*. Und so steht Eckermann im Stübchen der vielleicht Geliebten, in ihrem reinlichen, ordentlichen Stübchen; er hat die Empfindung, schreibt er, »daß unsere geistige Natur ein näheres Verhältniß zu einander hat als wir beide wissen und uns sagen mögen. Und doch diese entsetzliche Scheidewand zwischen uns!« »Ich hätte Ihnen gerne etwas gestohlen, eine Schleife oder sonst etwas das Sie nahe berührt.«[262] Ich aber sehe eine Szene aus dem *Faust*, noch bevor Eckermann selbst Mephisto zitiert. Er hört ihre Stimme: »Ich wollte Ihnen nach, aber Sie waren mir verschwunden wie dem guten Egmont die Erscheinung« Klärchens.[263] Und wenn er, in einer kalten Winternacht, unter Augustes Fenster steht, sehe ich Lilis flüchtigen Bräutigam, »in einen großen Mantel gehüllt«, der auf der Straße vor dem Schönemannschen Haus zum letztenmal die Geliebte singen hört: *Ach wie ziehst du mich unwiderstehlich!* ... sein Lied (14, 846). Eckermann kennt die Tonart, auf die es gestimmt ist: Entsagung.

Er blieb, weil er eine herzerweiternde Nähe gefunden hatte, weil er, ein Liebender ohne Begehren, in dieser Nähe seine Liebe als Begeisterung erfahren konnte, mag auch alles dafür sprechen, daß der Andere diese Liebe nicht an sich herangelassen hat. In der *Vorrede* zu dem fünfzehn Jahre nach Goethes Tod erschienenen dritten Teil seiner *Gespräche* sucht Eckermann sein Verhältnis zu dem Toten zu bestimmen. »Eigentümlicher Art und sehr zarter Natur« sei es gewesen, vergleichbar dem »des Schülers zum Meister, des Sohnes zum Vater, des Bildungs-Bedürftigen zum Bildungs-Reichen. Er zog mich in seine Kreise und ließ mich an den geistigen und leiblichen Genüssen eines höheren Daseins Teil nehmen« (39, 503). Auf das Diskreteste deutet er an, daß er sich insgeheim in jene »heilige Schar der Liebenden« einreiht, »die männliche Liebe der Griechen, mit jener Nacheiferung, jenem Unterricht, jener Dauer und Aufopferung begleitet, deren Empfindungen und Folgen wir im Plato beinah wie den Roman aus einem fremden Planeten lesen«, worin nach Herder die »Sitten- und Staatsweisheit der Griechen« gründet und – »die Idealschöpfung der griechischen Kunst«.[264] So wird auch das Phänomen der männlichen Liebe in den Gesprächen berührt, aber nur wie von fern. »Was machen Sie? Wie haben Sie sonst heute gelebt? Erzählen Sie mir und geben Sie mir gute Gedanken«, verlangt Goethe von seinem Vertrauten. Eckermann besinnt sich auf seine Lektüreeindrücke vom Vormittag. Er habe in Sternes *Sentimental Journey* geblättert, dabei an eigene Beobachtungen gedacht, wie er einmal, »zur Zeit Napoleons«, ein französisches Infanterie-Bataillon gesehen und sich darüber gewundert habe, daß es »alles so schmächtige kleine Leute waren«. Goethe, in eine mephistophelische Laune geratend, verlockt ihn, durch eine beiläufige Bemerkung über die kraftvollen »Bergschotten des Herzogs von Wellington«, auf ein nicht ganz geheures Terrain. »Ich habe sie ein Jahr vor der Waterloo-Schlacht in Brüssel gesehen, erwiderte ich. Das waren in der Tat schöne Leute! Alle stark, frisch und behende, wie aus der ersten Hand Gottes. Sie trugen alle den Kopf so frei und froh, und schritten mit ihren kräftigen nackten Schenkeln so leicht einher, als gebe es für sie keine Erbsünde und keine Gebrechen der Väter« (39, 665).

In einem seiner bekenntnishaften Briefe aus Italien an den herzoglichen Freund berichtet Goethe mit »statistischer« Genauigkeit über die »reale Sittlichkeit«, die er in Rom beobachtet, und versucht ihm »ein sonderbar Phänomen« begreiflich zu machen: »das ich nirgends so stark als hier gesehen habe, es ist die Liebe der Männer untereinander. Vorausgesetzt daß sie selten bis zum höchsten Grad der Sinnlichkeit getrieben wird, sondern sich in den mittleren Regionen der Neigung und Leidenschaft verweilt; so kann ich sagen, daß ich die schönsten Erscheinungen davon, welche wir nur aus griechischen Überlieferungen haben [Goethe verweist hier auf die oben zitierte Stelle aus Herders *Ideen*] hier mit eigenen Augen sehen und als ein aufmerksamer Naturforscher, das Physische und Moralische davon beobachten konnte. Es ist eine Materie, von der sich kaum reden, geschweige schreiben läßt, sie sei also zu künftigen Unterhaltungen aufgespart.«[265]

Das Physische und Moralische davon ist aber die Substanz von Eckermanns Erinnerungen, die im dritten Teil der *Gespräche* gewissermaßen plastischen Kontur annimmt. So vermag er Goethe durch seine detaillierten Kenntnisse im Bogenschießen zu fesseln und in ein Lehrgespräch mit vertauschten Rollen zu verwickeln über die unterschiedliche Beschaffenheit der Hölzer, die er, um sich selbst Pfeil und Bogen zu basteln, ausprobiert hat. Er sei ja, sagt der Meister – und die Leserin weiß nicht recht, ob Anerkennung oder Herablassung aus ihm spricht – »durch seine Bogen-Tendenz zu ganz hübschen Kenntnissen gekommen. Und zwar zu lebendigen, die man nur auf praktischem Wege erlangt. Das ist aber immer der Vorteil irgend einer leidenschaftlichen Richtung, daß sie uns in das Innere der Dinge treibt« (39, 571). In seinem Gedächtnis findet Eckermann für dieses Gespräch ein Datum: 1. Mai 1825. Und er sieht sich wieder im Garten, wo Goethe ihm »mit geheimnisvollem Lächeln« aus seiner Kuriositäten-Sammlung einen echten Baschkirenbogen in die Hände legt, der ihm »im Jahre 1814 von einem Baschkiren-Häuptling verehrt« worden sei. Eckermann sieht sofort, wie und aus welchem Holz der schöne Bogen gemacht ist, wird gewarnt, daß der Pfeil dazu, den Goethe ihm ebenfalls gibt, vergiftet sein könnte, und demonstriert sein Können, indem er »hoch gegen die sonnigen Wolken in blauer Luft« schießt. Unmerklich gewinnt die Szene eine andere Dimension. »Nun lassen Sie mich einmal, sagte Goethe« – und »faßte den Bogen richtig, doch dauerte es ein Weilchen, bis er damit zurechte kam«. In diesem, an den Bogenkampf der *Odyssee* erinnernden Augenblick wird Eckermann Zeuge einer dämonischen Verwandlung. »Er stand da, wie der Apoll, mit unverwüstlicher innerer Jugend, doch alt an Körper« (39, 573 f.).

Also sprach die Göttin und rührt' ihn mit goldener Rute.
Plötzlich umhüllte der schöngewaschene Mantel
                                          und Leibrock
Wieder Odysseus' Brust, und Hoheit schmückt' ihn
                                              und Jugend;
Brauner ward des Helden Gestalt und voller die Wangen,
Und sein silberner Bart zerfloß in finstere Locken.
Hierauf eilte die Göttin von dannen. Aber Odysseus
Ging zurück in die Hütte; mit Staunen erblickte
                                              der Sohn ihn,
Wandte die Augen hinweg und fürchtete, daß er ein Gott sei
(*Odyssee* XVI, 171 ff.).

»Jede Entelechie«, wird Goethe ihm ein paar Jahre später erklären, »ist ein Stück Ewigkeit«. Bei »allen genialen Naturen« sei sie »mächtiger Art« und werde, »bei ihrer geistigen Übermacht, ihr Vorrecht einer ewigen Jugend fortwährend geltend zu machen suchen […]. es scheint bei ihnen immer einmal wieder eine temporäre Verjüngung einzutreten, und das ist es, was ich eine wiederholte Pubertät nennen möchte« (39,656). Die Szene endet mit einem Gespräch über den Bogen des Odysseus, das die Gegenwart der beiden Männer, des alten und des jungen, dicht nebeneinander auf »einer Bank, mit dem Rücken gegen das junge Laub einer dicken Hecke« zur Dichtung der griechischen Antike in Beziehung setzt, so daß im Eingedenken jener auf sie »gekommenen grandiosen Trümmer« sich eine Nähe herstellt, die keiner Worte bedarf, von der sich kaum reden läßt... Ein im Fensterladen seines Arbeitszimmers steckengebliebener Pfeil Eckermanns, nach einem vorgegebenen Ziel abgeschossen, wird Goethe »als eine Erinnerung an unsere Späße dienen«. Eckermann aber hat die wiederholte Pubertät einer mächtigen Entelechie leibhaftig erblickt, und es fallen ihm Goethesche Verse ein: »Läßt mich das Alter im Stich? Bin ich wieder ein Kind?« (39,574). An solche Augenblicke wird er sich auch erinnern, denkt die Leserin, als er vor dem aufgebahrten Leichnam seines hohen Meisters steht.

»Am andern Morgen nach Goethes Tode ergriff mich eine tiefe Sehnsucht, seine irdische Hülle noch einmal zu sehen. Sein treuer Diener *Friedrich* schloß mir das Zimmer auf, wo man ihn hingelegt hatte. Auf dem Rücken ausgestreckt, ruhte er wie ein Schlafender; tiefer Friede und Festigkeit waltete auf den Zügen seines erhaben-edlen Gesichts. Die mächtige Stirn schien noch Gedanken zu hegen. Ich hatte das Verlangen nach einer Locke von seinen Haaren, doch die Ehrfurcht hinderte mich, sie ihm abzuschneiden. Der Körper lag nackend in ein weißes Bettuch gehüllt, große Eisstücke hatte man in einiger Nähe umhergestellt, um ihn frisch zu erhalten so lange als möglich. Friedrich schlug das Tuch auseinander, und ich erstaunte über die göttliche Pracht dieser Glieder. Die Brust überaus mächtig, breit und gewölbt; Arme und Schenkel voll und sanft muskulös; die Füße zierlich und von der reinsten Form; und nirgends am ganzen Körper eine Spur von Fettigkeit, oder Abmagerung und Verfall. Ein vollkommener Mensch lag in großer Schönheit vor mir, und das Entzücken, das ich darüber empfand, ließ mich auf Augenblicke vergessen, daß der unsterbliche Geist eine solche Hülle verlassen. Ich legte meine Hand auf sein Herz, – es war überall eine tiefe Stille, – und ich wendete mich abwärts, um meinen verhaltenen Tränen freien Lauf zu lassen« (39, 495 f.).

Erst in einem zweiten Durchgang durch seine Gespräche mit Goethe, denkt die Leserin, vermag Eckermann diesen Text zu schreiben, seine Nänie, eine andere Pietà, streng wie Carpaccios Zeichnung *Der Leichnam Christi*, die sie im Berliner Kupferstichkabinett gesehen hat. Wie für den Maler der italienischen Renaissance ist für ihn »das letzte Produkt der sich immer steigernden Natur«: der schöne Mensch (19, 183). Aber es befremdet sie, daß das Pathos von Eckermanns Beschreibung in der bis zum Schluß festgehaltenen Weigerung des Schauenden zu gründen scheint, Goethes Tod anzuerkennen. »Denn hier ist nichts Sterbliches [...] sondern ein himmlischer Geist, der sich wie ein sanfter Strom ergossen, hat gleichsam die ganze Umschreibung dieser Figur erfüllt«. Wie Goethes Winckelmann sucht der Autor der Gespräche »einen erhabenen Stand [anzunehmen], um mit Würdigkeit anzuschauen«, und wie der Vorgänger dürfte er sagen: »Ich lege den Begriff, welchen ich von diesem Bilde gegeben habe, zu dessen Füßen.«[266] Er wendet sich, um zu trauern; aber er läßt der Nachwelt ein Bild zurück: Eckermanns GOETHE, wie Goethes Winckelmann, »hat als Mann gelebt, und ist als ein vollständiger Mann von hinnen gegangen« (19, 211).

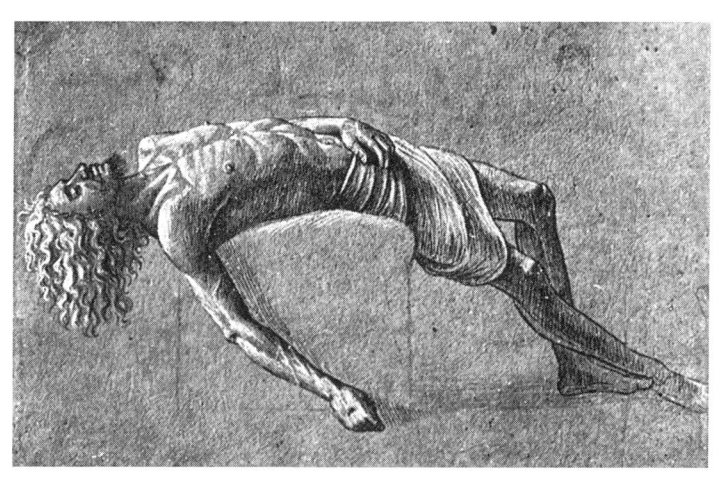

*Vittore Carpaccio (1455 oder 1465-1525 oder 1526):
Der Leichnam Christi, um 1500*

... und träumte

Eckermann ist ein Träumer; seine Traumerzählungen, fast allzu durchsichtig, verraten den Wunsch, der ihnen als Triebkraft zugrunde liegt: den Wunsch nach Nähe. Seltsamerweise interessiert ihn die Traumdeutung nicht. Er glaubt an die Wahrheit seiner Träume; er lebt von der nachhaltigen Wirkung ihrer Wunscherfüllungskraft. Indem er, erzählend, schreibend, seine Traumwahrheit ausphantasiert, wird er zum träumenden Dichter *seines* GOETHE.

Am 21. Dezember 1828 erzählt er Goethe einen seiner »wunderlichen« Träume. Er habe sich in einer fremden Stadt gesehen, »wo ich mit einer Menge Menschen stand und den Himmel betrachtete, der wie mit leisen Dünsten bedeckt schien und im hellsten Gelb leuchtete. Jedermann war erwartungsvoll, was sich ereignen würde, als sich zwei feurige Punkte bildeten, die, gleich Meteorsteinen, mit Krachen vor uns niederfuhren [...] und siehe! es trat mir entgegen: *Faust* und *Mephistopheles*. – Ich war erfreut-verwundert, und gesellte mich zu ihnen, als zu Bekannten, und ging neben ihnen her in heiterer Unterhaltung.« Er sei erstaunt gewesen über die Schönheit der beiden Männer, die ihm jünger schienen, als man sie sich gewöhnlich vorstellt. Bei Mephistopheles »hätte man nicht erkennen mögen, daß es der Teufel sei, wenn nicht von seiner jugendlichen Stirn zwei zierliche Hörner sich erhoben und seitwärts gebogen hätten, so wie wohl ein schöner Haarwuchs sich erhebt und zu beiden Seiten umbiegt«. »Faust ging rechts, Mephistopheles zwischen uns Beiden, und es ist mir der Eindruck geblieben, wie Faust sein schönes eigenartiges Gesicht herumwandte, um mit Mephistopheles oder mit mir zu reden« (39,684 f.).

Der kommentarlos wiedergegebene Traum beschließt im

dritten Teil der *Gespräche* die Aufzeichnungen aus dem Jahr 1828. Im November dieses Jahres hatten in Weimar die Vorbereitungen zu einer *Faust*-Aufführung begonnen, und dies mag, denkt die Leserin, der Tagesrest, der Anlaß des Traums sein. Aber ich suche nach dem Wunsch des Träumers, den die Schönheit seiner Traumgestalten begeistert und der sich bei der Betrachtung der Himmelserscheinungen so spürbar wohl fühlt. Zurückblätternd stoße ich auf ein Gespräch vom 16. Dezember 1828 über die Entstehung des Gelben und Blauen und über den Widerstreit zwischen Goethes Farbenlehre und der Theorie Newtons. Eckermann, darin gänzlich auf der Seite seines Meisters, hatte, lachend, wie er schreibt, seiner Verwunderung über den Newtonschen Irrtum Ausdruck verliehen. »Jede Wachskerze, sagte ich, jeder erleuchtete Küchenrauch, der etwas Dunkeles hinter sich hat, jeder duftige Morgennebel, wenn er vor schattigen Stellen liegt, überzeugen mich täglich von der Entstehung der blauen Farbe und lehren mich die Bläue des Himmels begreifen.« Es sei den Leuten, habe Goethe geäußert, nicht um Anschauung zu tun, sondern bloß um Worte, »welches schon mein Mephisto gewußt und nicht übel ausgesprochen hat: Vor allem haltet euch an Worte! / [...] Denn eben wo Begriffe fehlen, / Da stellt ein Wort zur rechten Zeit sich ein« (39, 294 f.). Die *Farbenlehre* ist ein Gegenstand, der Goethe und Eckermann über viele Monate hin beschäftigt. Experimente werden wiederholt, die Ergebnisse besprochen, bei Gelegenheit findet auch wieder Rollenwechsel statt, denn es gelingt in einem Falle dem Gehilfen, Goethe von der Unstimmigkeit seiner Beobachtungen zu überzeugen. So kann zum Abschluß dieser Arbeitsphase Eckermann feststellen, daß er »diese Jahre her, durch vielfache Übung mit den Phänomenen, in das Werk hineingewachsen ist«, daß er es dazu gebracht hat, sich die Goethesche *Farbenlehre so* anzueignen, wie der Meister es von einem »produktiven Geist« fordert: »sie will, wie Sie wissen, nicht bloß gelesen und studiert, sondern sie will getan sein« (39, 450 und 490).

Eckermanns Wiedergabe dieser Gespräche über die *Farbenlehre* ist selbst ein Meisterstück produktiver Aneignung. Der Gegenstand: Goethe als Naturforscher, gesehen *in actu*, mit dem Blick des verehrenden, liebenden Schülers, der sich an ihm heranbildet, gewinnt in seiner Erinnerung eine suggestive Plastizität, gerade weil diese, für einige Augenblicke nur, ihren Gegenstand unter einer anderen Beleuchtung erscheinen läßt, in einem dämonischen Zwielicht, in gelber Trübe. Denn das »erhaben-heitere Wesen« des olympischen Goethe kann sich unversehens verfinstern, wenn er auf einen unerwarteten Einspruch trifft, wenn einer von Ihm *abweicht*. Es gehört das phänomenale Einfühlungsvermögen eines Eckermann dazu, solche Augenblicke zu bestehen, ohne sich selbst zu erniedrigen. »Goethe stand auf und stellte sich ans Fenster. Ich trat zu ihm und drückte ihm die Hand, denn, wie er auch schalt, ich liebte ihn, und dann hatte ich das Gefühl, daß das Recht auf meiner Seite und daß er der leidende Teil sei« (39, 319).

Während ich zwischen den Gesprächen über die *Farbenlehre* und der Traumerzählung hin und hergehe, wird mir allmählich die Absicht des erst 1848, also zwölf Jahre nach den beiden ersten Teilen der *Gespräche* veröffentlichten dritten deutlich, mag diese Eckermann selbst auch verborgen geblieben sein: sich selbst als Schreibenden kenntlich zu machen, als den Werkmeister eines Bildes von GOETHE – einen träumenden Werkmeister, wie ich ihn lese, erleichtert, daß er wohl niemals aufgewacht ist. Träumend arbeitet er daran, den dämonischen Goethe, dessen Liebesmöglichkeit sich im WERK einschließt, umzuphantasieren in einen, der im gemeinsamen Raum des Gesprächs die Nähe zu sich selbst und zu dem andern zu genießen vermag, heiter und frei, wie die Gestalten seiner Träume. Eckermanns Traumarbeit, indem sie Mephistopheles als einen vermittelnden Dritten erscheinen läßt, tilgt in Goethe/Faust die verneinenden Momente, die Verschlossenheit und den dämonischen Drang zum Werk, und holt sich das Bild des jungen Dichters zurück. Und so wendet ein Gesicht sich ihm zu, das den Menschen *ganz* ausdrückt, »als wären alle menschlichen Freuden, Leiden und Gedanken, trotz seiner Jugend, bereits durch seine Seele gegangen« (39, 684).

Am 12. März 1828 hat Eckermann »einen anmutigen und mir sehr merkwürdigen Traum«, und er ist sich diesmal auch bewußt, daß dieser Traum Tagesreste benutzt. »Nachdem ich Goethe gestern abend verlassen hatte, lag mir das mit ihm geführte Gespräch fortwährend im Sinne.« Es sei »von den Kräften des *Meeres* und der *Seeluft*« die Rede gewesen, schreibt er (39, 661), doch scheint er nicht zu merken, daß das seinem Traum zugrunde liegende Gespräch seine eigene Mißstimmung zum Anlaß hat. »Ich bin seit mehreren Wochen nicht ganz wohl«, gesteht er am 11. März, er fühle sich »schlaff und abgespannt«, »zu jeder geistigen Tätigkeit ohne Lust und Gedanken«. Goethe hat offenbar den Zustand seines Gehilfen als einen nicht ungefährlichen Anfall von Depression durchschaut, rät, einen Arzt zu Rate zu ziehen und sieht sich in seiner Diagnose durch Eckermanns anhaltende Lethargie bestätigt. »Als ich nun heute nach Tisch abermals nicht ganz frei und heiter vor Goethe erschien, riß ihm die Geduld und er konnte nicht umhin, mich ironisch anzulächeln und mich ein wenig zu verhöhnen.« Um die Verdüsterung Eckermanns aufzuheitern, bewirtet Goethe ihn zunächst mit Wein, Biscuit und Früchten. »Ich ließ mir so gute Dinge gefallen, während Goethe fortfuhr im Zimmer auf und ab zu gehen und aufgeregten Geistes vor sich hinzubrummen und von Zeit zu Zeit unverständliche Worte hervorzustoßen« (39, 650f.). Allmählich aber geht der Monolog in eine Wechselrede über, die um den Zusammenhang von genialer Produktivität und Jugend kreist und Goethe Gelegenheit gibt, seinen Gedanken von der wiederholten Pubertät, der ewigen Jugend einer »zur Produktivität *höchster* Art« bestimmten Entelechie zu entwickeln (39, 656f.). Und offenbar gelingt es ihm, auch Eckermann in seine produktive Stimmung hineinzuziehen. Goethe, schreibt dieser, »gefiel mir diesen Abend ganz besonders [...] der Klang seiner Stimme und das Feuer seiner Augen [waren] von solcher Kraft, als wäre er von einem frischen Auflodern seiner besten Jugend durchglüht« (39, 655).

Eckermanns Traum verdichtet die Motive des Gesprächs in einem einzigen, fast überdeutlichen Bild. Er sieht sich in einer unbekannten Gegend. »Der schönste Sommertag umgab mich in einer reizenden Natur, wie es etwa an der Küste des mittelländischen Meeres im südlichen Spanien oder Frankreich, oder in der Nähe von Genua sein möchte.« Er ist zusammen mit anderen, etwas jüngeren Leuten. »Wir waren durch buschige angenehme Niederungen geschlendert [die wohl eher zu Eckermanns norddeutscher Heimat gehören!], als wir uns mit einemmale im Meere auf der kleinsten Insel sahen [...]. Rückwärts, wo wir hergekommen waren, erblickte man nichts als die See.« »Da ist nun weiter nichts zu tun, sagte Einer zum Andern, wir müssen uns entkleiden und hinüber schwimmen. – Ihr habt gut reden, sagte ich, ihr seid jung und schön und überdies gute Schwimmer. Ich aber schwimme schlecht und es fehlt mir die ansehnliche Gestalt, um mit Lust und Behagen vor den fremden Leuten am Ufer zu erscheinen. Du bist ein Tor, sagte einer der schönsten, entkleide dich nur und gib mir deine Gestalt, du sollst indes die meinige haben.« Der Körpertausch wird vollzogen, das Traum-Ich Eckermanns fühlt sich sofort als einen kräftigen Schwimmer, und »im Gefühl dieser schönen Glieder« tritt er »nackt und triefend« »mit dem heitersten Vertrauen« unter die Menschen. Aber schon sorgt er sich, der andere werde seine Gestalt zurückverlangen. »Dennoch wandte ich mich zum Wasser und sah mein zweites Selbst ganz nahe heranschwimmen, und [...] lachend zu mir heraufblicken«. »Ich erkannte sogleich das Gesicht; es war das meinige, aber verjüngt und etwas voller und breiter und von der frischesten Farbe. Jetzt trat er ans Land, und, indem er, sich aufrichtend, auf dem Sande die ersten Schritte tat, hatte ich den Überblick seines Rückens und seiner Schenkel und freuete mich über die Vollkommenheit dieser Gestalt.« Im Traum noch überlegt er, ob die »Urkräfte des Meeres so wunderbar auf ihn gewirkt [haben] oder ist es, weil der jugendliche Geist des Freundes die Glieder durchdrungen hat?« Der Traum endet mit dem Vorschlag des Freundes, es bei dem Tausch zu belassen. »Bleibe in meinem Körper, so lange du Lust hast, denn ich bin vollkommen zufrieden, für alle Zukunft in dem deinigen zu verharren« (39, 661 ff.).

Eckermanns Depression, die am Vortag im Gespräch mit Goethe sich zu lösen schien – »Goethe reichte mir seine liebe Hand, und ich ging«, schließt die Eintragung vom 11. März (39, 660) – erscheint im Licht seines Traums als Ausdruck eines tief empfundenen und ebenso tief verschwiegenen Mangels: seine Sehnsucht nach Nähe bleibt unbeantwortet oder trifft bei dem andern auf Ironie und Hohn. Es gibt, sagt sich die Leserin, in den Gesprächen keine andere Stelle, wo Eckermann dies so ungemildert darstellt wie hier. – Goethes Liebe gilt dem Frühdahingegangenen, dem jugendlich Schönen, Genialen, seinem *Euphorion*, Lord Byron, »der täglich mehrere Stunden im Freien lebte, bald zu Pferde am Strande des Meeres reitend, bald im Boote segelnd oder rudernd, dann sich im Meere badend und seine Körperkraft im Schwimmen übend« (39, 660). Lord Byrons geniale Produktivität verdankt sich auch seiner körperlichen Disziplin, während Eckermann eingesteht, daß er ein paar Gläser Wein trinken muß, um in eine produktive Stimmung zu kommen (39, 659). Längst wohl weiß er, aber hält es weislich in der Zone des Vorbewußten, daß er kein eigenes Werk würde hervorbringen können; allzu mächtig baut sich vor ihm das Werk auf, dem er dient. Im Traum nur suchen ihn Selbst- und Selbstwertzweifel heim, verschoben in Körperbilder: Es fehlt ihm die ansehnliche Gestalt, und so blickt er mit dem unwiderstehlichen Verlangen, das Goethe aus Winckelmanns Beschreibungen antiker Statuen abliest, wie der Werther der *Briefe aus der Schweiz* auf den schönen Freund, der nackt aus dem See steigt im Glanz der Jugend (16, 27), auf den vollkommenen Menschen, den er in seiner Nänie auf Goethe beschreiben wird (39, 495 f.). Der Traum zeigt ihm das Bild Goethes, das er in seinem Innern errichtet hat, als die schöne Gestalt eines Fremden oder eines Freundes; die Begriffsverschiebung hält das Beziehungsverhältnis von Nähe und Ferne in der Schwebe. Die Verschmelzungsphantasie, so unverhohlen werbend wiedergegeben, als gäbe es den Zuhörer nicht, der die Traumerzählung ironisch kommentiert, verwandelt das Traum-Ich, es ersetzt den Mangel durch sein Gegenteil: Vollkommenheit, eine Art Wiedergeburt, die dem Träumenden das ihm in der Wirklichkeit versagte Glück zuteil werden läßt, sich selbst bejahen zu können. Aber der Traum zeigt ihm auch den Wunsch des Autors, der er sein wird: Goethe soll sich in der Gestalt Eckermanns wohlfühlen, vollkommen gut, und er entläßt ihn mit der Gewißheit der Erfüllbarkeit dieses Wunsches, der »Möglichkeit einer künftigen Existenz in einem andern Leibe« (39, 663). Er wird Goethes Eckermann sein, und sein Buch wird die Verkörperung von Eckermanns Goethe sein.

Im Nachlaß Eckermanns hat sich eine Traumerzählung gefunden, datiert auf den 14. November 1836, also ein halbes Jahr nach der Veröffentlichung des zweiten Teils der *Gespräche*. Es sind nur wenige Seiten, aber sie haben die Leserin sofort in eine eigenartige Stimmung versetzt. Es war nicht die Makellosigkeit dieses kleinen Prosawerks, die sie so berührte. Es war etwas anderes, es war, als ob etwas längst Verlorengeglaubtes auf einmal wieder da wäre, es war wieder da, und sie hatte es nicht bemerkt: sie lauschte Eckermann dem Erzähler. Sie lauschte der Stimme eines auf eine ein wenig altmodische Weise Lauteren. Unwillkürlich fällt ihr ein, was Walter Benjamin vom Erzähler gesagt hat, daß er »den Docht seines Lebens an der sanften Flamme seiner Erzählung sich vollkommen könnte verzehren lassen. Darauf beruht die unvergleichliche Stimmung, die [...] um den Erzähler ist. Der Erzähler ist die Gestalt, in welcher der Gerechte sich selbst begegnet.«[267] Sie ruft sich den Benjaminschen Essay noch einmal ins Gedächtnis zurück: Der Stoff, aus dem die Geschichten werden, sei das gelebte Leben, und dieses nehme »tradierbare Form am ersten am Sterbenden an«. So stehe am Ursprung des Erzählten der Tod; von ihm habe der Erzähler seine Autorität geliehen.[268]

Für Eckermann, darüber lassen seine brieflichen Äußerungen keinen Zweifel, war Goethes Weigerung, einer Veröffentlichung der *Conversationen* zuzustimmen, ein schwer zu verwindender Eingriff in seine Lebenspläne. Aber, so frage ich mich jetzt, geht nicht aus dieser Niederlage Eckermann als Erzähler hervor – einer, der vom Tode her auf ein gelebtes Leben als ganzes zurückblicken kann? Freilich, um das gelebte Leben eines geliebten Toten erzählen zu können, sich ihm, wie Eckermann es erst in der späten Vorrede zum dritten Teil seiner *Gespräche* auszudrücken vermag, »in voller Lebendigkeit wieder [zuzugesellen]« (39, 502), dazu mußte er den Tod des Meisters anerkennen. Diese Anerkennungsarbeit gelang noch nicht in der Totenklage, aber im Traum und in der erinnernden Wiederholung des im Traum vollzogenen Abschieds von Goethe – in der Traumerzählung (39, 908 ff.).

»Das Traumreich«, heißt es in Herders *Adrastea*, »giebt uns über uns selbst die ernstesten Winke.« Im Traum empfinden wir »unser *doppeltes* Ich, den träumenden und den Traumanschauenden Geist, den Erzähler und Hörer«.[269] Der träumende Eckermann sieht, im Haus am Frauenplan, Goethe, »*dießmal mit seinem Sohne*, im hohen Grade heiter und lebensfrisch mir entgegenkommen«. Sein traumanschauender Geist – in eigenartiger Verkehrung der Realitätsverweigerung des Träumers – läßt ihn in seinem »Innern eine Art von Beschämung« darüber empfinden, daß er »dem allgemeinen Gerücht« von Goethes Tod Glauben geschenkt habe. Gleichwohl kann er nicht umhin, dieses Gerücht nun ins Gespräch zu bringen. »Nicht wahr, Sie sind nicht todt? Die närrischen Leute, erwiederte Goethe, indem er mich sehr schelmisch ansah, todt? – was sollte ich todt seyn! – auf Reisen bin ich gewesen!« Der Träumende freut sich über diese Bestätigung und erkundigt sich nun nach Goethes Eindruck von seinen *Gesprächen*. »Ich habe das Buch gelesen, erwiederte Goethe. Ihr habt Eure Streiche nicht schlecht gemacht und ich muß Euch loben. [...] Ein sehr gescheuter Mann äußerte sogar daß meine Persönlichkeit darin vorteilhafter erscheine als in meinen eigenen

Schriften. Er wollte von mir das Rätsel gelöset hören, worauf ich ihm erwiederte: es komme von der südlichen Beleuchtung.« Dem Traum-Ich, beglückt durch dies Lob, kommt freilich der Ausdruck »südliche Beleuchtung ein wenig seltsam« vor.

Diese erste Traumphase endet in einer fast überdeutlichen Verschmelzung des Träumenden mit dem Sohn Goethes, der ihm während dieser Begegnung auf einer höheren Stufe geistiger Bildung zu stehen und zu dem Vater ein innigeres Verhältnis zu haben scheint als früher im Leben. Durch einige »gute Worte« Goethes sieht der träumende Eckermann »das früher Geleistete gewissermaßen sanctionirt«. – Der Erzähler Eckermann, ein Gerechter nach dem Urteil seines Meisters, wiederholt für sich die ihm im Traum widerfahrene Anerkennung, und erzählend verwebt er, in einem so leisen wie zwingenden Tonfall, in die Bilder seines Traums Eigenes und Goethesches bis zur Ununterscheidbarkeit. Was hätte der Ironiker ihm Freundlicheres sagen können über sein Buch als eben dies, daß er seine »Streiche nicht schlecht gemacht« habe? Zugleich läßt das Lob aber auch jene versteckte Gönnerhaftigkeit erkennen, gegen die Eckermann nur seine liebende Verehrung schützte, so daß die *Gespräche* wirklich Goethe vorteilhafter erscheinen lassen, als er sich gezeigt haben mochte, auch als er in *Dichtung und Wahrheit* sich selbst darstellt. Und die *südliche Beleuchtung*, deren Sinn das beobachtende Ich im Traum zu ergründen sucht: ist es nicht das verführerische dunstige Licht auf den italianisierenden Landschaften Claude Lorrains, die er mit Goethe betrachtet hat, immer wieder, bis er, noch bevor er als Begleiter August von Goethes seine Italienreise angetreten hatte, es im Traum *zu sehen* vermochte? (39, 661). In der nachgelassenen Traumerzählung freilich herrscht eine ganz andere Beleuchtung.

»Mit Anbruch des Tages war die Scene verändert. Wir hatten eine Stadt im Rücken und befanden uns an einem sehr breiten Strom, an einer Fährstelle [...]. Der breite Strom glänzte in dem Schein der anbrechenden Morgenröthe, während hoch über uns in frischer Himmelsbläue die Halbscheibe des Mondes zu erbleichen begann. Die Luft war frisch und im hohen Grade erquicklich. Den Strom rechts hinab sah man in der Ferne auf dem Wasser und der weitausgedehnten Weidefläche einige Nebelstreifen welche anfingen zu ziehen und sich leise zu erheben. [...]

Die Morgenröthe fing bereits an der Helle zu weichen, die dem baldigen Erscheinen der Sonne vorangeht. Ein schöner Storch zog nahe an uns vorbey über den Strom hin nach den feuchten Niederungen des jenseitigen Ufers. Goethe sowohl wie sein Sohn bemerkten ihn. Der Storch fliegt schon nach Fröschen für seine Jungen, sagte der junge Goethe. Es ist Zeit, lieber Vater. Der Vogel fliegt rechts, es ist ein gutes Zeichen. Nun Doctor, gehabt Euch wohl! Es scheint, Ihr wollt nicht mit? gelt! Ihr habt noch Geschäfte. Ja, sagte ich, sein geheimnisvolles Lächeln erwiedernd, ich habe diesseits noch einiges zu thun. Und somit gab ich ihm die Hand und wünschte Beyden wohl zu reisen. Goethe schritt nach der Fähre zu voran; er öffnete keine Lippe, es schien als sey ihm das Reden verboten. Auch reichte er mir keine Hand. Ein sehr flüchtiger freundlicher Blick und ein geringes Zunicken während dem Einsteigen, war das einzige Zeichen des Abschiedes.

Ich ging den sanftabschüssigen Strand wieder hinauf [...]. Es that mir nicht leid daß sie gingen, so wie ich auch an ihnen beym Abschiede keine Spur einer herzlichen Rührung wahrgenommen hatte; es war alles als ob es so seyn müßte. Sie nahmen ihre Richtung nach Südosten, wo sich ein flaches Wiesen- und Weideland mit einigem sehr einladenden Gebüsch und Gehölz unabsehbar ausdehnte. Von Gebäuden in der Nähe und Thurmspitzen in der Ferne war jedoch keine Spur und ich machte daraus den Schluß, daß dieß ein Land sey das nicht von Menschen bewohnt werde.«

Das träumende Ich, gestärkt durch die vertraute Umgebung, in die es der Traum versetzt hat, sieht Goethe und seinem Sohn, der, wie Eckermann über die Gewohnheiten der Vögel Bescheid zu wissen und mit dem Spott Goethes zu rechnen scheint, auf ihrer Fahrt über den Strom nach, hin zu »den feuchten Niederungen des jenseitigen Ufers«. Er braucht sich nicht mehr »abwärts zu wenden«, um seinen »verhaltenen Tränen freien Lauf zu lassen«, er braucht auch nicht mehr nach Goethes lieber Hand zu greifen. Er weiß ja, wie Er es sich gedacht hatte; er hört seine Stimme noch: *Der Mensch muß wieder ruiniert werden! Werden!* – Jeder außerordentliche Mensch hat eine gewisse Sendung, die er zu vollführen berufen ist. Hat er sie vollbracht, so ist er auf Erden in dieser Gestalt nicht weiter vonnöten« (39, 660). Am Ursprung des Erzählens steht der Tod. Der Erzähler Eckermann hat sich den Tod seines Meisters ganz zu eigen gemacht, indem er die Fahrt ins Totenreich aus der griechischen Mythologie in seine norddeutsche Heimat übersetzt, die weiten Niederungen der Elbe, über die die Störche ziehen. – *Und über Flächen, über Seen / der Kranich nach der Heimat strebt.*

Er steht, ein Lebender noch, am anderen Ufer; er hat ja diesseits noch einiges zu tun, eine gewisse Sendung, die er zu vollführen berufen ist. Er kann mit dem Erzählen anfangen: »Zu Winsen an der Luhe, einem Städtchen zwischen Lüneburg und Hamburg, auf der Grenze des Marsch- und Heidelandes, bin ich zu Anfang der neunziger Jahre geboren und zwar in einer Hütte …« »… und man wird gestehen, daß von hier bis zu einem vertrauten Verhältnis mit Goethe ein großer Schritt und überall wenig Anschein war.«

VERWIRKLICHUNG UND ENTWIRKLICHUNG

Mehr als einmal hast Du mich bedrängt, die Fragen, die sich für mich mit diesen Durchquerungen Goethescher Texte verbinden, erkennbar zu machen, meine Vorgehensweise zu beschreiben, jedesmal habe ich Dein Drängen als Störung in meiner Arbeit empfunden; aber inzwischen habe ich begriffen, daß für die Schreibende, *ich* zu sagen, auch eine Falle sein kann: sich einzuspinnen in ihr Textgewirke und derart sich abzuschließen von der Außenwelt, unzugänglich auch für das Verstehenwollen des andern. Ich möchte aber, daß Du die ineinander verschlungenen Fäden meines Gewebes verfolgen und die Muster entziffern kannst, die sich jeweils ergeben. So will ich versuchen, ein solches Textgewebe vor Dir entstehen zu lassen.

Goethes *Wanderjahre* klingen aus in einen ekstatischen Augenblick wechselseitigen Erkennens von Vater und Sohn.

»Ganz oben, auf dem schroffsten Rande einer solchen Steile, wo sonst der Leinpfad mochte hergegangen sein, sah der Freund [sc. Wilhelm Meister] einen jungen Mann herantraben, gut gebaut, von kräftiger Gestalt. Kaum aber wollte man ihn schärfer in's Auge fassen als der dort überhängende Rasen losbricht und jener Unglückliche jählings, Pferd über Mann unter, in's Wasser stürzt. Hier war nicht Zeit zu denken wie und warum, die Schiffer fuhren pfeilschnell dem Strudel zu und hatten im Augenblick die schöne Beute gefaßt. Entseelt scheinend lag der holde Jüngling im Schiffe und nach kurzer Überlegung fuhren die gewandten Männer einem Kiesweidicht zu, das sich mitten im Fluß gebildet hatte. Landen, den Körper an's Ufer heben, ausziehen und abtrocknen war ein's. Noch aber kein Zeichen des Lebens zu bemerken, die holde Blume hingesenkt in ihren Armen!

Wilhelm griff sogleich nach der Lanzette, die Ader des Arms zu öffnen, das Blut sprang reichlich hervor und mit der schlängelnd anspielenden Welle vermischt folgte es gekreiselt dem Strome nach. Das Leben kehrte wieder; kaum hatte der liebevolle Wundarzt nur Zeit die Binde zu befestigen, als der Jüngling sich schon mutvoll auf seine Füße stellte, Wilhelmen scharf ansah und rief: ›Wenn ich leben soll, so sei es mit dir!‹ Mit diesen Worten fiel er dem erkennenden und erkannten Retter um den Hals und weinte bitterlich. So standen sie fest umschlungen, wie Kastor und Pollux, Brüder die sich auf dem Wechselwege vom Orkus zum Licht begegnen« (10, 744 f.).

Diese Szene wiederholt, in spiegelbildlicher Verkehrung, eine Episode aus der Kindergeschichte Wilhelm Meisters: vor der Leiche seines ertrunkenen Freundes, eines schönen Fischerknaben, im »rätselhaft verwirrten Zustand« der ersten, noch ganz ungerichteten Leidenschaft und des ersten Schmerzes, dämmert dem kleinen Wilhelm die furchtbare Unwirklichkeit des Todes. Er muß einsehen, daß seine Wiederbelebungsversuche vergeblich sind. Aus der Verzweiflung über den Zusammenbruch seiner kindlichen Allmachtsphantasien rettet er sich durch den Entschluß, Arzt zu werden. An seinem verunglückten Sohn legt er jetzt die erste Probe seiner ärztlichen Kunst ab.

Diese bewegte und bewegende Szene einer in der Wiederholung gelungenen Wiederbelebung wird »beschienen von heißer Mittagssonne«, und doch läßt sie einen dunklen Hintergrund durchschimmern, die Hadesfahrt des Odysseus. Denn in des »Ozeans tiefes Gestrudel« gerät auch Wilhelms Kahn, als er den leblosen Körper des Sohnes an einer Kiesbank im Fluß zu bergen versucht und wie Odysseus »an dem niedern Gestad und den Hainen Persephoneiens, / Voll unfruchtbarer Weiden und hoher Erlen und Pappeln« landen muß (*Odyssee* X, 509), wo dann, angelockt vom Blut der Opfertiere, die Schatten der Toten sich um ihn drängen, damit er sie ins Leben zurückruft, unter ihnen Leda, die Mutter der Dioskuren, gezeugt von einem sterblichen und einem unsterblichen Vater. Untröstlich über den Tod seines sterblichen Zwillingsbruders, hatte Pollux vom Göttervater das Vorrecht erlangt, im Wechsel mit Kastor die dunkle unterirdische Behausung des Hades oder die lichte Höhe des Olymps zu bewohnen: »Daß sie beid' abwechselnd den einen Tag um den andern / Leben und wieder sterben und göttlicher Ehre genießen« (*Odyssee* XI, 303).

Geh ich Dir zu weit, wenn ich mich frage, ob nicht das Blut, das »der liebevolle Wundarzt« der *Wanderjahre* fließen macht und das sich in diesem unvergleichlichen Romanschluß mit den sachten Wellen des besänftigten Stromes vermischt, das Ende einer uralten Opfergeschichte besiegeln soll, die von Herrschaft und Gewalt gezeichnete Geschichte des Verhältnisses von Vater und Sohn? Wenn ich noch einmal die Kindergeschichte Johann Wolfgangs aufschlage: wie da der Kleine, in der dunkelgetäfelten Bibliothek des alten Rektors vor der großen hebräischen Bibel sitzend, die »so oft wiederholten und ausgelegten Geschichten« von den Urvätern sich aneignend, einen sicheren Begriff von Überlieferung zu gewinnen sucht, in den nur die furchterregenden Bilder patriarchaler Gewalt sich nicht recht fügen wollen? Es bedurfte einer Jahrhunderte währenden »Arbeit am Mythos«, bis hinter der barbarischen Bereitschaft zum Sohnesopfer der »sanfte, wahrhaft urväterliche Charakter Abrahams« wieder hervorzuleuchten vermochte (vgl. 14, 150f.), bis, am Schluß der Meisterromane, für einen utopischen Augenblick eine andere Geschichte erkennbar wurde, die Möglichkeit »liebender Symexistenz«, die Vater und Sohn zu Brüdern werden läßt.[270]

Sooft ich, von meiner Seite des Ufers aus, auf diese einer antiken Plastik nachgebildete Gruppe, die Winckelmann beschrieben haben könnte, geblickt habe, dieses Brüderpaar, vor sich den Tag und hinter sich die Nacht, ist mir ein anderes, dem wirklichen Leben des Autors näheres Paar eingefallen.

»Wir [sc. Goethe und der Herzog von Sachsen-Weimar] stiegen, ohne Teufel oder Söhne Gottes zu seyn, auf hohe Berge, und die Zinne des Tempels, da zu schauen die Reiche der Welt und ihre Mühseeligkeit und die Gefahr sich mit einemmal herabzustürzen. Nachdem wir uns denn ganz bedächtlich entschlossen Stufenweis von der Höhe herabzusteigen und zu übernehmen was Menschen zugeschrieben ist, gingen wir noch in den anmutigen Spaziergängen heroischer Beyspiele und geheimnisvoller Warnungen herum, und wurden von einer solchen Verklärung umgeben dass die vergangene und zukünftige Noth des Lebens, und seine Mühe wie Schlacken uns zu Füssen lag.«[271]

Der Schreibende sucht nach einer Pathosformel für seine zwischen Abgehobenheit und selbstauferlegte Verantwortung gespannte Existenz, die er als Mentor und Freund des jungen Carl August führt. Das Skandalon dieser Briefstelle, die Verse aus dem Matthäusevangelium abwandelt, liegt in dem unverhohlenen Phantasma der Selbsterschaffung der brüderlich geeinten Heroen, die entschlossen sind zum Verzicht auf den olympischen Blick von oben und zur Übernahme der irdischen Mühsal des Regierens.

Hat, frage ich mich plötzlich, Charlotte von Stein, der er

schreibt, den Sinn dieses allegorischen Bildes verstanden: daß da »der als eine Welt lebendig und vorhandene Geist« in Erscheinung getreten ist in diesem *Wir*, entschlossen, sich »wiederzugebären, seine erste Natur zu einer zweiten geistigen umzuwandeln«, sich zu verwirklichen durch Bildung, Arbeit, Praxis?[272] Während sie *die Ferne* ist, zu der sich die Andacht des Schreibenden richtet,[273] eine nur wie in Wolken erblickte Gestalt: »Sie leuchtet mit freundlich und treu / Wie durch des Nordlichts bewegliche Strahlen / Ewige Sterne schimmern« (1, 240).

Goethe und der ihm August und Mäzen war, der Herzog von Sachsen-Weimar, haben eine weite Zukunft vor sich wie Wilhelm Meister und sein Sohn in Amerika. Aber ich sehe auf einmal Hersilie, die pilgernde Törin der *Wanderjahre*. Sie steht am Steilufer des Stroms, mit dem sich das Blut des geretteten Felix vermischt, und wendet sich zurück in die Richtung, aus der er gekommen ist. Hersiliens Blick folgend, erkenne ich hinter den Brüdern, »die sich auf dem Wechselweg vom Orkus zum Licht begegnen«, den Schatten einer toten Frau: Felix ist der Sohn der von Wilhelm verlassenen Schauspielerin Mariane, die bei seiner Geburt gestorben war. Meister, ohne Kenntnis von Marianes weiterem Schicksal und seiner Vaterschaft, hatte das Kind bei der Theatertruppe, in der er als Autor und Regisseur wirkt, entdeckt und liebgewonnen. Marianes Abschiedsbrief bestätigt ihm daher nur, was er schon empfindet. Er erkennt in Felix seinen Sohn. Denn »leicht erkennt man den Samen des Mannes, welchen Kronion / Schmückte mit himmlischem Segen bei seiner Geburt und Vermählung« (*Odyssee* IV, 207). Felix, »auf's neue hervorgebracht« nach seinem Sturz, verdankt sein eigentliches, geistiges Dasein dem Vater, der ihn in einem symbolischen Akt dem natürlichen Ursprung entreißt und neu erschafft.[274]

»Was nun so erst an sich ist, ist nicht in seiner Wirklichkeit. Der Mensch, der *an sich* vernünftig ist, muß sich durch die Produktion seiner selbst durcharbeiten durch das Hinausgehen aus sich, aber ebenso durch das Hineinbilden in sich, daß er es auch *für sich* werde.«[275]
Für Wilhelm und seinen Sohn eröffnet sich ein tätiges Dasein in einem neuen, freien Land. Hersilie, deren sonderbares Schicksal von keinem Ende her erzählt werden kann, bleibt zurück, »nicht beruhigt«, nicht zu beruhigen, Unruhe ohne Ziel; der Bote mit ihrem Brief wird die Auswanderer nicht mehr erreichen.

Der Erzähler der *Wanderjahre* stiftet eine männliche Genealogie. Sein Erzählen wiederholt, am Beginn der literarischen Moderne, die so oft ausgelegten Geschichten von den Urvätern und wird ihm derart zum Mittel, in seiner Wirklichkeit zu sein und die eigene Unsterblichkeit ins Werk zu setzen. Ich aber, über diese schattenhaften Gestalten nachsinnend, Mariane, Hersilie, suche mir, aus den Augenblicken ihres Erscheinens in Goethes Roman die Geschichte ihrer Entwirklichung zusammen.

In einem Gespräch mit Eckermann bekennt der alte Goethe sich, mit einer Deutlichkeit, wie man sie selten bei ihm findet, zu einem an der griechischen Antike orientierten Kunstideal, oder, genauer, einer idealen Kunst. Er scheint davon überzeugt, daß seine Dichtungen, wie die der Alten, die Arbeit der Natur vollenden. »Wer aber etwas Großes machen will« – und er hat ja Großes gemacht! – »muß seine Bildung so gesteigert haben, daß er gleich den Griechen im Stande sei, die geringere reale Natur zu der Höhe seines Geistes heranzuheben und dasjenige wirklich zu machen, was in natürlichen Erscheinungen [...] nur Intention geblieben ist.« »Sehr schön«, habe er, berichtet Eckermann zwei Tage später, von »den *Frauen*« geredet. »Die Frauen, sagte er, sind silberne Schalen, in die wir goldene Äpfel legen« (20. und 22. 10. 1828; 39, 291 f.).

Ist es nicht seltsam, daß die Philosophen des deutschen Idealismus dieses Bild immer wieder beschwören, das Bild eines Mädchens oder einer jungen Frau, die uns die Werke der Kunst darreichen wie vom Baum gebrochene schöne Früchte? Bei Hegel – Du hast mich auf die Stelle in der *Phänomenologie des Geistes* hingewiesen – verkörpert »das Mädchen, das die gepflückten Früchte darreicht«, indem es die natürlichen Bedingungen, unter denen sie reiften, Erde, Baum, Luft und Licht »in den Strahl des selbstbewußten Auges und der darreichenden Gebärde zusammenfaßt«, die Erinnerung an das Leben, das sich in den Werken der Kunst »entäußert« hat.[276] Ich sehe jetzt auch ein Bild vor mir, es hängt in der Berliner Gemäldegalerie: Tizians Tochter *Lavinia mit der Fruchtschale*. Wie oft habe ich vor diesem Bild gestanden, aber erst jetzt, während ich, um es mir zu vergegenwärtigen, die Abbildung im Katalog betrachte, fällt mir die eigenartige Haltung der schönen jungen Frau auf: Sie blickt uns an, aber so, als wende sie sich zugleich zurück in eine vom Untergang der Sonne durchglühte Landschaft. Als Trägerinnen und als Gegenstand der Werke der Kunst sind die Frauen nicht »für sich«, sondern »für uns«. Und so halte ich mich durchaus an den Bildgedanken Goethes, wenn ich die *Lehr- und Wanderjahre* oder *Dichtung und Wahrheit* nicht als Bildungsroman lese, sondern, seiner Darstellung von Frauen nachgehend, gleichsam nach rückwärts, als eine Folge von Entwirklichungsgeschichten, von Friederike Brion zu Friedricke, von Charlotte Buff zu Lotte ...

Das war aber eine Entscheidung, die auch meine Schreibhaltung bestimmen mußte. Vielleicht kommt Dir die Verdoppelung der Schreibenden in »die Leserin« und ein

»Ich« manieriert vor. Aber ich brauchte sie, um den Riß, den Goethes Texte verdecken, sichtbar zu machen. Die Leserin, die ich vor mich hinstelle, läßt den Text auf sich wirken und versucht, diese Wirkung zu benennen. Das Ich nimmt die Reaktionen der Leserin zum Anlaß, in jene Zone zu gelangen, wo zwischen dem Gesagten und dem Ungesagten, zwischen dem Wissen des Autors und dem Wissen seiner Texte dieser Riß verborgen ist.

Daß ich zu Goethe zurückgekehrt bin: ich wüßte selbst nicht genau anzugeben, ob ich dabei einer Intuition gefolgt bin oder nicht vielmehr einer längst getroffenen Wahl. Ich hatte mir, in meinem *Weg durch die Literaturwissenschaft* meine sehr unterschiedlichen Zugänge zu Goethe noch einmal ins Gedächtnis zurückgerufen, die jeweils als Antwort auf unterschiedliche historisch-gesellschaftliche Konstellationen lesbar sind, mir aber alle auf ein wenn auch nie deutlich erkennbares Zentrum zu verweisen schienen: Goethes Wissen vom Verhältnis der Geschlechter. Diese Rückkehr war wohl auch eine Art Blickwechsel: Nach *Leben Schreiben* und dem *Denken des Lebens*,[277] nach langen Jahren der Beschäftigung mit den Schreibprojekten, den Lebens-, Liebes- und Denkräumen von Frauen, kam ich ganz folgerichtig zu der Frage, aus welchen Quellen sich ein so abgründiges Liebeswissen wie das Goethes speist. Um soviel zu wissen wie er, mußte man Tiresias gewesen sein, von dem Ovid erzählt, daß er die Liebe »von beiden Seiten« gekannt habe, als Mann und als Frau, daß er daher als sachkundiger Schiedsrichter den scherzhaften Streit zwischen Juno und Jupiter, wessen Lust größer sei, des Mannes oder der Frau, entscheiden konnte, nämlich zugunsten der Behauptung Jupiters: »Gewiß doch: / Größer ist eure Lust, als die uns Männern zuteil wird!« (*Metamorphosen* III, 320 f.) Goethes Proteushaftigkeit ist oft bemerkt und oft auch beklagt worden.

Von ihm selber »nicht gewußt oder nicht bedacht«, mag sich darin eine geschlechtliche Unbestimmtheit ausgedrückt haben, eine zugleich bestrickende und beunruhigende Zweideutigkeit. In dieser Unentschiedenheit, so will es mir jetzt scheinen, gründet auch seine außerordentliche Einfühlungsgabe, die Rahel Varnhagen, ihm darin verwandt, ähnlich zweideutig zu erklären versucht: Alles, schreibt sie, mag Goethe erfunden haben, die Monologe der großen tragischen Schauspielerin Aurelie aus den *Lehrjahren* nicht, »die Reden von ihr hat er einmal *gehört*, das weiß ich, das glaub' ich. [...] Wie groß ist *das*! Gehört hat er's aber. Die Frauen lass' ich mir nicht abstreiten. *Entweder*, man denkt so etwas *als* Frau, oder man hört's *von* einer Frau. Zu erfinden ist *das* nicht. Alles andere nur Menschenmögliche gesteh' ich *ihm* zu. *Das* weiß ich aber als *ich*.«[278] Goethes Einsicht in die Ordnung der Geschlechter *als* Ordnung, die er aber zugleich immer auch okkultiert, weil »an solche Geheimnisse nicht gut rühren« sei (10, 743) – sie erklärt sich vielleicht aus dieser Zweideutigkeit.

Hier komme ich an den heikelsten Punkt meiner Überlegungen. Es geht mir nicht darum, Goethes gelebtes Leben als Erzählung in meine Textgewebe einzuarbeiten; das weißt Du ja, und so brauche ich auch keine Angst zu haben, daß Du mich mißverstehst, wenn ich von Goethes Homoerotik spreche. Der mann-männliche Eros, der in seinen Briefen und in vielen Textstellen auch manifest zum Ausdruck kommt, scheint mir, als »gemeisterter«, die Energie zu sein, die Goethes Werk zugrunde liegt. Seinem eigenen Bekenntnis zufolge ist Entsagung die Quelle des Erzählens, seines Erzählens. Auch Wilhelm und Felix sind Entsagende, sie lassen in der alten Welt eine längst verjährte Schuld zurück, die Erinnerung an eine verlassene Frau, an den Ursprung des Lebens, der mit dem Tod zusammenfällt, und eine junge Frau, Hersilie, mit einem Kästchen, das auf immer verschlossen bleiben wird, weil es das Geheimnis des Geschlechts bewahrt, vor dem dem Erzähler der *Wanderjahre* schaudert, wie Faust, wenn er von den Müttern reden hört.

Goethes Erzählen entspringt dem Ursprung, der freilich vergessen werden muß, damit der Prozeß der Entwirklichung beginnen kann. Denn die erzählte Wirklichkeit der Frauen ist gleichbedeutend mit der Verwandlung der Natur in Geist, oder, anders betrachtet, eben Entwirklichung. Diese betrifft, der Ordnung der Geschlechter gemäß, vor allem die Frauen. Sobald sie dargestellt werden, verwandeln sie sich in Erscheinung, in Bild.

»In diesem Augenblick trat sie wirklich in die Türe; und da ging fürwahr an diesem ländlichen Himmel ein allerliebster Stern auf ...« (14, 471) Während der Erzähler von *Dichtung und Wahrheit* die Erscheinung der jungen Pfarrerstochter aus Sesenheim noch einmal für sich beschwört, verfolgt die Leserin die Verwandlung Friederike Brions in *Friedricke*. So, wie sie da steht, »auf der Grenze zwischen Bäuerin und Städterin«, wirklich gemacht »in ihrer ganzen Anmut und Lieblichkeit«, ist sie fortan für uns diese Erscheinung, die einer einmal gesehen und erkannt hat. Den Autor sehen wir freilich auch, wie er sich ihr zeigt in wechselnden Masken, als ärmlicher Kandidat der Theologie, als Bauernbursche, bis er sich selbst zur Erscheinung bringt als den, der er noch nicht ist, aber sein wird: GOETHE.

Die Leserin erinnert sich an eine Szene, die sie mehr als einmal, auch als Zuschauerin, abgestoßen hat; seltsamerweise ist sie dieser Regung nicht nachgegangen: Egmont, der, in Klärchens Stube tretend, den unscheinbaren Reitermantel abwirft und »in einem prächtigen Kleide« sich der Geliebten zeigt, die ihn nicht anzurühren wagt in seiner

Parmigianino (1503-1540): Studie einer Korbträgerin, um 1533/1535

wirklichen Gestalt, als Ritter vom Goldenen Vlies (*Egmont*, 3. Aufzug; 5, 506 f.). Das *alter ego* Goethes aus der Zeit seiner Entscheidung für Weimar macht die Geliebte zum Spiegel seiner erscheinenden Wirklichkeit, so lese ich jetzt die Szene und stelle mir vor, daß Goethe, bei solchen Metamorphosen der Verwirklichung, manchmal doch auch ein weit in den Mythos zurückreichendes männliches Sich-zur-Erscheinung-Bringen in den Sinn gekommen ist, Ovids Erzählung vom Tod der Semele, der die eifersüchtige Juno eingeflüstert hatte, von dem liebenden Gott als »sine nomine munus« (als Geschenk ohne Namen) zu erbitten, daß er sich ihr *als Jupiter* zeigt. Und Jupiter, der seinen bei den Göttern der Unterwelt geleisteten Schwur nicht zurückzunehmen vermag, bringt sich als der Gott, der er ist, zur Erscheinung, »doch er versucht, soviel er vermag, seine Kräfte zu mindern. / [...] es gibt einen leichtern Blitz, dem die Hand der Cyklopen / weniger flammende Wut verliehen und weniger Zornkraft. / [...] Diesen ergriff er, / trat in des Cadmus Haus. Der sterbliche Leib, er ertrug des / Äthers Gewalten nicht und brennt an den Gaben des Gottes.« Seinen mit Semele gezeugten Sohn freilich entreißt Jupiter dem Schoß der sterbenden Frau, und »genäht in des Vaters Schenkel« »erfüllt er in diesem die Zeit seiner Reife« (*Metamorphosen* III, 302 ff.).

Mehr als andere vertraute Goethe auf die besänftigende Wirkung des Erzählens, aber mehr als andere wußte er auch, der das alte Lied der Parzen kannte, daß in der Ordnung der Geschlechter die mythischen Gewalten, die Semele den Tod gegeben hatten, immer wieder hervorbrechen können.

Danksagung

Die Gegenwart ist der Arbeit an der Tradition nicht günstig. Und so ist, wer schreibt, angewiesen auf freundschaftlichen Zuspruch und Kritik. Beides habe ich beim Schreiben dieses Buches erfahren und möchte mich dafür bedanken: bei Heike Schmitz und Toni Tholen für ihre anteilnehmenden und kritischen Kommentare zu allen einzelnen Kapiteln; bei Marlies Köster-Schlutz und Erhard Schlutz für die intensive Lektüre des Ganzen und die sich daran anschließende bereichernde und bestätigende Diskussion; Evelyne Augis, Peter Derleder, Sabine Offe, Susanne und Rainer Schossig für anregende Abende mit Vorlesen und Gespräch. – Peter Bürger aber für die seit mehr als vier Jahrzehnten wachgehaltene »Hoffnung, eines Tages nicht mehr allein zu denken...«.

Mein besonderer Dank gilt Thomas Döring vom Herzog Anton Ulrich-Museum Braunschweig für die einfühlsame und sachkundige Hilfe bei der Auswahl der Abbildungen.

Anmerkungen

1 Zit. nach der Einleitung von E. Beutler in: Johann Caspar Goethe, Cornelia Goethe, Catharina Elisabeth Goethe, *Briefe aus dem Elternhaus*, hrsg. v. E. B. Frankfurt a. M. 1997, 234.
2 Bettina von Arnim, *Goethes Briefwechsel mit einem Kinde*, in: *Werke und Briefe*, hrsg. v. W. Schmitz/Sibylle von Steinsdorff. 4 Bde, Frankfurt a. M. (Deutscher Klassiker Verlag) 1986-2004; hier: Band 2, 65. Diese Ausgabe wird im folgenden mit der Sigle A und Band- und Seitenzahl zitiert (siehe das Siglen-Verzeichnis).
3 An Auguste Gräfin Stolberg, 10. 12. 1776, in: *Briefe aus dem Elternhaus*, 394.
4 Goethe, *Sämtliche Werke*, hrsg. v. D. Borchmeyer u. a. 40 Bde, Frankfurt a. M. (Deutscher Klassiker Verlag) 1986 ff.; 14, 1031. Diese Ausgabe wird im folgenden mit Band- und Seitenzahl in arabischen Ziffern zitiert.
5 An Kestner, 4. 1. 1773, in: *Briefe aus dem Elternhaus*, 388.
6 Vgl. Hegel, *Phänomenologie des Geistes*, in: Theorie Werkausgabe, hrsg. v. E. Moldenhauer/K. M. Michel. 20 Bde, Frankfurt a. M. 1969-71; hier: 3, 337 f.
7 Fénelon, *Les Aventures de Télémaque*, hrsg. v. J.-L. Goré. Paris 1968, 468 f. Was mich an ihr rührt, das ist ihr Schweigen, ihre Bescheidenheit, ihre Zurückgezogenheit, ihr Fleiß, ihre Geschicklichkeit für Strickarbeiten und Stickereien. Antiope ist sanft, einfach und vernünftig.
8 Hegel, *Phänomenologie des Geistes*, 328 ff.
9 J. C. Lavater, *Physiognomische Fragmente [...]*, hrsg. v. Ch. Siegrist. Stuttgart 1984, 264.
10 Vgl. dazu den Bericht von Bettina von Arnim, in: *Goethes Briefwechsel mit einem Kinde*, 383.
11 Virginia Woolf, *A Room of One's Own [1929]*. London/Toronto/Sydney/New York 1983, 47.
12 An Cornelia Goethe, 30. 3. 1766, in: *Goethes Briefe*, hrsg. v. K. R. Mandelkow. Bd. 1, 3. Aufl. München 1986, 27.
Goethes Briefe, hrsg. v. K. R. Mandelkow und B. Morawe werden hier und in den folgenden Kapiteln nach einzelnen Bänden zitiert: 1 (3. Aufl. München 1986); 2 (2. Aufl. Hamburg 1968); 3 (Hamburg 1965); 4 (2. Aufl. München 1976).

13 An dies., 14. 3. 1766, in: M. Morris (Hrsg.), *Der junge Goethe*. 6 Bde, Leipzig 1909-1912; hier: 1, 119 ff.
14 An dies., 6. 12. 1765, in: *Goethes Briefe*; 1, 22 f.
15 An dies., 14. 3. 1766, in: *Der junge Goethe*; 1, 124.
16 An dies., 12.-14. 10. 1767, in: *Goethes Briefe*; 1, 49 f.
17 Diese und die folgenden Eintragungen finden sich in *Cornelias Tagebuch für Katharina Fabricius*, in: *Briefe aus dem Elternhaus*, 342 und 378. Ich habe die Orthographie des Originals beibehalten. »Aber mein Spiegel lügt nicht, wenn er mir sagt, daß ich von Tag zu Tag häßlicher werde […] und was gäbe ich nicht darum, schön zu sein […] äußere Reize erscheinen mir sehr wichtig […] sie scheinen mir die notwendige Bedingung eines glücklichen Lebens, daher glaube ich, daß ich niemals glücklich sein werde. –
Würde ich einen Mann heiraten, den ich nicht liebe? Der Gedanke ist mir entsetzlich, und doch ist es der einzige Ausweg, der mir bleibt, denn wo könnte ich einen liebenswürdigen Mann finden, der sich für mich interessiert.«
18 Ebd., 357. Heute ist mein Geburtstag, wo ich das achtzehnte Lebensjahr vollendet habe. Die Zeit ist dahingegangen wie ein Traum, und so wird es in Zukunft weitergehen, nur mit dem Unterschied, daß ich schlimmere Übel vor mir habe als diejenigen, die ich schon durchgemacht habe.
19 An Cornelia Goethe, 27. 9. 1766, in: *Goethes Briefe*; 1, 36. Lieber Gott, wie gelehrt Du geworden bist!
20 An dies., 11. 5. 1767, in: ebd., 41. Ich habe Deinen Brief satt, Deine Texte, Deine Denkweise. Ich sehe darin das kleine Mädchen nicht mehr, die Krähe, meine Schwester, meine Schülerin; ich sehe einen reifen Geist, eine Ricconboni, eine Fremde, einen Autor.
21 An dies., 12. 10. 1767, in: ebd., 50.
22 Vgl. dazu meinen Beitrag *Die Ordnung der Liebe* (Il sistema dell'amore), in: *Il romanzo*, hrsg. v. F. Moretti. Bd. 1, Turin 2001, 481-510.
23 Zum folgenden vgl. die zwischen Dezember 1765 und September 1766 von Goethe an die Schwester gerichteten Briefe, in: *Goethes Briefe*; 1, 35, 30 und 19.
24 An Cornelia Goethe, 12. 10. 1767, in: ebd., 50. Gemeinsam mit der Schwester geht allerdings Goethe nach seiner Rückkehr aus Leipzig seine Briefe durch und gesteht einen »gewissen Dünkel« ein

(14, 376). ». . . mir war es lustig genug zu sehen, wie ich dasjenige was *Gellert* uns im Collegium überliefert oder geraten, sogleich wieder gegen meine Schwester gewendet, ohne einzusehen, daß sowohl im Leben als im Lesen etwas dem Jüngling gemäß sein könne, ohne sich für ein Frauenzimmer zu schicken; und wir scherzten gemeinschaftlich über diese Nachäfferei.« (14, 381) – Weder er noch Cornelia selbst haben also einen Begriff von der zerstörerischen Bedeutung dieser angemaßten Vormundschaft.

25 Cornelia Goethe, *Tagebuch*, Okt. 1768, in: *Briefe aus dem Elternhaus*, 351. Ich blicke in meinen Spiegel, und ich habe Mitleid mit dieser feuerroten Schminke, mit der ich mich übergossen habe [der krankhafte Ausschlag, von dem sie oft heimgesucht war?]. Ich bin sehr schön in diesem Aufputz – Ja, ja, es paßt so gut zu meinem Teint. – Wenn ich doch nur lachen könnte, dann – aber wohin verirre ich mich; ich bin heute gut gelaunt.

26 Die folgenden Überlegungen beziehen sich vor allem auf zwei Passagen aus *Dichtung und Wahrheit* (14, 251 ff. und 789 ff.).

27 J. M. R. Lenz, *Moralische Bekehrung eines Poeten von ihm selbst aufgeschrieben*, in: ders., *Werke und Briefe*, hrsg. v. Sigrid Damm. 3 Bde, Frankfurt a. M. 1987; hier: 2, 330-353.

28 In: *Werke und Briefe*; 3, 545.

29 Vgl. dazu Lenz, *Moralische Bekehrung eines Poeten*; 2, 338.

30 Lavater, *Physiognomische Fragmente*, 261.

31 An Charlotte von Stein, 28. 9. 1779, in: *Goethes Briefe*; 1, 274.

32 An Charlotte von Stein, 23. 2. 1776, in: *Goethes Briefe*; 1, 209.

33 Lavater, *Physiognomische Fragmente*, 263.

34 A, 2, 378.

35 Zum folgenden vgl. in *Dichtung und Wahrheit* das Knabenmärchen *Der neue Paris* (14, 59-73).

36 Zit. nach E. Beutler, *Einleitung* in: *Briefe aus dem Elternhaus*, 248.

37 A; 2, 387.

38 Ebd., 399.

39 Die Gedichte Walthers von der Vogelweide werden zitiert nach der Zählung von K. Lachmann; hier: II; 49, 25 f.

40 Vgl. dazu das Kapitel *Manon Lescaut*, in: Ch. Bürger, *Mein Weg durch die Literaturwissenschaft. 1968-1998*. Frankfurt a. M. 2003.

41 Johann A. Horn an Wilhelm C. L. Moors, 12. 8. 1766 (zit. nach dem Kommentar zu *Goethes Briefe*; 1, 536).

42 An Cornelia, 11. 5. 1767, in: *Goethes Briefe*; 1, 42.
43 An Behrisch, 10. 11. 1767, in: ebd.; 1, 58.
44 An Behrisch, 13. 11. 1767, in: ebd.; 1, 63.
45 An Behrisch, März 1768, in: ebd., 64 f.
46 An Käthchen Schönkopf, 23. 1. 1770, in: ebd., 102.
47 J. W. L. Gleim, *Die Revüe*, in: ders., *Gedichte*, hrsg. v. J. Stenzel. Stuttgart 1969, 22 f.
48 An Cornelia Goethe, 11. 5. 1767; in: *Goethes Briefe*; 1, 42 und 44 f.
49 An Friedrike Oeser, 13. 2. 1769, in: *Goethes Briefe*; 1, 87.
50 Walther von der Vogelweide; II; 51, 37 ff.
51 An Friederike Oeser, 13. 2. 1769, in: *Goethes Briefe*; 1, 86.
52 An Friederike Oeser, 6. 11. 1768, in: ebd., 74.
53 Daß Minna von Barnhelms Souveränität die männlichen Genies der Epoche beunruhigt haben muß, belegt sehr deutlich ein Brief Herders an seine Verlobte, Karoline Flachsland, die »allerliebste, böse Zweiflerin«, der sie offenbar gefallen haben muß: »Meine Minna ist's nicht [...] Mir gefällt sie gar nicht außer in ein paar Stellen [...] wo sie betet und den Armen gibt [...] und auf die ernsthafteste Art dem verzweifelnden Tellheim zuspricht« (20. 9. 1770, in: *Herders Briefe*, hrsg. v. W. Dobbek. Weimar 1959, 70 und 67).
54 F. Schlegel, *Literarische Notizen 1797-1801*, hrsg. v. H. Eichner. Frankfurt a. M./Berlin/Wien 1980, 68 (Nr. 5069).
55 An Friederike Oeser, 13. 2. 1769, in: *Goethes Briefe*; 1, 87.
56 An Friederike Oeser, 6. 11. 1768, in: ebd.; 1, 73.
57 Ebd.; 1, 75.
58 An Friederike Oeser, 13. 2. 1769, in: ebd.; 1, 91.
59 An Anna Catharina Fabricius (?), 27. 6. 1770, in: ebd.; 1, 109.
60 An Kestner, 25. 12. 1772, in: ebd., 138.
61 An Carl Friedrich Zelter, 25. 12. 1829, in: *Goethes Briefe*; 4, 360.
62 R. Barthes, *Fragments d'un discours amoureux*. Paris 1977, 117.
63 An Carl Friedrich Zelter, 25. 12. 1829, in: *Goethes Briefe*; 4, 360.
64 Hegel, *Ästhetik*, hrsg. v. F. Bassenge. 2 Bde, Berlin/Weimar 1965; 1, 540.
65 An Johann Daniel Salzmann, 29. 5. 1771, in: *Goethes Briefe*; 1, 121.
66 Vgl. den Kommentar des Herausgebers, in: ebd.; 1, 573.
67 Vgl. den bereits zitierten Brief an Käthchen Schönkopf vom 23. 1. 1770, in: ebd.; 1, 102.
68 An Ernst Theodor Langer, 29. 4. 1770, in: *Goethes Briefe*; 1, 107.

69 Walther von der Vogelweide; II, 39, 11 ff.
70 Heinrich von Morungen; 136, 35, in: *Des Minnesangs Frühling*, nach K. Lachmann neu bearbeitet von C. v. Kraus. 33. Aufl. Leipzig 1959, 180.
71 Winckelmann, *Geschichte der Kunst des Altertums*. Reprint Darmstadt 1993, 157.
72 Walther von der Vogelweide; II, 45, 37 ff.
73 Heinrich von Morungen; 125, 19 ff., in: *Minnesangs Frühling*, 162.
74 An Herder, September 1771, in: *Goethes Briefe*; 1, 127.
75 Ich habe in der nicht modernisierten Orthographie der von Friederikes Hand vorliegenden Originalfassung zitiert.
76 Rahel an Varnhagen, 11.10.1815, in: Rahel Varnhagen, *Briefwechsel*, hrsg. v. F. Kemp. 4 Bde, 2. Aufl. München 1979; 2, 355 f.
77 Vgl. dazu Christa Bürger, *Der Ursprung der bürgerlichen Institution Kunst im höfischen Weimar. Literatursoziologische Untersuchungen zum klassischen Goethe*. Frankfurt a. M. 1977, 79 ff.
78 Vgl. den bereits zitierten Brief an Behrisch vom März 1768, in: *Goethes Briefe*; 1, 65.
79 Th. W. Adorno, *Minima Moralia [...]*. Frankfurt a. M. 1969, 112 (Nr. 54).
80 Vgl. über den Zusammenhang von Geschichte und Werk, Liebe und Enteignung (der Frau) die schöne philosophische Arbeit von Heike Schmitz: *Von Sturm- und Geisteswut* (Königstein/Taunus 1998), besonders das Kapitel *In der offenen Gasse des Ungargassenlands*, das Ingeborg Bachmanns *Legende der Prinzessin von Kagran* und den Helena-Akt aus dem *Faust* zueinander in Beziehung setzt.
81 Dietmar von Eist, in: *Minnesangs Frühling*, 33.
82 An Charlotte von Stein, 28. 9. 1779, in: *Goethes Briefe*; 1, 273.
83 Der von Kürenberg, in: *Minnesangs Frühling*, 5.
84 Herder, *Adrastea* [1801], in: *Sämtliche Werke*, hrsg. v. B. Suphan. Reprint Hildesheim/New York o. J.; 23, 228.
85 Ebd., 232.
86 Kierkegaard, *Tagebuch des Verführers*, in: ders., *Entweder/Oder* [1843]. Jena o. J. 2 Bde; hier: 1, 293.
87 Goethe an Salzmann, 5. 6. 1771, in: *Goethes Briefe*; 1, 121
88 An Salzmann, 28. 11. 1771, in: ebd.; 1, 129.
89 An Kestner, 10. 9. 1772, in: ebd.; 1, 134.

90 Zit. nach ebd.; 1, 592.
91 An Charlotte Buff, 10. 9. 1772, in: ebd.; 1, 134.
92 An Charlotte Buff, Ende März 1773, in: ebd.; 1, 145.
93 An Charlotte Kestner, 31. 8. 1774, in: ebd.; 1, 169.
94 Kierkegaard, *Tagebuch des Verführers*, 282.
95 Ebd., 384 und 387.
96 An Kestner, 15. 9. 1773, in: *Goethes Briefe*; 1, 152.
97 An das Ehepaar Kestner, Oktober 1774, in: *Goethes Briefe*; 1, 171.
98 Caroline Flachsland an Herder, in: *Herders Briefwechsel mit Caroline Flachsland*, hrsg. v. H. Schauer. Schriften der Goethe-Gesellschaft, Bde 39 und 40. Weimar 1926; hier: 40, 279 f.
99 An Kestner, 21. 11. 1774, in: *Goethes Briefe*; 1, 173.
100 Ebd.
101 An Kestner, 12. 6. 1773, in: ebd.; 1, 149.
102 Lavater an Goethe, 28. 12. 1773, in: *Briefe an Goethe*, hrsg. v. K. R. Mandelkow. 2 Bde, 2. Aufl. München 1982; 1, 18.
103 Amalie Fürstin Gallitzin an Goethe, 2. 12. 1793, in: ebd.; 1, 141.
104 In den von Goethe selbst verantworteten Werkausgaben erscheinen die beiden Abteilungen der Briefe aus der Schweiz seit dem Erstdruck bei Cotta 1808 stets gemeinsam in einem Band mit dem *Werther*. Zur Entstehungsgeschichte vgl. 16, 714 ff. und 727 ff.
105 Kleist an Ernst von Pfuel, 7. 1. 1805, in: Kleist, *Sämtliche Werke und Briefe*, hrsg. v. Ilse-Marie Barth/K. Müller-Salget. 4 Bde, Frankfurt a. M. 1991-1997; hier: 4, 336.
106 W. Heinse, *Ardinghello und die glückseligen Inseln* [1787], hrsg. v. M. L. Baeumer. Stuttgart 1975, 9.
107 Winckelmann, *Geschichte der Kunst des Altertums* (Reprint der Ausgabe Wien 1934). Darmstadt 1993, 364.
108 Ebd., 365.
109 Goethe an Herder, Anfang 1772, in: *Goethes Briefe*; 1, 130.
110 Ich zitiere hier den Titel eines von der Philosophinnengruppe Diotima aus Verona herausgebrachten Sammelbandes *Das Denken der Geschlechterdifferenz*. Wien 1989.
111 W. von Humboldt, *Über die männliche und weibliche Form*, in: ders., *Werke*, hrsg. v. A. Flitner/K. Giel. 3. Aufl. Darmstadt 1980; 1, 306.
112 Auf die erotische Zweideutigkeit dieser Episode bin ich durch Thomas Hettche aufmerksam geworden, der ihr in seinem schö-

nen Essaybuch *Animationen* (Köln 1999) eine interessante Interpretation widmet. Hettche liest den Text als »Initiation des Erzählers, die zugleich eine des Erzählens ist« (30) oder als Geburt des Schriftstellers aus dem obszönen Blick.

113 J. Lacan, *Le Séminaire II. Le Moi dans la théorie de Freud et dans la technique de la psychanalyse*, hrsg. v. J.-A. Miller. Paris 1978, 196.

114 Vgl. dazu *Nachgelassene Fragmente*, in: Nietzsche, *Sämtliche Werke*. Kritische Studienausgabe, hrsg. v. G. Colli/M. Montinari, 15 Bde, München 1980; hier: 7, 125.

115 Longus, *Daphnis und Chloe. Ein antiker Hirtenroman*, dt. v. L. Wolde. Leipzig 1955, 102 f.

116 Goethe an Lavater, 26. 4. 1774, in: *Goethes Briefe*; 1, 159.

117 An Schönborn, 1. 6. 1774, in: ebd.; 1, 161.

118 An Jacobi, 13. und 14. 8. 1774, in: ebd.; 1, 166.

119 Vgl. Goethes Brief an Auguste Gräfin von Stolberg, 3. 8. 1775, in: ebd.; 1, 189.

120 An dies., 14. 9. 1775, in: ebd.; 1, 191.

121 An dies., 3. 8. 1775, in: ebd.; 1, 189.

122 An dies., 10. 3. 1775, in: ebd.; 1, 179.

123 An Schönborn, 8. 6. 1774, in: ebd.; 1, 163.

124 An Sophie von La Roche, 21. 10. 1774, in: ebd.; 1, 171.

125 An dies., Ende Mai 1774, in: ebd.; 1, 161.

126 C. Brentano, *Szene aus meinen Kinderjahren*, in: ders., *Werke*, hrsg. v. W. Frühwald u. a. 4 Bde, 2. Aufl. München 1978; 1, 52 f.

127 Ebd., 54.

128 Goethe an Lavater, 28. 9. 1775, in: *Goethes Briefe*; 1, 195.

129 Johanna Fahlmer an Jacobi, zit. nach dem Kommentar in: *Goethes Briefe*; 1, 619. Der Dreierbund des Freundes mit Betty von Clermont, seiner Frau, und Johanna Fahlmer ist Goethe beim Entwurf seiner *Stella* gegenwärtig.

130 Vgl. dazu Ulrike Prokops eingehende, psychoanalytisch informierte Rekonstruktion von Johann Caspar Goethes *Italienischer Reise*, in: dies., *Die Illusion vom Großen Paar. [...]*. 2 Bde, Frankfurt a. M. 1991; 2, 72 ff.

131 Die folgenden Goethezitate vgl. 15/1, 451 ff.

132 Angelika Kauffmann, *Briefe einer Malerin*, hrsg. v. W. Maierhofer. Mainz 1999, 99 und 106.

133 Goethe an Charlotte von Stein, 10. 12. 1777, in: *Goethes Briefe*; 1, 246.
134 Ebd.; 1, 247.
135 An Charlotte von Stein, 9. 11. 1779, in: *Goethes Briefe an Frau von Stein [...]*, hrsg. v. K. Heinemann. 4 Bde, Stuttgart/Berlin o.J.; 1, 193.
136 Vgl. Goethe an Charlotte von Stein, 9. 12. 1777, in: *Goethes Briefwechsel*; 1, 245. Wenige Wochen vor ihrem Tod, Anfang Juli 1808, schreibt Elisabeth Goethe an Bettina von Arnim (der auch ihr letzter Brief gilt), sie habe gute Nachrichten von ihrem Sohn: »dancke Gott mit mir – der immer noch an den Weinbergen zu Sammaria pflantzen und dazu Pfeiffen läßt« (in: *Briefe aus dem Elternhaus*, 885).
137 Goethe an Catharina Elisabeth Goethe, 9. 8. 1779, in: *Goethes Briefe*; 1, 267.
138 An dies., Mitte August 1779, in: ebd.; 1, 269 f.
139 Catharina Elisabeth Goethe an die Herzogin Anna Amalia, 24. 9. 1779, in: *Briefe aus dem Elternhaus*, 455. – Elisabeth Goethe spricht in den meisten dieser Briefe von sich selbst in der dritten Person als *Frau Aja*. So haben sie Johann Wolfgang, die Brüder Stolberg und Haugwitz, die »Haimonskinder«, genannt, die nach einem Aufenthalt in Frankfurt in Werthertracht in die Schweiz aufbrechen.
140 Ebd., 457.
141 Catharina Elisabeth Goethe an die Herzogin Anna Amalia, 18. 1. 1780, in: ebd., 466.
142 Goethe an Charlotte von Stein, 24. 9. 1779, in: *Goethes Briefe*; 1, 270.
143 Goethe an Elisabeth Goethe, in: ebd.; 1, 268.
144 Ebd.; 1, 269.
145 Goethe an Charlotte von Stein, 14. 10. und 3. 10. 1779, in: ebd.; 1, 277 und 275 f.
146 An dies., 28. 10. 1779, in: *Goethes Briefe an Frau von Stein*; 1, 177.
147 Goethe an Knebel, 30. 11. 1779, in: *Goethes Briefe*; 1, 285.
148 An Lavater, 3. 5. 1779, in: ebd., 287 ff. – Füßli, den Goethe mit einem solchen Gedenkstein beauftragen wollte, muß sich für die Sache nicht interessiert haben.
149 Vgl. den Brief an Charlotte von Stein, 3. 10. 1779, in: ebd., 275.
150 An Lavater, 8. 10. 1779, in: ebd., 277.
151 Vgl. den *Brief des Pastors zu ****; 18, 123.

152 Goethe an Charlotte von Stein, 28. 9. 1779, in: *Goethes Briefe*; 1, 272.
153 An Charlotte von Stein, 28. 9. 1779, in: *Goethes Briefe*; 1, 272 f.
154 Ebd.; 1, 273.
155 Ebd.; 1, 273 f.
156 Ebd.; 1, 274.
157 An Charlotte von Stein, 19. 1. 1778, in: ebd.; 1, 248.
158 In: *Aus Ottilie von Goethes Nachlaß*, hrsg. v. W. v. Oettingen. Schriften der Goethe-Gesellschaft, 27 und 28. Weimar 1912 und 1913; hier: 27, 226 f.
159 Aus Briefen Ottilies an Goethe im Sommer 1829, in: *Ottilie von Goethe [...]*, hrsg. v. U. Janetzki. Frankfurt a. M./Berlin/Wien 1982, 74 und 76.
160 An Friederike Oeser, Februar 1769, in: *Goethes Briefe*; 1, 86.
161 In: *Ottilie von Goethe*, 49 f.
162 Hegel, *Phänomenologie des Geistes*. Theorie-Werkausgabe, hrsg. v. E. Moldenhauer/K. M. Michel. 20 Bde, Frankfurt a. M. 1969-71; 3, 352.
163 Aus einem Gedicht Ottilies für Adele Schopenhauer (31. 10. 1817), in: *Ottilie von Goethe*, 45.
164 Adele Schopenhauer hat in ihrem Roman *Anna* (1845) eine hinreißende Beschreibung der blonden Schönheit Ottilies versteckt, ihrer »dämonischen« Lieblichkeit.
165 Hegel, *Grundlinien der Philosophie des Rechts*, in: Theorie-Werkausgabe; 7, 312.
166 So charakterisiert Johanna Schopenhauer Ottilie von Goethe, in: *Ottilie von Goethe*, 114.
167 Goethe an J. J. von Willemer im Januar 1829, in: *Goethes Briefe*; 4, 313.
168 Ebd.; 4, 423.
169 Aus Ottilies Tagebuch, in: *Ottilie von Goethe*, 149. – Ottilies späteres, an Liebesaffären reiches Leben mag Anlaß zur Legendenbildung gegeben haben. In der ihr gewidmeten Biographie von Jenny von Gerstenbergk (Stuttgart 1901) wird aus dieser Begegnung eine abenteuerliche Erzählung, wonach die Freundinnen Ottilie und Adele den verwundeten Heinke bei einem Spaziergang im Park an der Ilm gefunden und vor der Gefangennahme durch die Franzosen gerettet hätten. -- Thomas Mann hat diese Legende für *Ade-*

le's *Erzählung* im vierten Kapitel seiner *Lotte in Weimar*, das von der unheilvollen Liebe des jungen August von Goethe zu Ottilie handelt, verwendet.

170 An Sibylle Mertens-Schaaffhausen, 16. 1. 1835, in: *Ottilie von Goethe*, 123.
171 Ottilie an August von Goethe, 16. 2. 1817, in: ebd., 33.
172 Goethe an Zelter, 24. 1. 1828, in: *Goethes Briefe*; 4, 267.
173 Vgl. dazu K. Kerényi, *Die Mythologie der Griechen*. 2 Bde, München 1966; hier: 2, 92.
174 Ottilie von Goethe an Eckermann, 8. 11. 1830, in: *Aus Ottilie von Goethes Nachlaß*; 2, 284.
175 Vgl. dazu M. Camille, *Die Kunst der Liebe im Mittelalter*. Köln 2000, 70.
176 J. H. Voß, *Poetische Werke*. 2 Bde, Berlin o. J.; 1, 97.
177 Hegel, *Grundlinien der Philosophie des Rechts*, 310.
178 Diese Reflexion gründet sich auf einen Diskussionsbeitrag von Heike Schmitz in einer meiner letzten Veranstaltungen im Sommersemester 1998.
179 Ingeborg Bachmann, *Malina*, in: dies., *Werke*, hrsg. v. Christine Koschel u. a. 4 Bde, München/Zürich 1978; hier: 3, 337.
180 *Ottilie von Goethe*, 103.
181 Euripides, *Helena*, in: ders., *Sämtliche Tragödien*. 2 Bde, Stuttgart 1958; hier: 1, 247 (V. 16 ff.)
182 In: *Ottilie von Goethe. Goethes Schwiegertochter [...]*, hrsg. v. U. Janetzki. Frankfurt a. M./Berlin/Wien 1982, 66.
183 Kanzler von Müller, *Unterhaltungen mit Goethe*, hrsg. v. E. Grumach. Weimar 1959, 132.
184 Zit. nach ebd., 284.
185 Ebd., 132.
186 Ebd., 86.
187 Hesiod, *Frauenkataloge*, in: ders., *Sämtliche Werke*, hrsg. v. E. G. Schmidt. 2. Aufl. Bremen 1965, 109.
188 An Zelter, 4. 1. 1831, in: *Goethes Briefe*; 4, 416.
189 An Schiller, 12. 9. 1800, in: *Der Briefwechsel zwischen Schiller und Goethe*, hrsg. v. H. G. Gräf/A. Leitzmann. 3 Bde, Frankfurt a. M. 1955; hier: 2, 328.
190 An Knebel, 14. 11. 1827, in: *Goethes Briefe*; 4, 259.
191 Ohne das fortdauernde Gespräch mit Heike Schmitz und ihr Buch

Von Sturm- und Geisteswut. Mystische Spuren und das Kleid der Kunst bei Ingeborg Bachmann und Clarice Lispector (Frankfurt a. M. 1998) hätte ich diesen Text nicht schreiben können.

192 Heinrich von Morungen, in: *Des Minnesangs Frühling*, 182 f.

193 Dante, *Vita Nuova. Das neue Leben*, hrsg. v. U. Leo. Frankfurt a. M. 1964, 7.

194 Vgl. dazu das Kapitel *Die Viktoriner*, in: K. Ruh, *Geschichte der abendländischen Mystik*. 3 Bde, München 1990-1996; hier: 1, 355 ff.

195 Herodot, *Historien*, hrsg. v. H. W. Haussig. 4. Aufl. Stuttgart 1971, 145 (II, 112).

196 *Griechische Sagen*, hrsg. v. L. Mader. Stuttgart 1963, 133 (*Epitome* 3, 5).

197 Goethe an Marianne von Willemer, 10. 2. 1832, in: *Goethes Briefe*; 4, 471.

198 Marianne von Willemer an Goethe, Oktober 1819, in: *Briefe an Goethe*; 2, 269 f.

199 Marianne von Willemer an Goethe, Dezember 1918, in: *Briefe an Goethe*; 2, 253 f.

200 Hier variiere ich den Titel eines mir sehr wichtigen Buches von Nicole Loraux: *Façons tragiques de tuer une femme*. Paris 1983 (dt. Frankfurt a. M./New York/Paris 1993).

201 Goethe an Wilhelm von Humboldt, 22. 10. 1826, zit. nach: 7/1, 789.

202 Goethe an Nees von Esenbeck, 25. 5. 1827, zit. nach: 7/1, 793.

203 Vgl. zu diesem Abschnitt das Kap. *Dämonologie des Mannes. Goethes Faust*, in: T. Tholen, *Verlust der Nähe. Reflexion von Männlichkeit in der Literatur*. Heidelberg 2005.

204 Bettina von Arnim, *Goethes Briefwechsel mit einem Kinde*, in: dies., *Werke und Briefe*, hrsg. v. W. Schmitz/Sibylle von Steinsdorff. 4 Bde, Frankfurt a. M. 1986-2004; hier: 2, 381 ff.

205 K. Kerényi, *Die Mythologie der Griechen*. 2 Bde, 11. Aufl. München 1988; hier: 1, 48.

206 M. Horkheimer/Th. W. Adorno, *Dialektik der Aufklärung*. Amsterdam 1955, 46.

207 Rilke, *Orpheus. Eurydike. Hermes*, in ders., *Sämtliche Werke in 12 Bänden* (Insel Werkausgabe), hrsg. v. E Zinn. 6.-10. Tausend Frankfurt a. M. 1976; hier: 2, 544.

208 Rilke, *Sei allem Abschied voran*, in: ebd., 759.
209 K. Kerényi, *Die Mythologie der Griechen*; 1, 50.
210 J. J. von Willemer an Goethe, 20. 2. 1818, in: *Briefe an Goethe*; 2, 238.
211 Heike Schmitz zugeeignet.
212 Bettina von Arnim an Hermann von Pückler-Muskau, 30. 3. 1832, in: B. v. A./H. v. P. -M., *»Die Leidenschaft ist der Schlüssel der Welt.« Briefwechsel 1832-1844*, hrsg. v. E. und B. Gajek. Stuttgart 2001, 68; im folgenden abgekürzt: AP.
213 Wußte sie, daß sie mehr als ein Vierteljahrhundert zuvor denselben Brief schon einmal geschrieben hatte? An Jacobi, dem sie erzählt, wie Goethe während ihres Besuchs in Weimar im November 1807 sein Versprechen, eine Stunde mit ihr zu verbringen, nicht gehalten habe und sie, sich ihrem Schmerz überlassend, vor den Spiegel getreten sei. Dem »schmerzvollen Geist der alle irdischen Züge überwunden hatte«, der sie daraus angeblickt, ihrem »eignen Wesen«, habe sie ergriffen Treue geschworen, und sonderbar sei ihr in diesem Augenblick der Monolog aus Goethes *Iphigenie* eingefallen (Bettina von Arnim an Friedrich Heinrich Jacobi, 15. 10. 1808, in: B. v. A., *Werke und Briefe*, hrsg. v. W. Schmitz/S. v. Steinsdorff. 4 Bde, Frankfurt a. M. 1986-2004; hier: 4, 67. Diese Ausgabe, die auch den originalen Briefwechsel Bettines mit Goethe im zweiten Band enthält, wird im folgenden abgekürzt zitiert: A mit Band und Seitenzahl.
214 Rilke, *Aufzeichnungen des Malte Laurids Brigge*, in: *Sämtliche Werke*, hrsg. v. E. Zinn. 12 Bde, Frankfurt a. M. 1966; hier: 11, 898.
215 Rilke an Clara Rilke, 4. 9. 1908; zit. nach: *Materialien zu Rainer Maria Rilke. »Die Aufzeichnungen des Malte Laurids Brigge«*, hrsg. v. H. Engelhardt. Frankfurt a. M. 1974, 45.
216 Vgl. Ch. Bürger, *Die Welt verzehren, um den Hunger nach dem Ich zu stillen. Bettina von Arnims Schreibprojekt*, in: »Zerstörung, Rettung des Mythos durch Licht«, hrsg. v. Ch. B. Frankfurt a. M. 1986, 43-68.
217 Heike Schmitz, *Von Sturm- und Geisteswut. Mystische Spuren und das Kleid der Kunst bei Ingeborg Bachmann und Clarice Lispector*. Königstein/Taunus 1998, 7.
218 Diesen Begriff verwendet Heike Schmitz für das Schreiben Ingeborg Bachmanns.

219 Vgl. zu diesem Abschnitt das Kapitel *Bettina/Bettine. Die Grenzgängerin* in meinem Buch *LebenSchreiben. Die Klassik, die Romantik und der Ort der Frauen*. 2. Aufl. Königstein/Ts. 2001, 129-149.

220 An Clemens Brentano, 30. 6. 1809, in: Bettina von Arnim, *Werke und Briefe*, hrsg. v. G. Konrad/J. Müller. 5 Bde, Frechen/Köln 1959-1961; hier: 5, 178 f.

221 Hadewijch, *Briefe*, zit. nach K. Ruh, *Geschichte der abendländischen Mystik*. 3 Bde, München 1990-1996; hier: 2, 214.

222 Zit. nach Ch. Bürger, *LebenSchreiben*, 138.

223 Vgl. Goethes Briefe an Sophie von La Roche, Ende Mai und 21. 10. 1774, in: *Goethes Briefe*; 1, 161 und 171.

224 Elisabeth Goethe an Christiane, 16. 5. 1807, in: Johann Caspar Goethe, Cornelia Goethe, Catharina Elisabeth Goethe, *Briefe aus dem Elternhaus*, hrsg. v. E. Beutler. Frankfurt a. M./Leipzig 1997, 853.

225 In seinem Testament hatte Goethe den Nachlaßverwaltern die Aufnahme von Bettines Aufzeichnungen freigestellt, doch unterblieb der Druck nach der Veröffentlichung von *Goethes Briefwechsel mit einem Kinde*.

226 Die Frankfurter entscheiden sich jedoch für einen Entwurf von Rauch; aber ihr Goethe-Denkmal wird bis zu ihrem Lebensende Bettines Projekt.

227 Vgl. die in A; 2, 873 abgebildete Radierung von Ludwig Emil Grimm.

228 Rilke, *Sämtliche Werke*; 11, 896.

229 Zit. nach K. Ruh, *Geschichte der abendländischen Mystik*; 2, 215.

230 Margareta Porete, *Der Spiegel der einfachen Seelen*, übers. und hrsg. v. Louise Gnädinger. Zürich/München 1987, 17 f.

231 Vgl. dazu das Kapitel über Hadewijch in der Arbeit von Heike Schmitz *Von Sturm- und Geisteswut*.

232 Beatrys van Nazareth, *Von den sieben Stufen der Minne*, in: J. O. Plassmann (Hrsg.), *Vom göttlichen Reichtum der Seele. Altflämische Frauenmystik*. Düsseldorf/Köln 1951, 170.

233 Bernhard von Clairvaux, zit. nach K. Ruh, *Geschichte der abendländischen Mystik*; 1, 263.

234 Hadewijch, *Strophische Gedichte*, zit. nach ebd.; 2, 171.

235 Herder, *Briefe zur Beförderung der Humanität*, hrsg. v. H. Stolpe u. a. 2 Bde, Berlin/Weimar 1971; 1, 392.

236 Musil, *Der Mann ohne Eigenschaften*, hrsg. v. A. Frisé. 2 Bde, Reinbek bei Hamburg. Sonderausgabe 1978; 2, 1085.
237 Ebd.
238 Ebd., 1083.
239 Ebd., 1087.
240 Vgl. dazu K. Ruh, *Geschichte der abendländischen Mystik*; 2, 453.
241 Goethe an Boisserée, 13. 12. 1823, in: *Goethes Briefe*; 4, 97.
242 Goethe an Cotta, 11. 6. 1823, in: ebd.; 4, 66.
243 Ebd.
244 Goethe an den Staatsrat Schultz, 8. 3. 1824, in: ebd.; 4, 103 f.
245 Goethe an Zelter, 28. 3. 1829, in: ebd.; 4, 324.
246 L. Kreutzer, *Mein Gott Goethe [...]*. Reinbek bei Hamburg 1980, 125-142.
247 Der Liedeingang stammt von Heinrich von Morungen und findet sich in *Minnesangs Frühling*.
248 Zit. nach H. H. Houben, *Johann Peter Eckermann. Sein Leben für Goethe*. 2 Bde, 2. Aufl. Leipzig 1925; 1, 110 ff.
249 Goethe an Zelter, 14. 12. 1830; in: *Goethes Briefe*; 4, 413.
250 Nietzsche, *Sämtliche Werke*. Kritische Studienausgabe, hrsg. v. G. Colli/M. Montinari. 15 Bde, München 1980; hier: 2, 599.
251 Nietzsche an Peter Gast, 31. 5. 1878, in: ders.; *Sämtliche Briefe*. Kritische Studienausgabe, hrsg. v. G. Colli/M. Montinari. 8 Bde, München 1986; hier: 5, 329.
252 Kanzler von Müller, *Unterhaltungen mit Goethe*, hrsg. v. E. Grumach. Weimar 1959, 169.
253 Zit. nach H. H. Houben, *Johann Peter Eckermann*, 586 f.
254 Johanne Bertram an Eckermann, 1. 3. 1828, in: F. Tewes (Hrsg.), *Aus Goethes Lebenskreise. Johann Peter Eckermanns Nachlaß*. Berlin 1905; 1, 82 (der unvollständig gebliebenen Dokumentation).
255 Eckermanns Antwort in: ebd., 90.
256 Johanne Bertram an Eckermann, 30. 1. 1826, in: ebd., 68.
257 So erfährt es mit schöner Einfühlungsgabe Eckermanns Genfer Freundin Espérance Sylvestre (sie ist von 1823 bis 1828 die Erzieherin der Tochter von Maria Pawlowna und Carl Friedrich von Sachsen-Weimar), wenn sie ihn darin bestärkt, trotz seiner unsicheren materiellen Lage in Weimar zu bleiben. Sie empfinde, schreibt sie ihm am 31. Januar 1831, que votre place est auprès de Göthe, qu'auprès de lui vous remplissez une noble mission

[...] celle d'augmenter son bonheur, et ce n'est je crois qu'auprès de lui que vous pourrez en avoir sans mélange [...] tout cela me prouve mon bon ami que vous seriez malheureux partout ailleurs qu'auprès de Göthe (zit. nach H. H. Houben, *Johann Peter Eckermann*, 578).

258 Goethe an Friederike Oeser, 13. 2. 1769, in: *Goethes Briefe*; 1, 91.

259 Goethe an Charlotte von Stein, 25. 3. 1776, in: ebd.; 1, 210.

260 Vgl. dazu T. Tholen, *Verlust der Nähe. Reflexion von Männlichkeit in der Literatur*. Heidelberg 2005, 14 ff.

261 Ein ähnliches Lehrgespräch über Claude Lorrain, dieses Mal »in Erwartung der Suppe«, vgl. 39, 346.

262 Eckermann an Auguste Kladzig, 26. 6. 1829, in: J. Petersen (Hrsg.), *Eckermanns Briefe an Auguste Kladzig*. Jahrbuch der Sammlung Kippenberg 4 (1924), 131 f.

263 Eckermann an Auguste Kladzig, 30. 1. 1829, in: ebd., 109.

264 Herder, *Ideen zur Philosophie der Menschheit*. 3. Teil. Riga/Leipzig 1787; 13. Buch, 168 ff.

265 Goethe an Carl August, 29. 12. 1787, in: *Goethes Briefe*; 2, 75.

266 Winckelmann, *Geschichte der Kunst des Altertums*. Reprint der Ausgabe Wien 1934. Darmstadt 1993, 365.

267 W. Benjamin, *Der Erzähler* [...], in: ders., *Gesammelte Schriften*, hrsg. v. R. Tiedemann/H. Schweppenhäuser. Frankfurt a. M. 1974 ff.; II/2, 464 f.

268 Ebd., 449 f.

269 Herder, *Adrastea*, in: *Sämtliche Werke*, hrsg. v. B. Suphan. Berlin 1885; Bd. 23, 289.

270 Vgl. dazu die Arbeit von Toni Tholen, *Verlust der Nähe. Reflexion von Männlichkeit in der Literatur*. Heidelberg 2005.

271 Goethe an Charlotte von Stein, 21. 9. 1780, in: *Goethes Briefwechsel*; 1, 322 f.

272 Hegel, *Grundlinien der Philosophie des Rechts*, in: Theorie Werkausgabe, hrsg. v. Eva Moldenhauer/K. M. Michel. 20 Bde, Frankfurt a. M. 1969-1971; 7, 302 (Par. 151).

273 An Charlotte von Stein, 13. 3. 1781, in: *Goethes Briefe an Frau von Stein*, hrsg. v. K. Heinemann. Stuttgart o. J.; 2, 87.

274 Vgl. zu dem Motiv der neuen Geburt durch den Vater die Abschnitte über Jakob Böhme in: Heike Schmitz, *Von Sturm- und Gei-*

steswut. Mystische Spuren und das Kleid der Kunst bei Ingeborg Bachmann und Clarice Lispector. Königstein/Ts. 1998, v. a. 120 ff.
275 Hegel, *Grundlinien der Philosophie des Rechts*; 7, 62 (Zusatz zu Par. 10).
276 Hegel, *Phänomenologie des Geistes*, in: Theorie Werkausgabe; 3, 548.
277 Ch. Bürger, *LebenSchreiben. Die Klassik, die Romantik und der Ort der Frauen*. 2. Aufl. Königstein/Taunus 2001 und *Das Denken des Lebens*. Frankfurt a. M. 2001 (diese zweite Auflage meines 1996 zuerst erschienenen Buches »*Diese Hoffnung, eines Tages nicht mehr allein zu denken*« [...] ist gemeinsam mit Peter Bürgers *Das Verschwinden des Subjekts* veröffentlicht).
278 Rahel Varnhagen an David Veit, 1. 6. 1795, in: dies., *Briefwechsel*, hrsg. v. F. Kemp. 4 Bde, 2. Aufl. München 1979; 3, 62.

Siglenverzeichnis

Johann Wolfgang Goethe, *Sämtliche Werke. Briefe Tagebücher und Gespräche*. Vierzig Bände. Hrsg. von Dieter Borchmeyer, Martin Ehrenzeller, Karl Eibl u. a. Frankfurt am Main (Deutscher Klassiker Verlag) 1986 ff.

Band 1: *Gedichte 1756-1799*. Hg. Karl Eibl (1);
Band 2: *Gedichte 1800-1832*. Hg. Karl Eibl (2);
Band 3/I und 3/II: *Westöstlicher Divan*. Hg. Hendrik Birus (3);
Band 5: *Iphigenie auf Tauris/Egmont/Torquato Tasso. Dramen 1776-1790*. Hg. Dieter Borchmeyer unter Mirwirkung von Peter Huber (5);
Band 7: *Faust*. Hg. Albrecht Schöne (7);
Band 8: *Werther/Wahlverwandtschaften*. Hg. Waltraud Wiethölter (8);
Band 9: *Wilhelm Meisters theatralische Sendung/Wilhelm Meisters Lehrjahre*. Hg. Wilhelm Voßkamp und Herbert Jaumann (9);
Band 10: *Wilhelm Meisters Wanderjahre*. Hg. Gerhard Neumann und Hans-Georg Dewitz (10);
Band 14: *Aus meinem Leben. Dichtung und Wahrheit*. Hg. Klaus-Detlef Müller (14);
Band 15: *Italienische Reise*. Hg. Christoph Michel und Hans-Georg Dewitz (15);
Band 16: *Campagne in Frankreich/Reiseschriften*. Hg. Klaus-Detlef Müller (16);
Band 17: *Tag- und Nachthefte*. Hg. Irmtraut Schmidt (17)
Band 18: *Ästhetische Schriften I* (1771-1805). Hg. Friedmar Apel (18);
Band 19: *Ästhetische Schriften II* (1808-1815). Hg. Friedmar Apel (19);
Band 23/1: *Zur Farbenlehre*. Hg. Manfred Wenzel (23);
Band 25: *Schriften zur Allgemeinen Naturlehre, Physik, Witterungslehre, Geologie*. Hg. Wolf von Engelhardt und Manfred Wenzel (25);
Band 26: *Amtliche Schriften I*. Hg. Reinhard Kluge (26);
Band 39: Johann Peter Eckermann, *Gespäche mit Goethe in den letzten Jahren seines Lebens*. Hg. Christoph Michel (39).

Bettina von Arnim, *Werke und Briefe*, Hg. Walter Schmitz und Sibylle von Steinsdorff. 4 Bände, Frankfurt am Main (Deutscher Klassiker Verlag) 1986-2004
Band 1: Clemens Brentano's Frühlingskranz/Die Günderode. Hg. Walter Schmitz (A, 1);

Band 2: Goethes Briefwechsel mit einem Kinde. Hg. Walter Schmitz und Sibylle von Steinsdorff (A, 2);

Band 3: Politische Schriften. Hg. Wolfgang Bunzel, Ulrike Landfester, Walter Schmitz und Sibylle von Steinsdorff (A, 3);

Band 4: Briefe. Hg. Heinz Härtl, Ulrike Landfester und Sibylle von Steinsdorff (A, 4).

Bettine von Arnim/Hermann von Pückler-Muskau, »*Die Leidenschaft ist der Schlüssel der Welt*«. *Briefwechsel 1832-1844*. Hg. Enid Gajek und Bernhard Gajek, Stuttgart (Verlag Klett-Cotta) 2001 (AP)

Christa Bürger

Mein Weg durch die Literaturwissenschaft

1968-1998
es 2312. 292 Seiten

In diesem sehr persönlichen Buch erzählt Christa Bürger die Methodengeschichte der Literaturwissenschaft als Geschichte ihrer eigenen Erfahrung. Sie erinnert sich an die Begegnung mit einer ungewöhnliche Lehrerin in den 50er Jahren, an ihre eigene Schulkarriere als »die rote Bürger«, an die hochschul- und wissenschaftspolitischen Auseinandersetzungen in der Zeit der Studentenbewegung als Grenzgängerin zwischen Engagement und Kritik; an das gemeinsam mit Peter Bürger entwickelte Projekt einer kritischen Literaturwissenschaft und die sich daran knüpfenden Hoffnungen; die Verunsicherung durch den Wandel des intellektuellen Klimas in den 80er Jahren und ihre Suche nach einem Essayismus, der dem schweifenden Schreiben von Frauen nachgeht.

Christa Bürger und Peter Bürger

**Das Denken des Lebens.
Das Verschwinden des Subjekts.**

Fragmente einer Geschichte der Subjektivität
stw 1512. 489 Seiten

Das Buch besteht aus Geschichten von Frauen, denen Selbstverwirklichung nicht das auf die Zukunft gerichtete Projekt ist, sondern das Leben in seiner Immanenz, die sich denken und erfahren von einem Du her wie Madame de Sévigné. Geschichten von weiblichen Allianzen, wie Bettine von Arnim sie mit der Günderode gestiftet hat; von der Rebellion der Töchter der Aufklärung gegen ihre Philosophen, gegen Rousseau oder Kant; von der Suche nach einer anderen Subjektivität in der Mystik, der Hysterie oder der erotischen Transgression bei Emmy Ball oder Colette Peignot, der Laure Batailles.

Peter Bürger

Das Verschwinden des Subjekts

Eine Geschichte der Subjektivität
von Montaigne bis Barthes.
Gebunden und stw 1512. 250 Seiten

Während in der philosophischen Debatte das Subjekt entweder verabschiedet oder verteidigt wird, geht der Autor dem in literarischen Texten enthaltenen Wissen vom Ich nach und kommt zu dem unerwarteten Ergebnis, daß das Verschwinden des Subjekts immer schon zu dessen Bewegung gehört.

Peter Bürger

Sartre

Eine Philosophie des Als-ob.
136 Seiten. Broschur

Der Autor macht die historische Entfernung, die uns heute von Sartres Texten trennt, zum Ausgangspunkt einer kritischen und im Rückblick auf die 1970er Jahre zugleich selbstkritischen Sartre-Lektüre.